MARTIN HEIDENHAIN

Amtshaftung und Entschädigung aus enteignungsgleichem Eingriff

Schriften zum Öffentlichen Recht

Band 23

Amtshaftung und Entschädigung aus enteignungsgleichem Eingriff

Von

Dr. Martin Heidenhain

DUNCKER & HUMBLOT / BERLIN

Gedruckt 1965 bei F. Zimmermann & Co., Berlin 30
Printed in Germany

Vorwort

Carl Sundheim konnte in der Vorrede seiner 1827 erschienenen Schrift „Über Schadensstiftung durch Staatsbeamte und Haftverbindlichkeit des Staats dafür“ noch sagen: „Trotz mehrfachen Nachforschens glückte es mir nicht, eine neuere Ausführung über die Frage zu finden, mit welcher sich der vorliegende Aufsatz beschäftigt und was die älteren Juristen darauf Bezügliches hatten, war nicht viel; es wird also auch in dieser Hinsicht nicht unzweckmäßig erscheinen, diese practisch wichtige Frage öffentlich zur Sprache und vor das Gelehrten-Tribunal zu bringen“. Demgegenüber ist die Frage nach der Haftung des Staates in den letzten hundertfünfzig Jahren so häufig erörtert worden, daß es manchem wenig sinnvoll erscheinen mag, diese Frage abermals „öffentlich zur Sprache und vor das Gelehrten-Tribunal zu bringen“. Dennoch erscheint es mir lohnend, diese Frage noch einmal aufzugreifen und — was bislang kaum geschehen ist — der geschichtlichen Entwicklung der auf sie gegebenen Antworten nachzugehen. Dadurch können möglicherweise neue Einsichten zu dem heute so umstrittenen Verhältnis von Amtshaftung und Entschädigung aus enteignungsgleichem Eingriff gewonnen werden.

Diese Arbeit lag im Sommersemester 1964 der Rechts- und Wirtschaftswissenschaftlichen Fakultät der Universität Tübingen als Dissertation vor. Sie wurde nur geringfügig überarbeitet.

Meinem hochverehrten Lehrer, Herrn Professor Dr. *Otto Bachof*, bin ich für die Anregung und Förderung, die er dieser Arbeit zuteil werden ließ, zu größtem Dank verpflichtet.

Herrn Ministerialrat a. D. Dr. *Johannes Broermann* danke ich für die Aufnahme der Arbeit in die Reihe der „Schriften zum Öffentlichen Recht“.

Ferner danke ich *Gottfried Raiser* für die Durchsicht des Manuskripts und *Hans-Wolfgang Arndt* für seine Hilfe beim Lesen der Korrekturen.

Tübingen, den 10. Dezember 1964

Martin Heidenhain

Inhaltsverzeichnis

Einleitung 13

Erstes Kapitel

Geschichte und positives Recht der Beamtenhaftung, Staatshaftung und Amtshaftung 15

§ 1: Beamtenhaftung 15

§ 2: Staatshaftung 19

I. Privatrechtliche Begründung der Staatshaftung 19

II. Öffentlichrechtliche Begründung der Staatshaftung 21

1. Übergang von der privatrechtlichen zur öffentlichrechtlichen Begründung der Staatshaftung 21

2. Öffentlichrechtliche Begründung der Staatshaftung 22

3. Grundgedanken der Staatshaftung 26

III. Ablehnung der Staatshaftung 28

IV. Staatshaftung als Verbandshaftung 31

V. Ergebnis 32

§ 3: Amtshaftung 33

I. Entstehung der Amtshaftung 33

1. Bürgerliches Gesetzbuch 33

2. Gesetzgebung der Einzelstaaten 35

II. Amtshaftung und Staatshaftung 36

1. Formen der Haftung des Staates 36

2. Grundlagen der Amtshaftung 38

3. Ablehnung der Staatshaftung 39

III. Fortbestand der Amtshaftung 41

1. Amtshaftung in Art. 131 WRV, Art. 34 GG 41

2. Ausdehnung der Amtshaftung 44

3. Schranken der Amtshaftung 45

§ 4: Ergebnis zum Ersten Kapitel 47

Zweites Kapitel

Staatshaftung und Amtshaftung bei Otto Mayer 48

§ 5: Otto Mayers System der öffentlichrechtlichen Entschädigung . . . 49

I. Das System der öffentlichrechtlichen Entschädigung 49

1. Wesen und Rechtsgrundlage der öffentlichrechtlichen Entschädigung 49

2. Tatbestand der öffentlichrechtlichen Entschädigung 50

II. Öffentlichrechtliche Entschädigung und Haftung des Staates . . 52

1. Öffentlichrechtliche Entschädigung für rechtmäßige und rechtswidrige Eingriffe 52

2. Öffentlichrechtliche Entschädigung für rechtswidrige Eingriffe als Haftung des Staates 54

3. Staatshaftung in den Formen des Aufopferungs- und Enteignungsrechts 59

III. Würdigung des Systems der öffentlichrechtlichen Entschädigung durch Lehre und Rechtsprechung 61

§ 6: Ergebnis zum Zweiten Kapitel 63

Drittes Kapitel

Entschädigung aus enteignungsgleichem Eingriff 65

§ 7: Entschädigung für rechtswidrig-schuldlose Eingriffe 66

I. System staatlicher Ersatzleistungen 66

1. Rechtsentwicklung seit der Jahrhundertwende 66

2. Lücke im System staatlicher Ersatzleistungen 67

II. Begründung der Entschädigung für rechtswidrig-schuldlose Eingriffe . . . 70
1. Begründung aus dem System staatlicher Ersatzleistungen . . 70
2. Begründung aus dem Rechtsstaatsprinzip . . . 73
3. Begründung aus dem Rechtsgedanken der ungerechtfertigten Bereicherung . . . 75
4. Begründung aus der Aufopferung . . . 80
III. Rechtsprechung des Reichsgerichts . . . 80
1. Rechtsprechung des Reichsgerichts zur Haftung des Staates . 81
2. Rechtsprechung des Reichsgerichts zur Anwendung des § 75 EinlALR auf rechtswidrige Eingriffe . . . 81
IV. Kritik der Fragestellung . . . 84

§ 8: Entschädigung aus enteignungsgleichem Eingriff . . . 87
I. Einleitung . . . 87
II. Rechtsprechung und Lehre zur Entschädigung aus enteignungsgleichem Eingriff . . . 88
1. Rechtsprechung des Bundesgerichtshofs zur Entschädigung aus enteignungsgleichem Eingriff . . . 88
2. Lehre zur Entschädigung aus enteignungsgleichem Eingriff 93
III. Begründung der Entschädigung aus enteignungsgleichem Eingriff — Allgemeines . . . 94
1. Allgemeines . . . 94
2. Entschädigung aus Enteignung und Aufopferung . . . 95
3. Verhältnis von Enteignung und Aufopferung . . . 97
4. Lehre vom besonderen Opfer . . . 98
IV. Übertragung der Lehre vom besonderen Opfer auf rechtswidrige Eingriffe — Erste Begründung . . . 99
1. Angebliche Gleichheit der Opferlage des Betroffenen . . . 99
2. Tatsächliche Ungleichheit der Opferlage des Betroffenen . 101
3. Unvergleichbarkeit tatsächlich gleicher Opferlagen des Betroffenen . . . 104
4. Ergebnis . . . 105
V. Übertragung der Lehre vom besonderen Opfer auf rechtswidrige Eingriffe — Zweite Begründung . . . 106
1. Enteignungsgleicher Eingriff nach BGHZ 6, 270 . . . 106
2. Kritik der Entscheidung BGHZ 6, 270 . . . 107
3. Kritik am Tatbestand des enteignungsgleichen Eingriffs nach BGHZ 6, 270 . . . 109
4. Ergebnis . . . 113

VI. Übertragung der Lehre vom besonderen Opfer auf rechtswidrige Eingriffe — Dritte Begründung 113

1. Entwicklung der Rechtsprechung des Bundesgerichtshofs von BGHZ 6, 270 zu BGHZ 32, 208 114
2. Enteignungsgleicher Eingriff nach BGHZ 32, 208 115
3. Kritik am Tatbestand des enteignungsgleichen Eingriffs nach BGHZ 32, 208 116
4. Ergebnis 118

VII. Begriff des besonderen Opfers 118

1. Verselbständigung des Sonderopferbegriffs 119
2. Verdoppelung des Sonderopferbegriffs 119
3. Ergebnis 122

VIII. Ergebnis 122

§ 9: Anspruch auf Folgenbeseitigung und Wiedergutmachung 123

I. Einleitung 123

II. Anspruch auf Folgenbeseitigung 123

1. Bachofs Lehre vom Folgenbeseitigungsanspruch 123
2. Verhältnis von Entschädigung für rechtswidrige Eingriffe und Folgenbeseitigung 126
3. Herleitung der Entschädigung für rechtswidrige Eingriffe aus der Folgenbeseitigung 129

III. Anspruch auf Wiedergutmachung 132

1. Mengers und Haas' Lehre vom Wiedergutmachungsanspruch 132
2. Kritik des Wiedergutmachungsanspruchs 133

§ 10: Anspruch auf Beseitigung 135

I. Einleitung 135

II. Der Beseitigungsanspruch Bettermanns 136

III. Der Anspruch auf Beseitigung 138

1. Herleitung des Beseitigungsanspruchs aus der Anfechtungsklage 138
2. Rechtsgrundlage des Beseitigungsanspruchs 140
3. Inhalt des Beseitigungsanspruchs 142

IV. Beseitigungsanspruch und Anspruch auf Folgenbeseitigung, Wiedergutmachung und Entschädigung 144

§ 11: Ergebnis zum Dritten Kapitel 146

Viertes Kapitel

Amtshaftung und Entschädigung für rechtswidrige Eingriffe 147

§ 12: Rechtsprechung und Lehre zum Verhältnis von Amtshaftung und Entschädigung für rechtswidrige Eingriffe 148

1. Amtshaftung und Entschädigung für rechtswidrig-schuldlose Eingriffe 148
2. Amtshaftung und Entschädigung für rechtswidrig-schuldhafte Eingriffe 148
3. Amtshaftung und Entschädigung für rechtswidrige Eingriffe bei Lerche 150

§ 13: Entschädigung für rechtswidrige Eingriffe als Staatshaftung . . 152

1. Entschädigung aus enteignungsgleichem Eingriff und Entschädigung für rechtswidrige Eingriffe bei Otto Mayer 152
2. Wiederaufnahme der Staatshaftung des neunzehnten Jahrhunderts 154
3. Rechtsprechung und Lehre zur Wiederaufnahme der Staatshaftung des neunzehnten Jahrhunderts 158
4. Staatshaftung und Beamtenhaftung 159

§ 14: Amtshaftung und Staatshaftung 160

1. Amtshaftung und Staatshaftung bei Otto Mayer 160
2. Anspruch auf Beseitigung und Schadensersatz 161
3. Widerspruch zwischen Amtshaftung und Staatshaftung 164
4. Widerspruch zwischen Beamtenhaftung und Staatshaftung im neunzehnten Jahrhundert und bei Otto Mayer 165
5. Ergebnis 167

§ 15: Rechtsgrundlage, Tatbestand und Inhalt der Staatshaftung . . . 168

1. Rechtsgrundlage der Staatshaftung 168
2. Tatbestand und Inhalt der Staatshaftung 170

§ 16: Weitere Erscheinungsformen der Staatshaftung 173

1. Entschädigung für rechtswidrig-schuldlose Eingriffe 173
2. Folgenbeseitigung und Wiedergutmachung 175

§ 17: Ergebnis zum Vierten Kapitel 178

Abschluß 180

Anhang 182

Schrifttumsverzeichnis 184

Abkürzungen

FischersZ	Fischers Zeitschrift
Gruchot	Beiträge zur Erläuterung des Deutschen Rechts begründet von Gruchot
GrünhutsZ	Zeitschrift für das Privat- und öffentliche Recht der Gegenwart, begründet von Grünhut
HdDStR	Handbuch des Deutschen Staatsrechts
JheringsJahrb	Jherings Jahrbücher der Dogmatik des bürgerlichen Rechts
OAG	Oberappellationsgericht
SächsArchiv	Sächsisches Archiv für Rechtspflege
SeuffArchiv	Seufferts Archiv für Entscheidungen der obersten Gerichte in den deutschen Staaten
VA	Verwaltungsarchiv
WM	Wertpapier-Mitteilungen
ZBR	Zeitschrift für Beamtenrecht
ZgesStW	Zeitschrift für die gesamte Staatswissenschaft

Bemerkung: In den Anmerkungen sind bei den Abhandlungen aus der Zeit vor 1919 das Erscheinungsjahr und die Auflage angegeben; bei den späteren Abhandlungen ergibt sich beides nur aus dem Schrifttumsverzeichnis.

Einleitung

Der Große Senat für Zivilsachen des Bundesgerichtshofs hat in seinem Beschluß vom 12. April 1954[1] das Nebeneinander von Amtshaftung und Entschädigung aus enteignungsgleichem Eingriff endgültig anerkannt. Wenngleich seitdem schon über zehn Jahre verstrichen sind, und das Nebeneinander von Amtshaftung und Entschädigung aus enteignungsgleichem Eingriff nicht nur von der ständigen Rechtsprechung des Bundesgerichtshofs, sondern auch von der ganz überwiegenden Lehre anerkannt wird, so ist es bislang dennoch nicht gelungen, das Verhältnis von Amtshaftung und Entschädigung aus enteignungsgleichem Eingriff dogmatisch zu bewältigen. Das Nebeneinander von Amtshaftung und Entschädigung aus enteignungsgleichem Eingriff droht jedoch das überkommene System der staatlichen Ersatzleistungen zum Einsturz zu bringen, da es in offenem Widerspruch zu dessen dreiteiliger Gliederung in Entschädigung für rechtmäßige Eingriffe, Entschädigung für rechtswidrig-schuldlose Eingriffe und Schadensersatz aus Amtshaftung steht.

Rechtsprechung und Lehre nehmen übereinstimmend an, die Frage nach dem Verhältnis von Amtshaftung und Entschädigung aus enteignungsgleichem Eingriff sei erstmals durch die Rechtsprechung des Bundesgerichtshofs aufgeworfen worden. Diese Annahme ist jedoch verfehlt. Sucht man nach den geschichtlichen Wurzeln der Amtshaftung und der Entschädigung aus enteignungsgleichem Eingriff, so erkennt man bald, daß die mit dem Nebeneinander von Amtshaftung und Entschädigung aus enteignungsgleichem Eingriff aufgeworfenen Fragen nicht erst durch die Rechtsprechung des Bundesgerichtshofs hervorgerufen worden sind, sondern schon seit dem Beginn des neunzehnten Jahrhunderts bestehen und immer wieder aufs neue Rechtsprechung und Lehre beschäftigt haben.

Die vorliegende Arbeit versucht, die geschichtlichen Wurzeln der Amtshaftung und der Entschädigung für rechtswidrige Eingriffe aufzuweisen, um dadurch zu einer Klärung des Verhältnisses von Amtshaftung und Entschädigung aus enteignungsgleichem Eingriff zu gelangen.

Die den folgenden Untersuchungen damit zugrundegelegte historisch-dogmatische Methode mag bedenklich erscheinen. Und doch kann nur

---

[1] BGHZ 13, 88.

diese Methode zu einem befriedigenden Ergebnis führen. Soweit sich Rechtsprechung und Lehre mit dem Verhältnis von Amtshaftung und Entschädigung aus enteignungsgleichem Eingriff beschäftigen, verstricken sie sich allzusehr in eine oft inhaltsleere Dogmatik des positiven Rechts. Dadurch entstehen grobe Irrtümer, die Rechtsprechung und Lehre jahrzehntelang tyrannisieren und eine Klärung der aufgeworfenen Fragen von vornherein verhindern. Sieht man von den geschichtlichen Wurzeln der Amtshaftung und der Entschädigung aus enteignungsgleichem Eingriff ab und beschränkt man sich auf eine Dogmatik des positiven Rechts, so gerät man nicht zuletzt in die Gefahr, nur das zu wiederholen, was wenige Generationen zuvor in genau derselben Weise schon einmal vorgebracht worden ist. Im folgenden wird sich zeigen, daß Rechtsprechung und Lehre der letzten vierzig Jahre dieser Gefahr weitgehend erlegen sind: Die mit dem Verhältnis von Amtshaftung und Entschädigung aus enteignungsgleichem Eingriff aufgeworfenen Fragen sind im neunzehnten Jahrhundert klarer gesehen und eingehender behandelt worden als heute.

Im *Ersten Kapitel* der vorliegenden Arbeit werden Geschichte und positives Recht der Haftung des Beamten und des Staates abgehandelt. Das *Zweite Kapitel* widmet sich dem System der öffentlichrechtlichen Entschädigung Otto Mayers, das die vom Bundesgerichtshof vertretene Entschädigung aus enteignungsgleichem Eingriff vorweggenommen hat. Das *Dritte Kapitel* überprüft die Versuche der letzten vierzig Jahre, neben der Amtshaftung eine Entschädigung für rechtswidrige Eingriffe zu begründen. Aufgrund der in den drei ersten Kapiteln gewonnenen Ergebnisse versucht dann das *Vierte Kapitel*, das Verhältnis von Amtshaftung und Entschädigung aus enteignungsgleichem Eingriff zu klären.

Erstes Kapitel

Beamtenhaftung, Staatshaftung und Amtshaftung

Die geschichtlichen Wurzeln der Haftung des Beamten nach § 839 Abs. 1 BGB und der Haftung des Staates für den durch seinen Beamten einem Dritten rechtswidrig zugefügten Schaden nach Art. 34 GG reichen bis ins neunzehnte Jahrhundert und weiter zurück. Im folgenden werden Geschichte und positives Recht der Beamtenhaftung (§ 1), Staatshaftung (§ 2) und Amtshaftung (§ 3) abgehandelt.

§ 1: Beamtenhaftung

Die persönliche Haftung des Beamten für sein amtspflichtwidriges hoheitliches oder fiskalisches Handeln nach § 839 Abs. 1 BGB wurzelt im Recht der Staatsdiener des achtzehnten und beginnenden neunzehnten Jahrhunderts und ist allein historisch zu erklären[1, 2, 3].

Bis zum Beginn des vorigen Jahrhunderts wurde das Beamtenverhältnis als ein privatrechtliches Vertragsverhältnis — vorwiegend als Man-

---

1 Das neuere Schrifttum verweist allein auf die positive Vorschrift des § 839 Abs. 1 BGB, ohne näher darauf einzugehen, wie es dazu kommt, daß der Beamte für sein amtspflichtwidriges Handeln persönlich haftet, was doch zunächst nicht ohne weiteres zu erklären ist, statt aller: *W. Jellinek*, Verwaltungsrecht, S. 320 ff.; *Fleiner*, Institutionen, S. 275 ff.; *Hatschek-Kurtzig*, Verwaltungsrecht, S. 338; *Forsthoff*, Verwaltungsrecht I, S. 279 ff.; *Wolff*, Verwaltungsrecht I, § 64 I, S. 374 ff. Ebenso die Lehrbücher und Kommentare des bürgerlichen Rechts: *Esser*, Schuldrecht, § 206, S. 887 ff.; *RGR-Kommentar*, § 839 BGB, Anm. 1, S. 1437 f. Auch BGHZ 34, 99 (105) sagt lediglich, § 839 BGB gehe „von der Eigenhaftung des Beamten aus, der persönlich für die Folgen pflichtwidriger Amtsführung haftbar gemacht wird".

2 Eine mit den folgenden Ausführungen weitgehend übereinstimmende historische Erklärung der Beamtenhaftung findet sich bei *Gehre*, Die Entwicklung der Amtshaftung, S. 27 ff.; *Scheuner*, Gedächtnisschrift für W. Jellinek, S. 336 f. unter III.

3 Die folgenden Ausführungen beziehen sich allein auf die Haftung der Verwaltungsbeamten; zu der in vielem abweichenden Haftung der richterlichen Beamten *Gehre*, Die Entwicklung der Amtshaftung, S. 37 ff.

datskontrakt — zwischen Landesherr und Staatsdiener angesehen[4]. Handelte der Beamte rechtmäßig, so wurde sein Handeln dem Staat, handelte er dagegen contra mandatum, so wurde sein amtspflichtwidriges Handeln ihm selbst zugerechnet. Der Beamte haftete daher persönlich für den von ihm einem Dritten rechtswidrig zugefügten Schaden[5]. Die rechtliche Stellung des Beamten unterschied sich insoweit nicht von der einer anderen Privatperson, die fremde Geschäfte besorgt und für den von ihr dabei verursachten Schaden selbst haftet. „Hat der Staatsbeamte die Befugnisse der Regierung überschritten, so ist es nicht möglich, daß in seiner Handlung die Handlung der Regierung erkannt . . . werde, vielmehr ist er selbst persönlich für die aus dieser Handlung entstehenden Folgen verantwortlich[6].“ Dabei wurde zwischen dem hoheitlichen und fiskalischen Handeln des Beamten nicht unterschieden. So sagte *Franz Arnold von der Becke* schon 1797, die Rechtslehrer seien sich darüber einig, „daß der Diener für die Folgen des Fehlers stehen müsse, die er aus Vorsatz, aus grober Nachlässigkeit und Unwissenheit oder auch dadurch begehet, daß er die gewöhnliche Aufmerksamkeit nicht angewendet hat oder mit den gewöhnlichen Kenntnissen seines Amtes nicht versehen ist (Dolus, Culpa lata et levis)“[7].

Wenngleich die persönliche Haftung des Beamten grundsätzlich nie bestritten wurde[8], so blieb deren Rechtsgrund im einzelnen dennoch unklar[9]; vor allem deshalb, weil nicht jedes amtpflichtwidrige Handeln des Beamten einem allgemeinen Deliktstatbestand — etwa der lex Aquilia[10] — unterfiel, und es nur schwer zu begründen war, weshalb die Verletzung der gegenüber dem Staat bestehenden Amtspflichten

---

[4] Eine eingehende historisch-dogmatische Darstellung der Rechtsnatur des Beamtenverhältnisses findet sich bei *Rehm,* Hirths Annalen 1884, 565 ff. und 1885, 65 ff. Zu den privatrechtlichen Begründungen des Beamtenverhältnisses aaO. 1884, 582 ff.; das Beamtenverhältnis wurde gedeutet als mandatum, precarium, locatio conductio operarum, contractus innominatus usf. Dazu ferner die in Anm. 5 genannten Autoren.

[5] *Von der Becke,* Von Staatsämtern und Staatsdienern, 1797, S. 173 ff.; *Heffter,* Beiträge zum deutschen Staats- und Fürstenrecht, Erste Lieferung, 1829, S. 162; *Meisterlin,* Die Verhältnisse der Staatsdiener, 1838, S. 85; *Buddeus,* Amtsverbrechen und Amtsvergehen, 1839, S. 229 f.

[6] *Meisterlin,* Die Verhältnisse der Staatsdiener, 1838, S. 85.

[7] Von Staatsämtern und Staatsdienern, 1797, S. 173.

[8] Dazu die in Anm. 5, 14 und 22 genannten Autoren.

[9] Es sei denn, die Haftung des Beamten war gesetzlich vorgesehen, unten in und zu Anm. 23—26.

[10] So in dem *Gutachten der juristischen Fakultät Göttingen* auf eine Anfrage des OAG Jena, 1847, SeuffArchiv 16, Nr. 113.

den Beamten nicht nur dem Staat, sondern auch Dritten haftbar machen sollte[11].

Obwohl das Beamtenverhältnis — beginnend mit *Nikolaus Thaddäus Gönner*[12] — nach und nach nicht mehr als ein privatrechtlicher Mandatskontrakt, sondern als ein öffentlichrechtliches Rechtsverhältnis begriffen wurde[13], hielt man an der persönlichen Haftung des amtspflichtwidrig handelnden Beamten fest[14]; allein die gerichtliche Verfolgung des Beamten wurde erschwert[15]. Man ging fortan davon aus, daß der amtspflichtwidrig handelnde Beamte, als „ohne Auftrag des Staats handelnd, in den Privatstand" eintrete[16] und dann „als einzelner, nicht als

---

[11] Über die Versuche, eine gemeinrechtliche Rechtsgrundlage für die Haftung des Beamten zu finden *Klewitz*, Die Entschädigungsansprüche aus rechtswidrigen Amtshandlungen, 1891, S. 20 ff, 53 ff.; *Hüssener*, Die civilrechtliche Verantwortlichkeit der Beamten, 1901, S. 4 ff., 11 ff.; *Gehre*, Die Entwicklung der Amtshaftung, S. 29 ff.; *Womelsdorf*, Untersuchungen zur Stellung des § 839 BGB, S. 2 ff.

[12] Der Staatsdienst, 1808; dazu *Rehm*, Hirths Annalen 1884, 632 ff.

[13] *Rehm*, Hirths Annalen 1884, 630 ff.; statt aller: *Pfeiffer*, Practische Ausführungen, Band II, 1828, S. 362, 367 ff.; *H. A. Zachariä*, ZgesStW 19 (1863), 611 f.; *Loening*, Die Haftung des Staates, 1879, S. 50 f.

[14] *Gönner*, Der Staatsdienst, 1808, S. 211 f., 222; *Sundheim*, Über Schadensstiftung durch Staatsbeamte, 1827, S. 1 ff.; *Pfeiffer*, Practische Ausführungen, Band II, 1828, S. 361 f.; Band III, 1831, S. 371 ff.; *Mittermaier*, AcP 4 (1829), 321 f.; *von Mohl*, System der Präventiv-Justiz, 1834, S. 552 ff.; *Strippelmann*, Neue Sammlung bemerkenswerther Entscheidungen des OAG zu Cassel, IV. Theil, 1. Abth., 1846, S. 285 f.; *Zoepfl*, Grundsätze des Staatsrechts, 3. Aufl., 1846, § 216, S. 367 f.; 2. Theil, 5. Aufl., 1863, § 519, S. 798 ff.; *Heffter*, Archiv des Criminalrechts Neue Folge, 1851, S. 455 ff.; *H. A. Zachariä*, ZgesStW 19 (1863), 619; *ders.*, Deutsches Staats- und Bundesrecht, 2. Theil, 3. Aufl., 1867, § 140 II, S. 59 f.; *Bluntschli*, Verhandlungen des sechsten deutschen Juristentages, Band I, 1865, S. 45 ff., 49; *von Stein*, Die vollziehende Gewalt, Band I, 1, 2. Aufl., 1869, S. 369 f.; *von Gerber*, Grundzüge eines Systems des Deutschen Staatsrechts, 2. Aufl., 1869, S. 207; *Loening*, Die Haftung des Staates, 1879, S. 96 ff., 107 f.; *von Sarwey*, Das öffentliche Recht und die Verwaltungsrechtspflege, 1880, § 18, S. 302 ff.; *Laband*, Das Staatsrecht des Deutschen Reiches, Band I, 1. Aufl., 1876, § 41 II, S. 439 ff.; *Jellinek*, System der subjektiven öffentlichen Rechte, 2. Aufl., 1905, S. 243 f. Das preußische Schrifttum verweist allein auf die positiven Vorschriften der §§ 88, 89 II 10 ALR (unten Anm. 24), *Perthes*, Der Staatsdienst in Preussen, S. 129 ff., 135; *Bergius*, Preussen in staatsrechtlicher Beziehung, 1843, S. 282; *Simon*, Das preussische Staatsrecht, 1. Theil, 1844, S. 319; *von Rönne*, Das Staatsrecht der preussischen Monarchie, Band II, 1. Abth., 3. Aufl., 1871, § 340, S. 504 ff.

Nachweise aus der Rechtsprechung zur Beamtenhaftung finden sich in: Motive zu dem Entwurf eines Bürgerlichen Gesetzbuches für das Deutsche Reich, Band II, 1888, S. 820 (zu § 736 E I = § 839 BGB); über die Gesetzgebung zur Beamtenhaftung unten in und zu Anm. 23—26.

[15] Die gerichtliche Verfolgung des Beamten war im neunzehnten Jahrhundert im allgemeinen von der Einwilligung oder von der Vorentscheidung einer Verwaltungsbehörde abhängig, dazu eingehend *Gehre*, Die Entwicklung der Amtshaftung, S. 41 ff. Die Beschränkungen der gerichtlichen Verfolgung des Beamten wurden erst durch Art. 131 WRV endgültig aufgehoben, RGZ 102, 391.

[16] *Gönner*, Der Staatsdienst, 1808, S. 222.

Beamter"[17] „in civilrechtlicher Hinsicht für alle auf eigene Hand begangenen unerlaubten Handlungen einzustehen" habe[18]. Es komme „nur immer darauf an, ob der Beamte in der Eigenschaft als solcher gehandelt" und daher sein Handeln dem Staat zugerechnet werden kann oder ob „der Beamte nicht mehr als solcher, sondern als Privatmann" gehandelt hat und daher „nur ein Rechtsstreit zwischen zwei Personen in Frage steht"[19]. *Lorenz von Stein* gibt die das ganze neunzehnte Jahrhundert über allgemein herrschende Ansicht treffend wieder, wenn er darlegt, es sei „durchaus kein Grund denkbar, oder haltbar, weshalb (der Beamte), indem (er) aus eigener Selbstbestimmung etwas Ungesetzliches verfügt, nicht wie jeder andere Staatsbürger für (seine) individuelle Ungesetzlichkeit haften sollte"[20]. Nicht zuletzt hielt man die persönliche Haftung des Beamten für „einen wirksamen Schutz des Unterthanen gegenüber der öffentlichen Gewalt"[21] und erachtete sie daher für unentbehrlich.

Am Ende des Jahrhunderts wurde die persönliche Haftung des Beamten als selbstverständlich vorausgesetzt und nicht mehr näher begründet[22]. Die Vorschrift des § 839 Abs. 1 BGB gibt den Rechtszustand des neunzehnten Jahrhunderts fast unverändert wieder[23]; sie hat ihre Vorbilder in §§ 88, 89 II 10 ALR von 1794[24], § 1507 sächsisches BGB von 1865[25] und einigen anderen Vorschriften[26].

---

[17] *Von Sarwey,* Das öffentliche Recht und die Verwaltungsrechtspflege, 1880, S. 303.

[18] *Buddeus,* Amtsverbrechen und Amtsvergehen, 1839, S. 230.

[19] *Mittermaier,* AcP 4 (1829), 321 f.

[20] Die vollziehende Gewalt, Band I, 1, 2. Aufl., 1869, S. 369.

[21] *Otto Mayer,* Verwaltungsrecht, Band I, 3. Aufl., S. 183.

[22] *Piloty,* Hirths Annalen 1888, 246, 260 ff.; *Otto Mayer,* Verwaltungsrecht, Band I, 1. Aufl., 1895, § 17, S. 226 ff.; um die Jahrhundertwende wurde nur noch auf die positive Vorschrift des § 839 Abs. 1 BGB hingewiesen, *Meyer,* Lehrbuch des deutschen Staatsrechts, 5. Aufl., 1899, S. 475; *Meyer-Anschütz,* Lehrbuch des deutschen Staatsrechts, 7. Aufl., 1919, S. 608 f.; *Dock,* AöR 16 (1901), 263 ff., 277 f.; *Laband,* Das Staatsrecht des Deutschen Reiches, Band I, 5. Aufl., 1911, § 48 II, S. 474 ff.; *Otto Mayer,* Verwaltungsrecht, Band I, 2. Aufl., 1914, § 18, S. 189 ff.

[23] Motive zu dem Entwurf eines Bürgerlichen Gesetzbuches für das Deutsche Reich, Band II, 1888, S. 819 ff.

[24] § 88: Wer ein Amt übernimmt, muß auf die pflichtmäßige Führung desselben die genaueste Aufmerksamkeit wenden. § 89: Jedes dabei begangene Versehen, welches bei gehöriger Aufmerksamkeit und nach den Kenntnissen, die bei der Verwaltung des Amtes erfordert werden, hätte vermieden werden können und sollen, muß er vertreten.

[25] § 1507: Von dem Staate oder von Gemeinden angestellte Verwaltungsbeamte haften für den Schaden, welchen sie bei Behandlung der ihnen obliegenden Geschäfte absichtlich oder durch grobe Fahrlässigkeit verursachen, ...

[26] *Gehre,* Die Entwicklung der Amtshaftung, S. 31 ff. mit weiteren Nachweisen aus dem ALR, sowie der sächsischen und bayrischen Gesetzgebung.

Die persönliche Haftung des amtspflichtwidrig handelnden Beamten „als Privatmann“[27] hat sonach den absoluten Staat, in dem Landesherr und Staatsdiener durch einen privatrechtlichen Mandatskontrakt miteinander verbunden waren, lange überdauert und ist heute noch geltendes Recht[28]. Bedeutsam ist, daß die persönliche Haftung des Beamten und die Haftung des Staates für den durch seinen Beamten einem Dritten rechtswidrig zugefügten Schaden immer eng miteinander verbunden waren und die Haftung des Staates meist — wenngleich sehr verschiedenartig — auf der Beamtenhaftung aufbaute[29].

§ 2: Staatshaftung [1]

I. Privatrechtliche Begründung der Staatshaftung

Bis zum Beginn des vorigen Jahrhunderts wurde eine Haftung des Staates für den durch seinen Beamten einem Dritten rechtswidrig zuge-

---

§ 13 des Reichsbeamtengesetzes vom 31.3.1873 (RGBl. 61): „Jeder Reichsbeamte ist für die Gesetzmäßigkeit seiner Handlungen verantwortlich“ enthielt keine selbständige Rechtsgrundlage der Haftung des Beamten, *von Rönne*, Das Staatsrecht des Deutschen Reiches, Band I, 2. Aufl., 1876, S. 392 mit Anm. 1; a.A. wohl *Laband*, Das Staatsrecht des deutschen Reiches, Band I, 1. Aufl., 1876, § 41 II, S. 440 ff. und ebenso die späteren Auflagen.

[27] Nach herrschender Rechtsprechung und Lehre — welche sonach mit der hier gegebenen historischen Erklärung der Beamtenhaftung vollauf übereinstimmen — ist § 839 Abs. 1 BGB lex specialis zu §§ 823 ff. BGB, die auf den Beamten anwendbar wären, hätte § 839 Abs. 1 BGB die deliktische Verantwortlichkeit des Beamten nicht abschließend und selbständig geregelt, RGZ 74, 250; 154, 117; 155, 257, st. Rspr.; Nachweise bei *Kayer-Leiss*, Die Amtshaftung, Entscheidungen Nr. 11 ff., S. 95 ff.; ferner *Wolff*, Verwaltungsrecht I, § 64 I b 1, S. 374; *Esser*, Schuldrecht, § 206, 1, S. 885 f.; *RGR-Kommentar*, § 839 BGB, Anm. 1, S. 1437.

[28] Zur Amtshaftung unten § 3 II, III. — Soweit der Beamte hoheitlich handelt und die nach § 839 Abs. 1 BGB gegen ihn persönlich gerichtete Forderung nicht nach Art. 34 GG auf den Staat übertragen wird, haftet der Beamte auch heute noch persönlich, statt aller: *RGR-Kommentar*, § 839 BGB, Anm. 9—11, S. 1441 f. Soweit der Beamte fiskalisch handelt, haftet er stets persönlich; Art. 34 GG gilt für das fiskalische Handeln des Beamten nicht, statt aller: *RGR-Kommentar*, § 839 BGB, Anm. 17, S. 1447.

[29] Entgegen der hier dargelegten historischen Erklärung der Beamtenhaftung und ohne auf dieselbe näher einzugehen, versucht *Womelsdorf*, Untersuchungen zur Stellung des § 839 BGB, S. 43 ff., die Beamtenhaftung ins öffentliche Recht einzugliedern. Aus der unrichtigen Annahme (unten § 3 Anm. 54), der Anspruch aus Amtshaftung nach Art. 34 GG sei öffentlichrechtlich, kann nicht geschlossen werden, auch der Anspruch aus § 839 Abs. 1 BGB sei öffentlichrechtlicher Natur.

[1] Historisch-dogmatische Darstellungen der Staatshaftung im neunzehnten Jahrhundert enthalten: *Loening*, Die Haftung des Staates, 1879, S. 45 ff., 96 ff.; *Piloty*, Hirths Annalen 1888, 247 ff.; *Klewitz*, Die Entschädigungsansprüche aus rechtswidrigen Amtshandlungen, 1891, S. 68 ff., 90 ff.; *Dock*, AöR 16 (1901), 247 ff.; *Schelcher*, FischersZ 52 (1921), 16 ff.; *Gehre*, Die Entwicklung der Amtshaftung, S. 57 ff. — Die folgenden Ausführungen beziehen sich allein auf die Haftung des Staates für Verwaltungsbeamte; die Haftung des Staates für richterliche Beamte weicht von dieser nicht unerheblich ab.

fügten Schaden überwiegend abgelehnt[2] oder doch nur privatrechtlich begründet.

Solange man das Beamtenverhältnis als privatrechtlichen Mandatskontrakt zwischen Landesherr und Staatsdiener ansah, haftete folgerichtig der Staat für seinen amtspflichtwidrig handelnden Beamten ebensowenig wie jeder andere Mandant für seinen contra mandatum handelnden Mandatar[3]. Der Staat haftete allenfalls dann, wenn „in der Besetzung des Amts gefehlt worden oder die Oberaufsicht nicht gehörig geführt ist" (culpa in eligendo sive custodiendo)[4]. Darüber hinaus konnte man aber „vom Staat nicht fordern, die culpas der Verwaltungsbeamten zu vertreten nach der Maxime: factum ministri factum principis"[5]; insoweit haftete vielmehr — wie soeben dargelegt — der contra mandatum handelnde Beamte persönlich für den von ihm einem Dritten rechtswidrig zugefügten Schaden.

Um dennoch eine weitergehende Haftung des Staates zu begründen, wurde vereinzelt die gemeinrechtliche Haftung des Geschäftsherrn für seine Leute (des exercitor für den institor) auf den Staat übertragen und der Staat als exercitor quasi ex maleficio für seine Beamten haftbar gemacht[6].

---

[2] Zum älteren Recht: *H. A. Zachariä*, ZgesStW 19 (1863), 584 ff.; *Loening*, Die Haftung des Staates, 1879, S. 7 ff. (Römisches Recht), 26 ff. (Mittelalter), 34 ff. (Rezeption).

[3] *Von Kreittmayr*, Anmerkungen über den Codicem Maximilianeum Bavaricum Civilem, V. Theil, 1821, Kap. 24 § XIV, S. 951: „Circa obligationem Domini erga officialem, vel alios obtinieren fast die nämlichen Principia, wie bey mandante gegen mandatarium, vel tertium"; *von der Becke*, Von Staatsämtern und Staatsdienern, 1797, S. 173 ff.; *Heffter*, Beiträge zum deutschen Staats- und Fürstenrecht, Erste Lieferung, 1829, S. 162 f.; *Meisterlin*, Die Verhältnisse der Staatsdiener, 1838, S. 99 ff.; *Buddeus*, Amtsverbrechen und Amtsvergehen, 1839, S. 229 ff.; ferner *Gehre*, Die Entwicklung des Amtshaftung, S. 59 f.

[4] *Von der Becke*, Von Staatsämtern und Staatsdienern, 1797, S. 177 f.; ebenso *von Kreittmayr*, aaO. (Anm. 3), S. 952: „Factum illicitum Officialis verbindet die Herrschaft regulariter nicht, sie sey denn selbst mit in culpa gewesen, z. E. durch ausdrücklichen Befehl eines solchen Facti oder durch Bestellung und Geduldung eines solchen Beamten, dessen Unverstand, Unfleiß oder üble Beschaffenheit notorisch oder wenigstens der Herrschaft nicht unbekannt gewesen ist"; ferner *Meisterlin*, Die Verhältnisse der Staatsdiener, 1838, S. 100, Ziffer 3 und 4, S. 102 lit. b.

[5] *Heffter*, Beiträge zum deutschen Staats- und Fürstenrecht, Erste Lieferung, 1829, S. 163.

[6] *Buddeus*, Amtsverbrechen und Amtsvergehen, 1838, S. 231; *Sundheim*, Über Schadensstiftung durch Staatsbeamte, 1827, §§ 6, 7, S. 10 ff., dazu unten zu Anm. 18 ff.; *Gehre*, Die Entwicklung der Amtshaftung, S. 61 ff.

II. Öffentlichrechtliche Begründung der Staatshaftung[7]

1. Übergang von der privatrechtlichen zur öffentlichrechtlichen Begründung der Staatshaftung

Die „wahrhaft skandalöse Theorie", daß der Staat „für (die) Handlungen seiner Beamten nicht zu haften brauche, weil kein Mandant für das einzustehen schuldig sei, was der Mandatar contra mandatum gethan habe"[8] und die vereinzelt gebliebene privatrechtliche Begründung der Staatshaftung wurden im zweiten Drittel des vorigen Jahrhunderts aufgegeben[9]. Einmal sah man das Beamtenverhältnis — wie angedeutet[10] — nicht mehr als privatrechtlichen Mandatskontrakt, sondern, beginnend mit *Gönner*, nach und nach als öffentlichrechtliches Rechtsverhältnis an. Zum anderen stellte man seit *Burkhard Wilhelm Pfeiffer*[11] das fiskalische und hoheitliche Handeln des Staates als verschiedenen Rechsgrundsätzen unterliegend einander gegenüber. Hatte man bislang bei der Beamten- und Staatshaftung zwischen fiskalischem und hoheitlichem Handeln nicht unterschieden, so trennte man nunmehr bei der Staatshaftung — im Gegensatz zur Beamtenhaftung — zwischen der Haftung im fiskalischen Bereich einerseits und der Haftung im hoheitlichen Bereich andererseits[12]. Während man die Staatshaftung im fiskalischen Bereich nach wie vor dem Privatrecht unterstellte[13], löste man die Haftung des

---

[7] Dazu *Gehre*, Die Entwicklung der Amtshaftung, S. 63 ff. und die in Anm. 1 genannten Autoren.

[8] *Zoepfl*, Grundsätze des Staatsrechts, 3. Aufl., 1846, S. 370 f. mit Anm. 6.

[9] Eine ausdrückliche Ablehnung der privatrechtlichen Begründung der Staatshaftung findet sich bei: *Pfeiffer*, Practische Ausführungen, Band II, 1828, S. 362, 368 f.; *Zoepfl*, Grundsätze des Staatsrechts, 3. Aufl., 1846, S. 370 f., wobei *Zoepfl* selbst hilfsweise auf eine Analogie zum Privatrecht (das institutorische Verhältnis) verweist, aaO., S. 372; *ders.*, Grundsätze des Staatsrechts, 2. Theil, 5. Aufl., 1863, § 520, S. 801 ff.; *H. A. Zachariä*, ZgesStW 19 (1863), 607 ff. eingehend; *Loening*, Die Haftung des Staates, 1879, S. 50 f.

[10] § 1 zu und in Anm. 12f.

[11] Practische Ausführungen, Band II, 1828, S. 361 ff., 368 f.; *Pfeiffer* unterscheidet zwischen dem Fall, daß „die Verwaltungs-Behörde dem Staatsbürger im freien Vertrags-Verhältnisse, gleich jeder anderen Privatperson, gegenüber trat" und dem Fall, daß „die einem Staatsbürger zugefügte Rechtsverletzung durch die Anwendung desjenigen Zwanges, zu welchem die Administrativ-Behörde durch die ihr anvertraute Teilnahme an der Ausübung der Staatsgewalt in den Stand gesetzt wurde", erfolgt ist, aaO., S. 368.

[12] Die Unterscheidung zwischen der Haftung des Staates im hoheitlichen und im fiskalischen Bereich fand ausgehend von *Pfeiffer* (Anm. 11) Eingang in das bis heute geltende Recht, statt aller: *H. A. Zachariä*, ZgesStW 19 (1863), 619 f.; *Loening*, Die Haftung des Staates, 1879, S. 51 f.; weitere Nachweise bei *Gehre*, Die Entwicklung der Amtshaftung, S. 66 mit Anm. 63 (auf S. 128).

[13] Statt aller: *H. A. Zachariä*, ZgesStW 19 (1863), 620 ff.; *Loening*, Die Haftung des Staates, 1879, S. 53 ff. Auf die Haftung des Staates im fiskalischen Bereich, die später in §§ 89, 31 BGB gesetzlich festgelegt wurde, ist hier nicht einzugehen; sie weist mit der Haftung des Staates im hoheitlichen Bereich nur wenige oder gar keine Gemeinsamkeiten auf. Gegenstand der folgenden Ausführungen ist allein die Haftung des Staates im hoheitlichen Bereich.

hoheitlich handelnden Staates aus dem Privatrecht heraus und versuchte sie öffentlichrechtlich zu begründen.

2. *Öffentlichrechtliche Begründung der Staatshaftung*

So wurde im zweiten Drittel des vorigen Jahrhunderts von der überwiegenden Lehre und Rechtsprechung eine öffentlichrechtlich begründete Haftung des Staates für den durch seinen Beamten einem Dritten in Ausübung öffentlicher Gewalt rechtswidrig zugefügten Schaden vertreten. Dabei nahm man an, die Staatshaftung stehe zwar unabhängig neben der Beamtenhaftung, der Staat hafte aber nur (und immer) dann, wenn der Beamte persönlich hafte. Voraussetzung der Staatshaftung war danach die Haftung des Beamten; Staatshaftung und Beamtenhaftung waren insofern eng miteinander verbunden[14]. Denn man versuchte die Staatshaftung vorwiegend deshalb zu begründen, weil „es unbillig sey, wenn der Staat seinen Unterthanen zumuthet, darunter leiden und versuchen zu müssen, wider seine fehlenden Beamten, bei denen sich oft gar nicht zu erholen ist, mit Aufopferung großer Kosten und Bekämpfung unsäglicher Schwierigkeiten ihre Schadloshaltung zu verfolgen“[15]. Daher wurde teilweise auch nur eine subsidiäre Haftung des Staates

[14] Das Verhältnis von Staatshaftung und Beamtenhaftung wird meist nicht besonders erörtert, vielmehr werden Staatshaftung und Beamtenhaftung einfach nebeneinander abgehandelt. Es wird jedoch stets stillschweigend vorausgesetzt, daß „eine objective Rechtswidrigkeit und subjective Verschuldung des Beamten . . . natürlich immer vorhanden sein (muß), wenn auf Grund rechtswidriger Schadenszufügung . . . ein Anspruch gegen den Staat geltend gemacht werden soll“, *H. A. Zachariä,* ZgesStW 19 (1863), 619. Ebenso etwa: *Stösser,* Verhandlungen des sechsten deutschen Juristentages, Band III, 1868, S. 70 Ziffer 2 ff.; *Prinkmer,* Verhandlungen des neunten deutschen Juristentages, Band III, 1871, S. 29; *Loening,* Die Haftung des Staates, 1879, S. 122.

[15] *Sundheim,* Über Schadensstiftung durch Staatsbeamte, 1827, S. 1. Ebenso: *von der Becke,* Von Staatsämtern und Staatsdienern, 1797, S. 177; *Pfeiffer,* Practische Ausführungen, Band II, 1828, S. 361 f.; *Perthes,* Der Staatsdienst in Preussen, 1838, S. 137; *Loening,* Die Haftung des Staates, 1879, S. 122; *von Mohl,* System der Präventiv-Justiz, 1834, S. 555 meint hingegen, „daß der durch einen ungesetzlich handelnden Beamten Verletzte wegen Mangels an zureichendem Vermögen von letzterem nicht vollständig entschädigt werden kann, (sei) ein Unglück, welches der Betroffene zu tragen hat. Eine Überwälzung auf die Staatskasse wäre ein Unglück für die Steuerpflichtigen“. Höchstens könne „aus dem zu Gnadengeschenken bestimmten Fonds dem unschuldig zu Schaden Gekommenen und itzt nicht einmal vollständig zu Entschädigenden ein Beitrag aus Billigkeit abgereicht werden“.

[16] *H. A. Zachariä,* ZgesStW 19 (1863), 633 f.; *von Gerber,* Grundzüge eines Systems des deutschen Staatsrechts, 2. Aufl., 1869, S. 206, 207 mit Anm. 5; *Ullman,* Der Gerichtssaal 27 (1875), 83; *Georg Meyer,* Lehrbuch des deutschen Staatsrechts, 5. Aufl., 1899, S. 477; auch *Loening,* Die Haftung des Staates 1879, S. 122 nimmt an, daß eine Staatshaftung, wenn überhaupt, dann nur als eine subsidiäre anzuerkennen sei.

angenommen[16]; nach überwiegender Ansicht haftete der Staat jedoch primär neben seinem Beamten[17].

Zur Begründung der Staatshaftung verwies man auf die Unterwerfung des einzelnen unter die Staatsgewalt (a), auf eine vom Staat übernommene Garantie für die rechtmäßige Ausübung der Staatsgewalt (b), auf eine Verpflichtung des Staates, seinen Untertanen Schutz zu gewähren (c), auf die Entschädigung aus Aufopferung (d) und auf die Eigenschaft der Beamten als Organe des Staates (e).

a) Auf der Schwelle zwischen privatrechtlicher und öffentlichrechtlicher Begründung der Staatshaftung steht die Schrift von *Carl Sundheim* „Über Schadensstiftung durch Staatsbeamte und Haftverbindlichkeit des Staats dafür" aus dem Jahre 1827. *Sundheim* unterscheidet noch nicht zwischen der Haftung des Staates im fiskalischen und im hoheitlichen Bereich; auch verweist er zur Begründung der Staatshaftung noch auf die gemeinrechtliche Haftung des Geschäftsherrn für seine Leute[18]. *Sundheim* begründet die Staatshaftung jedoch nicht mehr allein privatrechtlich. Er nimmt vielmehr an, der Staat hafte für den durch seinen Beamten einem Dritten rechtswidrig zugefügten Schaden allein deshalb, weil er dem Beamten „die Gewalt übertragen hat, eine solche rechtswidrige Diensthandlung zu begehen und in seinem Dienst einzelne Unterthanen verletzen zu können"[19]. Der Staat sei daher „natürlich rechtlich für verpflichtet zu achten"[20], für den Schaden zu haften, der „seinen Unterthanen durch seine Beamten, als Repräsentanten von ihm, zugefügt" wurde[21], und zwar „ebenso als ob er selbst gehandelt hätte"[22]. Im übrigen könne sich der einzelne dem rechtswidrig handelnden Beamten zwar widersetzen, was aber unzumutbar sei, da der einzelne nicht ohne weiteres beurteilen könne, ob der Beamte rechtswidrig handle und sein Widerstand daher gerechtfertigt sei. Denn die Beamten hätten „die Vermuthung der öffentlichen Amtspflicht für sich" und duldeten nicht, „daß

---

[17] *Sundheim*, Über Schadensstiftung durch Staatsbeamte, 1827, § 3, S. 2 ff., 5 f.; *Pfeiffer*, Practische Ausführungen, Band II, 1828, S. 361 ff, 369 f.; *OAG Cassel*, aaO. (Anm. 36); *Perthes*, Der Staatsdienst in Preussen, 1838, S. 137 ff.; *K. S. Zachariä*, Vierzig Bücher vom Staate, Erster Band, 1839, S. 99; *Bergius*, Preussen in staatsrechtlicher Beziehung, 1843, S. 298 f.; *Zoepfl*, Grundsätze des Staatsrechts, 3. Aufl., 1846, § 217, S. 372; 2. Theil, 5. Aufl., 1863, § 520, S. 809 ff.; *Strippelmann*, Neue Sammlung bemerkenswerther Entscheidungen des OAG Cassel, IV. Theil, 1. Abth., 1846, S. 307 f.; *Heffter*, Archiv des Criminalrechts Neue Folge, 1851, S. 457 f.; *Stösser*, Verhandlungen des sechsten deutschen Juristentages, Band I, 1865, S. 58; *Dreyer*, Zeitschrift für französisches Zivilrecht, Band IV (1874), 397.

[18] *Sundheim*, Über Schadensstiftung durch Staatsbeamte, 1827, §§ 6, 7, S. 10 ff.

[19] AaO. (Anm. 18), S. 4.

[20] AaO. (Anm. 18), S. 6.

[21] AaO. (Anm. 18), S. 4 f.

[22] AaO. (Anm. 18), S. 6.

der einzelne Unterthan da, wo sie handeln, zum Richter und Critiker ihrer Handlungen sich aufwerfe"[23]. *Sundheim* begründet die Staatshaftung danach einmal damit, daß das amtspflichtwidrige Handeln der Beamten als „Repräsentanten" des Staates dem Staat zugerechnet werden müsse, und zum anderen damit, daß der einzelne der Staatsgewalt unterworfen sei und ihr nicht ohne weiteres Widerstand leisten könne[24].

Burkhard Wilhelm Pfeiffer[25, 26] begründet im Jahre 1828 die Staatshaftung erstmals allein öffentlichrechtlich[27]. Er folgert die Staatshaftung aus der „Subjections-Verpflichtung der Staatsbürger, als Unterthanen, gegen den Staat und seine mit der Ausübung der Staatsgewalt beauftragten Behörden"[28]. Fordere der Staat von seinen Untertanen, und dies könne und müsse er von ihnen fordern, daß sie sich der den Beamten übertragenen hoheitlichen Gewalt „ohne Widerrede unterwerfen", so müsse der Staat auch für die fehlerhafte Ausübung der hoheitlichen Gewalt einstehen[28].

b) *Heinrich Albert Zachariä*[29] folgt weitgehend *Pfeiffer*[30] und geht ebenfalls von der „Subjection des Unterthans" unter die Staatsgewalt aus[31]. Daraus folgert er eine vom Staat stillschweigend übernommene „Garantieleistung oder Gewähr dafür, daß der Unterthan nicht durch das Prinzip der Staatsordnung selbst (sc. die Unterwerfung unter die Staatsgewalt) benachtheiligt werde"[32]. Aus dieser Garantie des Staates für die rechtmäßige Ausübung der Staatsgewalt lasse sich eine Haftung des Staates ableiten[33].

---

[23] AaO. (Anm. 18), S. 13; auch S. 5.

[24] Die erstere Begründung wird von *Gehre*, Die Entwicklung der Amtshaftung, S. 67 f., 80 ff., nicht deutlich hervorgehoben. *Gehre* geht allein auf die von ihm sog. „Subjektionstheorie", nicht aber auf die von ihm sog. „Repräsentationstheorie" bei Sundheim ein. Dazu ferner unten Anm. 35.

[25] Practische Ausführungen, Band II, 1828, S. 361 ff.; Band III, 1831, S. 380 ff., *Pfeiffer* stimmt hier *Sundheim* zu (aaO., S. 383 f.), dessen Schrift er vorher sichtlich nicht kannte; ferner Band VIII, 1846, S. 521 ff., 545 ff. Die folgenden Ausführungen beziehen sich allein auf die von *Pfeiffer* genannte dritte Art von Beamten, die Verwaltungsbeamten, aaO., Band II, S. 367 ff.

[26] *Pfeiffer* geht von der Rechtsprechung des OAG Cassel aus (unten in und zu Anm. 36), begründet die Staatshaftung jedoch anders als das OAG Cassel, das erst in seinen späteren Entscheidungen eine klare Begründung der von ihm vertretenen Staatshaftung gibt.

[27] *Pfeiffer* lehnt jede privatrechtliche Begründung der Staatshaftung scharf ab, aaO. (Anm. 26), Band II, S. 362, 368 f.

[28] AaO. (Anm. 26), Band II, S. 369 f.

[29] ZgesStW 19 (1863), 582 ff., insbes. 630 ff.; *ders.*, Deutsches Staats- und Bundesrecht, 2. Theil, 3. Aufl., 1867, § 140, S. 54 ff.

[30] *H. A. Zachariä* stellt die Lehre *Pfeiffers* eingehend dar (ZgesStW 19 (1863), 601 ff.), kritisiert sie in einzelnen Punkten, lehnt sie aber grundsätzlich nicht ab, aaO., S. 613 ff.

[31] ZgesStW 19 (1863), 631.

[32] ZgesStW 19 (1863), 633.

[33] ZgesStW 19 (1863), 633 f.

Daneben begründet *Heinrich Albert Zachariä* — wie vor ihm schon *Sundheim*[34] — die Staatshaftung damit, daß „die Beamten als Organe des Staates handeln und . . . ihre Handlungen rechtlich als Handlungen des Staates betrachtet werden", und man dies „auch da anerkennen (müsse), wo der Schutz der Unterthanen gegen widerrechtliche Verletzungen durch Beamte bei Ausübung ihrer Amtsgewalt in Frage ist"[35].

c) Das *Oberappellationsgericht Cassel*[36] und ihm folgend *Strippelmann*[37] leiten die Staatshaftung aus einer Verpflichtung des Staates ab, seinen Untertanen Schutz zu gewähren. Ähnlich nimmt auch *August Wilhelm Heffter*[38] eine Staatshaftung dann an, wenn der Staat „seine Verbindlichkeiten in Betreff der individuellen Wohlfahrt seiner Angehörigen mittels der dazu bestimmten Organe nicht gehörig erfüllt hat"[39].

d) *Clemens Theodor Perthes*[40] und *Carl Julius Bergius*[41] begründen die Staatshaftung aus der Aufopferung der §§ 74, 75 EinlALR. Da der einzelne einen rechtswidrigen ebenso wie einen rechtmäßigen hoheitlichen Eingriff in sein Eigentum dulden müsse, hafte der Staat für den durch seinen Beamten einem Dritten rechtswidrig zugefügten Schaden entsprechend § 75 EinlALR[42].

---

[34] Oben in und zu Anm. 19—21.

[35] ZgesStW 19 (1863), 632. *Gehre*, Die Entwicklung der Amtshaftung, S. 78 ff., 80 ff., verweist auf die letztere Begründung der Staatshaftung nicht; ebenso wie bei *Sundheim*, oben Anm. 24, verweist *Gehre* auch bei *H. A. Zachariä* nur auf die von ihm sog. „Subjektionstheorie", aber nicht auf die von ihm sog. „Repräsentationstheorie".

[36] Erkenntnisse vom 25. 3. 1820 und vom 7. 3. 1823, wiedergegeben bei *Pfeiffer*, Practische Ausführungen, Band II, 1828, S. 377 f. (Nr. 29) und S. 381 ff. (Nr. 31); ferner vom 18. 11. 1843 SeuffArchiv 2, Nr. 54 = *Strippelmann*, Neue Sammlung bemerkenswerther Entscheidungen des OAG zu Cassel, IV. Theil, 1. Abth., 1846, S. 316 ff.; ferner vom 24. 3. 1847 und vom 2. 8. 1849 SeuffArchiv 3, Nr. 326.

[37] Neue Sammlung bemerkenswerther Entscheidungen des OAG zu Cassel, IV. Theil, 1. Abth., 1846, S. 285 ff., insbes. 306 ff.

[38] Archiv des Criminalrechts Neue Folge, 1851, S. 445 ff.; *Heffter* hat hier die von ihm früher (Beiträge zum deutschen Staats- und Fürstenrecht, Erste Lieferung, 1829, S. 163) vertretene Ablehnung der Staatshaftung aufgegeben.

[39] *Heffter*, aaO. (Anm. 38), S. 458.

[40] Der Staatsdienst in Preussen, 1838, S. 137 f.

[41] Preussen in staatsrechtlicher Beziehung, 1843, S. 298 ff. Bergius folgt wörtlich (!) Perthes.

[42] Die Haftung des Staates und die Entschädigung aus Aufopferung und Enteignung wurden im übrigen im neunzehnten Jahrhundert in keinen Zusammenhang gebracht, sondern vielmehr völlig getrennt abgehandelt, was aus den Schriften *Sundheims*, *Pfeiffers*, *H. A. Zachariäs*, *Loenings* und anderen klar hervorgeht. Nur ganz selten taucht noch der Gedanke auf, die Haftung des Staates könne aus der Aufopferung oder Enteignung begründet werden, z. B. *Götz*, Verhandlungen des neunten deutschen Juristentages, Band III, 1871, S. 51 f.; *Dreyer*, Zeitschrift für französisches Zivilrecht, Band IV (1874), 383 ff., 393, 404, diese Abhandlung ist jedoch sehr unklar; ferner *Gehre*, Die Entwicklung der Amtshaftung, S. 74 ff.

e) *Sundheim*[43] und *Heinrich Albert* Zachariä[44] begründen, wie dargelegt, die Staatshaftung auch damit, daß die Beamten Organe des Staates seien und deren Handeln infolgedessen dem Staat zugerechnet werden müsse. Und zwar sei das Handeln der Beamten nicht nur dann dem Staat zuzurechnen, wenn deren Handeln amtspflichtgemäß, sondern eben auch dann, wenn deren Handeln amtspflichtwidrig sei. Der Staat hafte daher für den durch seinen Beamten einem Dritten rechtswidrig zugefügten Schaden „ebenso, als ob er selbst gehandelt hätte"[45]. Diese Begründung der Staatshaftung findet sich auch bei *Karl Salomo Zachariä*[46], der allein aus der Organstellung des Beamten eine Haftung des Staates ableitet[47].

3. *Grundgedanken der Staatshaftung*

Die dargestellten Begründungen der Staatshaftung[48] weichen zwar im einzelnen stark voneinander ab, beruhen aber letztlich gemeinsam auf einem zwischen Staat und einzelnem gedachten öffentlichrechtlichen Rechtsverhältnis. Und dieses öffentlichrechtliche Rechtsverhältnis zwischen Staat und einzelnem wird auch dann noch — und gerade dann — als fortbestehend und als möglicher Rechtsgrund einer Staatshaftung angesehen, wenn das hoheitliche Handeln des Beamten amtspflichtwidrig ist. Darin liegt die eigentliche Abkehr von der alten Lehre vom Mandatskontrakt. Dort nahm man an, der amtspflichtwidrig handelnde Mandatar handle nicht mehr als Mandatar des Staates, sondern als Privatperson — si excessit, privatus est —, und sein amtspflichtwidriges Handeln stelle daher nicht mehr hoheitliches Handeln des Staates dar. Daraus folgerte man, daß das amtspflichtwidrige Handeln des Mandatars nur diesem persönlich und nicht dem Staat als Mandanten zugerechnet werden könne. Demgegenüber geht die überwiegende Lehre und Rechtsprechung seit *Sundheim* und *Pfeiffer* davon aus, daß das amtspflichtwidrige Handeln des Beamten nach wie vor hoheitliches Handeln des Staates darstellt, dem der einzelne unterworfen ist, und daß daher das amtspflichtwidrige ebenso wie das amtspflichtgemäße Handeln des Beamten dem Staat zugerechnet werden kann und muß. Letztlich beruhen danach

---

[43] Oben in und zu Anm. 19—21.

[44] Oben in und zu Anm. 35.

[45] *Sundheim*, Über Schadensstiftung durch Staatsbeamte, 1827, S. 6.

[46] Vierzig Bücher vom Staate, Erster Band, 1839, S. 99.

[47] Auch *Pfeiffer*, Practische Ausführungen, Band II, 1828, S. 370 weist auf „die den Administrativ-Behörden beiwohnende Eigenschaft unmittelbarer Organe der Staatsgewalt" hin; auch *Strippelmann*, Neue Sammlung bemerkenswerther Entscheidungen des OAG zu Cassel, IV. Theil, 1. Abth., 1846, S. 307. Dazu ferner unten IV. Staatshaftung als Verbandshaftung.

[48] Sieht man von den privatrechtlichen Begründungen der Staatshaftung — oben I — ab.

alle dargestellten Begründungen der Staatshaftung auf dem Gedanken, das Handeln des Beamten als Organ des Staates sei dem Staat nicht nur dann zuzurechnen, wenn es amtspflichtgemäß, sondern auch dann, wenn es amtspflichtwidrig sei. Wird dieser Gedanke auch nur bei *Sundheim, Heinrich Albert Zachariä* und *Karl Salomo Zachariä* neben anderen Begründungen der Staatshaftung ausdrücklich erwähnt, so trägt er doch alle die genannten Begründungen gleichermaßen. Alle die verschiedenen Begründungen der Staatshaftung zielen letztlich darauf ab, das amtspflichtwidrige Handeln des Beamten dem Staat zuzurechnen, um damit den Staat für den durch seinen Beamten einem Dritten rechtswidrig zugefügten Schaden haftbar machen zu können[49].

Diese Begründungen der Staatshaftung standen jedoch in Widerspruch zur hergebrachten Begründung der Beamtenhaftung. Begründete man die Beamtenhaftung — wie in § 1 dargelegt — nach wie vor damit, daß der amtspflichtwidrig handelnde Beamte, „als ohne Auftrag des Staates handelnd, in den Privatstand" eintrete[50] und daher persönlich für den von ihm einem Dritten rechtswidrig zugefügten Schaden hafte, so widersprachen sich die Begründungen der Staats- und Beamtenhaftung. Denn das amtspflichtwidrige Handeln des Beamten konnte entweder diesem persönlich oder dem Staat zugerechnet werden; beides zugleich war wenig folgerichtig. Dieser Widerspruch wurde jedoch nicht gesehen[51]. Und doch läßt er die immer wiederkehrende Frage deutlich werden, die den ganzen Auseinandersetzungen des neunzehnten Jahrhunderts über die Staats- und Beamtenhaftung zugrunde lag, ob nämlich das amtspflichtwidrige Handeln des Beamten dem Staat oder dem Beamten persönlich zuzurechnen sei.

Das unangefochtene Nebeneinander von Staats- und Beamtenhaftung ist dadurch zu erklären, daß man auf die persönliche Haftung des Beamten keinesfalls verzichten wollte und die Staatshaftung die Beamtenhaftung nicht ersetzen, sondern nur den einzelnen vor einem vermögenslosen Beamten schützen sollte. Staatshaftung und Beamtenhaftung sollten also nebeneinander — oder doch wenigstens hintereinander — stehen. Im übrigen konnten Tatbestand und Inhalt der Staatshaftung nur von der bestehenden Beamtenhaftung her bestimmt werden, denn wann und wie der Staat haftet, konnte weder aus der Unterwerfung des ein-

---

[49] Die von *Gehre*, Entwicklung der Amtshaftung, S. 80 ff. gleichrangig neben anderen Begründungen der Staatshaftung aufgeführte und von ihm sog. „Repräsentationstheorie" stellt also die eigentliche Begründung der Staatshaftung von *Sundheim* bis *H. A. Zachariä* und nicht nur eine unter mehreren Begründungen dar.

[50] *Gönner*, Der Staatsdienst, 1808, S. 222.

[51] Darauf hat später allein *Klewitz*, Die Entschädigungsansprüche aus rechtswidrigen Amtshandlungen, 1891, S. 96 hingewiesen.

zelnen unter die Staatsgewalt, noch aus der Verpflichtung des Staates, seinen Untertanen Schutz zu gewähren, noch aus den anderen zur Begründung der Staatshaftung herangezogenen Rechtsgrundsätzen ohne weiteres entnommen werden[52]. Die Beamtenhaftung blieb danach unentbehrlicher Anknüpfungspunkt für die Staatshaftung, auch wenn diese unabhängig neben der Beamtenhaftung stand.

III. Ablehnung der Staatshaftung

Wurde im zweiten Drittel des vorigen Jahrhunderts eine Haftung des Staates für den durch seinen Beamten einem Dritten in Ausübung öffentlicher Gewalt rechtswidrig zugefügten Schaden überwiegend anerkannt, so neigten Lehre und Rechtsprechung gegen Ende des Jahrhunderts immer mehr dazu, eine Staatshaftung abzulehnen, sofern sie gesetzlich nicht besonders vorgesehen war[53].

Die Gesetzgebungsfrage: „Soll der Staat . . . für Schäden und Nachteile, welche die von (ihm) angestellten Beamten durch vorsätzliche oder

---

[52] Das wäre allenfalls bei der Begründung der Staatshaftung aus der Aufopferung (oben zu und in Anm. 40—42) möglich gewesen; darauf ist bei der im System der öffentlichrechtlichen Entschädigung *Otto Mayers* enthaltenen Staatshaftung einzugehen, unten § 5 II 3.

[53] Eine Staatshaftung lehnten ab: *von Mohl*, System der Präventiv-Justiz, 1834, S. 554 f.; *Bluntschli*, Verhandlungen des sechsten deutschen Juristentages, Band I, 1865, S. 45 ff.; *von Stein*, Die vollziehende Gewalt, Band I, 1., 2. Aufl., 1869, S. 369 f.; *Prinkmer*, Verhandlungen des neunten deutschen Juristentages, Band III, 1871, S. 26 ff.; *von Rönne*, Das Staatsrecht der preussischen Monarchie, Band II, 1. Abth., 3. Aufl., 1871, § 314, S. 518 ff.; *von Rönne-Zorn*, Das Staatsrecht der preussischen Monarchie, Band I, 5. Aufl., 1899, § 46, S. 596 f.; *von Seydel*, Bayrisches Staatsrecht, 2. Aufl., 1887, S. 473 Anm. 1; *Loening*, Die Haftung des Staates, 1879, S. 93 ff.; *von Sarwey*, Das öffentliche Recht und die Verwaltungsrechtspflege, 1880, S. 304 f.; *Piloty*, Hirths Annalen 1888, 260 ff., 271; *Rehm*, Artikel „Fiskus" in: Wörterbuch des deutschen Verwaltungsrechts, Dritter Ergänzungsband, 1897, S. 97; *Förster-Eccius*, Preussisches Privatrecht, Band I, 7. Aufl., 1896, S. 554; *von Stengel*, Hirths Annalen 1901, 485, jedoch die Forderung de lege ferenda, S. 490; in der Rechtsprechung lehnten eine Staatshaftung ab: *Preussisches Obertribunal* Entscheidungen 61, 1 (1869), das Obertribunal hatte seine gegenteilige Rechtsprechung schon früher (1837) aufgegeben, dazu *Simon*, Das preussische Staatsrecht, 1. Theil, 1844, S. 320 ff.; ablehnend ferner ROHG 8, 205 (1872) und RGZ 11, 206 (1884), st. Rspr., unten § 7 III 1.

Eine Staatshaftung wurde im letzten Drittel des neunzehnten Jahrhunderts nur noch vertreten von: *von Gerber*, Grundzüge eines Systems des deutschen Staatsrechts, 2. Aufl., 1869, S. 207; *Ullmann*, Der Gerichtssaal 27 (1875), 83; *Georg Meyer*, Lehrbuch des deutschen Staatsrechts, 5. Aufl., 1899, S. 476 ff.

Nach sächsischem Recht bestand eine gewohnheitsrechtliche Staatshaftung. Nachweise bei *Schelcher*, FischersZ 52 (1921), 12; *Gehre*, Die Entwicklung der Amtshaftung, S. 64 f.; das Reskript, die Klage gegen Churfürstliche in officio fehlende Diener betr. vom 18. 10. 1796, das Generale, die Einrichtung des Depositenwesens bei den Patrimonialgerichten betr. vom 20. 6. 1817 und § 49 der Verfassungsurkunde vom 4. 9. 1831, worauf dieses Gewohnheitsrecht beruht, sind abgedruckt bei *Delius*, Die Haftpflicht der Beamten, 1901, S. 114 f.

kulpose Verletzung ihrer Dienstpflichten einem Dritten zufügen, überhaupt haften und bejahendenfalls in erster Reihe unbedingt oder nur subsidiär?" war Gegenstand des sechsten (1865)[54, 55] und des neunten (1871)[56] deutschen Juristentags. Wurde auf dem sechsten Juristentag in einem Beschluß, dem ein Antrag von *Rudolf von Gneist* zugrundelag, die Staatshaftung ausdrücklich bejaht[57], so beschloß der neunte Juristentag auf Antrag *Heinrich Albert Zachariäs* nur noch, „daß der Staat bei seiner Gesetzgebung in Betreff der Schadenszufügung seiner Beamten das Prinzip der direkten Haftungsverbindlichkeit des Staates zur Grundlage zu nehmen habe"[58]. Diese Wendung von der Bejahung der Staatshaftung als geltenden Rechts zur bloßen Forderung an den Gesetzgeber entsprach der immer mehr vordringenden positivistischen Ablehnung einer gesetzlich nicht vorgesehenen Staatshaftung. Vor allem *Johann Caspar Bluntschli* lehnt auf dem sechsten Juristentag eine Staatshaftung entschieden ab[59]. Er hält an dem „natürlichen Rechtsgrundsatz, daß, wer ein Delikt verübt, persönlich für Schadensersatz haftet, aber nicht ein Anderer für ihn, auch nicht die Person, welche er im übrigen repräsentirt" unbeirrbar fest[60]. *Bluntschli* lehnt sonach die Zurechnung des amtspflichtwidrigen Handelns des Beamten an den Staat ab und bleibt bei der alleinigen persönlichen Haftung des Beamten stehen.

Am eindringlichsten lehnt *Edgar Loening*[61] die Staatshaftung ab. Er

---

[54] Dazu die Gutachten von *Bluntschli* (Verhandlungen des sechsten deutschen Juristentages, Band I, 1865, S. 45 ff.) und von *H. A. Zachariä* (der auf seine Abhandlung ZgesStW 19 (1863), 582 ff. verwies), das Referat von *Stößner* (aaO., Band III, 1868, S. 55 ff.), die darüber geführte Aussprache (aaO., Band III, 1868, S. 71 ff.) und den dann gefaßten, teilweise aufschiebenden Beschluß (aaO., Band III, S. 78 f., 80, unten Anm. 57).

[55] Auf dem siebten Juristentag (1867) wurde die endgültige Aussprache vertagt (Verhandlungen des siebten deutschen Juristentages, Band II, 1869, S. 104 f.). Auf dem achten Juristentag (1869) wurde die endgültige Aussprache wiederum vertagt, jedoch von *Kissling* ein weiteres Gutachten erstattet (Verhandlungen des achten deutschen Juristentages, Band I, 1869, S. 388).

[56] Dazu das Referat von *Prinkmer* (Verhandlungen des neunten deutschen Juristentages, Band III, 1871, S. 26 ff.), die kurze Aussprache (aaO., Band III, S. 46 ff.) und den endgültigen Beschluß (aaO., Band III, S. 63).

[57] Verhandlungen des sechsten deutschen Juristentages, Band III, 1868, S. 78 f., 80: „Der Staat, beziehungsweise die Gemeinde *haftet* für Schäden und Nachteile, welche die von ihnen angestellten Beamten durch vorsätzliche oder kulpose Verletzung ihrer Dienstpflichten einem Dritten zufügen. Die Vorbedingungen dieser Verhaftung nach Maßgabe des erstatteten Gutachtens bedürfen jedoch einer nochmaligen Erörterung im Einzelnen, welche dem nächsten Juristentag vorbehalten wird". Hervorhebung vom Verfasser.

[58] Verhandlungen des neunten deutschen Juristentages, Band III, 1871, S. 63.

[59] Verhandlungen des sechsten deutschen Juristentages, Band I, 1865, S. 45 ff.

[60] AaO. (Anm. 59), S. 49. Bluntschli meint aaO., S. 50, ferner, die Staatskasse sei „kein Zauberschatz" und auch die Billigkeit erfordere keine Begründung einer „Staatsversicherung für Privatschaden".

verneint sie — entgegen *Bluntschli*[62] — jedoch nicht allein aus grundsätzlichen Erwägungen, sondern vor allem deshalb, weil das geltende Recht einen dahingehenden positiven Rechtssatz nicht kenne[63]. Auch dann, wenn man mit *Pfeiffer* eine unbedingte Unterwerfung des einzelnen unter die Staatsgewalt annehme, „so würde es doch höchstens eine Forderung der Gerechtigkeit sein, daß der Staat auch die Haftung für alle rechtswidrigen Befehle oder Handlungen seiner Beamten übernehme; es könnte aber nicht ohne weiteres angenommen werden, daß diese Forderung in das positive Recht Aufnahme gefunden hätte. Es wäre immer erst nachzuweisen, daß ein positiver Rechtssatz, der eine solche Haftpflicht des Staates anerkennt, existire“[64]. Diesen Nachweis hat *Pfeiffer* nach Ansicht *Loenings* nicht erbracht[65]. Ebenso positivistisch lehnt *Loening* auch die Begründung der Staatshaftung aus einer dem Staat obliegenden Verpflichtung, seinen Untertanen Schutz zu gewähren[66] und aus einer vom Staat übernommenen Garantie für die rechtmäßige Ausübung der Staatsgewalt ab[67].

Im übrigen hält *Loening* — übereinstimmend mit *Bluntschli*[68] — es für ausgeschlossen, das amtspflichtwidrige Handeln des Beamten dem Staat zuzurechnen[69]. Denn wie kann, so fragt er, „eine Handlung, die rechtswidrig ist und sich also in direktem Widerspruch mit dem höchsten Willen des Staats befindet, als Handlung des Staats selbst angesehen werden? Der Staat verbietet eine Handlung und doch soll die verbotene Handlung *sein Handlung* sein“[70]? Damit kehrt *Loening* zur alten Lehre vom Mandatskontrakt — dieser „wahrhaft skandalösen Theorie“[71] — zurück. Er legt eingehend dar, daß die Vollmacht des Beamten niemals darauf gerichtet sei, rechtswidrig zu handeln, und daß jede rechtswidrige Handlung des Beamten eine Handlung gegen seine

---

[61] Die Schrift *Loenings*, Die Haftung des Staates aus rechtswidrigen Handlungen seiner Beamten, 1879, ist die eingehendste Auseinandersetzung mit dem Problem der Staatshaftung, die das neunzehnte Jahrhundert hervorgebracht hat.

[62] Verhandlungen des sechsten deutschen Juristentages, Band I, 1865, S. 45 ff.; gegen ihn und *von Rönne*, Das Staatsrecht der preussischen Monarchie, Band II, 1. Abth., 3. Aufl., 1871, S. 518 f.: *Loening*, Die Haftung des Staates, 1879, S. 108 f.

[63] AaO. (Anm. 61), S. 96 ff. passim.

[64] AaO. (Anm. 61), S. 98.

[65] AaO. (Anm. 61), S. 98.

[66] AaO. (Anm. 61), S. 99 ff.

[67] AaO. (Anm. 61), S. 101 f.

[68] Verhandlungen des sechsten deutschen Juristentages, Band I, 1865, S. 49.

[69] AaO. (Anm. 61), S. 106 ff.

[70] AaO. (Anm. 61), S. 107.

[71] *Zoepfl*, Grundsätze des Staatsrechts, 3. Aufl., 1846, S. 307 mit Anm. 6. *Loening* sagt daher letztlich nichts anderes als *Meisterlin*, Die Verhältnisse der Staatsdiener, 1838, S. 85, oben § 1 zu Anm. 6; er ist nicht weiter gekommen als dieser.

Vollmacht — contra mandatum! — darstelle. Nach Ansicht *Loenings* folgt daraus, daß „rechtswidrige Handlungen des Beamten niemals als Handlungen des Staats bezeichnet werden können"[72]. Infolgedessen hafte für den von einem Beamten einem Dritten rechtswidrig zugefügten Schaden niemals der Staat, sondern stets nur der Beamte persönlich.

Wenn gegen Ende des Jahrhunderts die Staatshaftung überwiegend abgelehnt wurde, so beruhte diese Ablehnung jedoch nicht allein auf dem in Lehre und Rechtsprechung nunmehr herrschenden Positivismus, der gebot, die gesetzlich nicht geregelte Frage der Staatshaftung dem Gesetzgeber zur Entscheidung zu überlassen. Hinzu kam ferner die Fiskuslehre und die damit verbundene Vorstellung, daß der hoheitlich handelnde Staat „gar nicht fähig (sei), eine Verbindlichkeit auf sich zu nehmen", da er „überall nicht Subjekt von Privatrechten oder Verbindlichkeiten sein" könne[73]. Nach dieser Ansicht[74] konnte allenfalls der Fiskus, nicht aber „der Staat als solcher (die Staatshoheit)" für den durch seinen Beamten einem Dritten rechtswidrig zugefügten Schaden haftbar gemacht werden[75].

IV. Staatshaftung als Verbandshaftung

Gegen Ende des vorigen Jahrhunderts wurde noch einmal versucht, eine Staatshaftung zu begründen. Die Romanisten *Johann Adam Seuffert*[76] und *Bernhard Windscheid*[77] und die Germanisten *Paul Roth*[78]

---

[72] AaO. (Anm. 61), S. 107. *Loening* faßt das Ergebnis seiner Untersuchungen aaO. (Anm. 61), S. 134 f. wie folgt zusammen: „Wir hoffen, den Nachweis geliefert zu haben, daß nach positivem Recht in Deutschland eine allgemeine Haftung des Staats aus den rechtswidrigen Handlungen seiner Beamten nicht existirt und daß eine solche mit logischer Nothwendigkeit sich weder aus den Begriffen des Staates und der Beamten noch aus dem Verhältnis der Unterthanen zu der Staatsgewalt ergibt. Auch die Gerechtigkeit fordert keine allgemeine Haftung des Staates. Es gibt überhaupt kein allgemeines Prinzip, das die Frage entscheidet. Vielmehr bedarf es einer Untersuchung der einzelnen Verhältnisse, in welche der Staat mit seinen Unterthanen tritt, um nach deren rechtlicher Natur zu entscheiden, ob eine Haftung des Staates für die rechtswidrigen Handlungen der Beamten gerechtfertigt ist oder nicht". Im Ergebnis erkennt Loening eine Haftung des Staates nur innerhalb öffentlichrechtlicher Vertragsverhältnisse an.

[73] *Von Rönne*, Das Staatsrecht der preussischen Monarchie, Band II, 1. Abth., 3. Aufl., 1871, S. 519; ebenso *von Rönne-Zorn*, aaO., Band I, 5. Aufl., § 46, S. 596.

[74] Dieser Ansicht trat *Loening*, Die Haftung des Staates, 1879, S. 108 f., entgegen.

[75] *Von Rönne*, Das Staatsrecht der preussischen Monarchie, Band II, 1. Abth., 3. Aufl., 1871, S. 518.

[76] Practisches Pandectenrecht, Band II, 4. Aufl., 1867, § 338, S. 253 mit Anm. 12 a.

[77] Lehrbuch des Pandectenrechts, Band II, 3. Aufl., 1873, § 470, S. 712 mit Anm. 4; später lehnte *Windscheid* die Staatshaftung jedoch ab, aaO., 7. Aufl., Band II, 1891, § 470, S. 698.

[78] Bayrisches Civilrecht, 1. Theil, 1871, § 35, S. 226 f.

und *Otto Stobbe*[79], vor allem aber *Otto von Gierke*[80], übertrugen die von ihnen vertretenen Rechtsgrundsätze über die Deliktsfähigkeit der juristischen Personen des Privatrechts auf den hoheitlich handelnden Staat.

Bei der Haftung des Staates für den durch seinen Beamten einem Dritten rechtswidrig zugefügten Schaden handelt es sich nach Ansicht *von Gierkes* nicht um eine „eigenartige Haftung nach öffentlichem Recht"[81]. Vielmehr ergebe sich die Haftung des Staates aus den auch auf die öffentlichen Gemeinwesen anwendbaren Grundsätzen des Privatrechts[82]. Der Staat sei wie jede andere Verbandsperson nicht nur willens- und handlungsfähig, sondern auch deliktsfähig. Das folge aus dem Wesen der Verbandsperson als einer realen Lebenseinheit und bedürfe keiner besonderen gesetzlichen Anerkennung[83].

Die Anwendung der Rechtsgrundsätze über die Deliktsfähigkeit der juristischen Personen des Privatrechts auf den hoheitlich handelnden Staat und die damit erfolgende Zurechnung des amtspflichtwidrigen Handelns des Beamten an den Staat stellt aber nur eine Wiederholung der bereits lange zuvor von *Sundheim, Heinrich Albert Zachariä* und *Karl Salomo Zachariä* vertretenen Begründung der Staatshaftung aus der Eigenschaft des Beamten als Organ des Staates dar[84].

Aber auch dieser letzte Versuch des neunzehnten Jahrhunderts, eine Staatshaftung zu begründen, konnte sich nicht durchsetzen; nach der Jahrhundertwende ging zudem die Gesetzgebung — wie in § 3 darzulegen sein wird — über ihn hinweg.

V. Ergebnis

Im Mittelpunkt der Auseinandersetzungen des neunzehnten Jahrhunderts über die Staatshaftung stand die Frage, ob das amtspflicht-

---

[79] Handbuch des deutschen Privatrechts, Band III, 1. Aufl., 1878, § 201, S. 397 ff.; später lehnten *Stobbe-Lehmann* die Staatshaftung jedoch ab, aaO., 3. Aufl., 1898, § 264, S. 558 ff.

[80] Die Genossenschaftstheorie und die deutsche Rechtsprechung, 1887, S. 794 ff., zum Körperschaftsdelikt im allgemeinen aaO., S. 743 ff.; Deutsches Privatrecht, 1895, S. 476, 532; Besprechung reichsgerichtlicher Entscheidungen, Iherings Jahrb. 35 (1896), 137 ff., 243 ff.; Der Entwurf eines bürgerlichen Gesetzbuches und das deutsche Recht, 1889, S. 271 f.; ferner: Verhandlungen des 28. deutschen Juristentages, Band I, S. 102 ff.

[81] Die Genossenschaftstheorie und die deutsche Rechtsprechung, 1887, S. 794.

[82] AaO. (Anm. 81), S. 794.

[83] Zusammenfassend: Verhandlungen des 28. deutschen Juristentages, Band I, 1905, S. 134 ff.; ferner die in Anm. 80 genannten Stellen. Neben der Verbandsperson haftet das Organ persönlich (sofern der Gesetzgeber, dem dies freisteht, die Haftung des Organs nicht ausschließt); die Ansprüche gegen die Verbandsperson Staat und das Organ sind privatrechtlich, Die Genossenschaftstheorie und die deutsche Rechtsprechung, 1887, S. 768 ff.; Deutsches Privatrecht, 1895, S. 531; Verhandlungen des 28. deutschen Juristentages, Band I, 1905, S. 141.

[84] Oben in und zu Anm. 43—47.

widrige hoheitliche Handeln des Beamten dem Staat zugerechnet werden kann und muß, und ob danach der Staat für den durch seinen Beamten einem Dritten in Ausübung öffentlicher Gewalt rechtswidrig zugefügten Schaden haftet. Diese Frage ist, wie dargelegt, teils bejaht, teils verneint worden; ein übereinstimmendes Ergebnis wurde nicht erzielt. Da Lehre und Rechtsprechung das ganze Jahrhundert hindurch an der überkommenen Begründung der Beamtenhaftung festhielten, geriet die Begründung der Staatshaftung, welche auf der Zurechnung des amtspflichtwidrigen Handelns des Beamten an den Staat beruhte, in Widerspruch zu der Begründung der Beamtenhaftung. Lehre und Rechtsprechung haben den Widerspruch zwischen den Begründungen der Staats- und Beamtenhaftung jedoch nicht gesehen und daher auch nicht zu lösen vermocht. Das spiegelt sich darin wieder, daß diejenigen Autoren, welche eine Staatshaftung begründeten, die Begründung der Beamtenhaftung — die sie im Ergebnis als selbstverständlich voraussetzten — nicht oder nur nebenbei erwähnten[85], wohingegen diejenigen Autoren, welche die Begründung der Beamtenhaftung hervorhoben, folgerichtig eine Staatshaftung ablehnten[86]. Ein Versuch, Staats- und Beamtenhaftung umfassend zu begründen, wurde im vorigen Jahrhundert nicht gemacht.

Indessen geht es hier nicht darum, über Richtig oder Falsch der dargestellten Begründungen oder Ablehnungen der Staatshaftung zu befinden. Zum Verständnis der weiteren Entwicklung ist allein bedeutsam, welche Fragestellung den Auseinandersetzungen des neunzehnten Jahrhunderts über die Staatshaftung zugrundelag und welche Antworten auf die Frage nach der Staatshaftung gegeben wurden.

§ 3: Amtshaftung

I. Entstehung der Amtshaftung

1. Bürgerliches Gesetzbuch

Die Aufnahme der Staatshaftung in das Bürgerliche Gesetzbuch hing davon ab, ob die Staatshaftung dem bürgerlichen oder dem öffentlichen Recht zugehört, da der Reichsgesetzgeber nur für die Regelung des bürgerlichen Rechts zuständig war[1] und eine besondere Zuständigkeit für die Regelung des Rechts der Staatshaftung nicht besaß.

---

[85] So etwa *Sundheim*, Über Schadensstiftung durch Staatsbeamte, 1827; *Pfeiffer*, Practische Ausführungen, Band II, 1828, S. 361 ff.; *H. A. Zachariä*, ZgesStW 19 (1863), 582 ff.

[86] So etwa *von Mohl*, System der Präventiv-Justiz, 1834, S. 552 ff.; *von Stein*, Die vollziehende Gewalt, Band I, 1, 2. Aufl., 1869, S. 369; *Bluntschli*, Verhandlungen des sechsten deutschen Juristentages, Band I, 1867, S. 45 ff., 49.

[1] Artikel 4 Ziffer 13 der Verfassung des Deutschen Reiches vom 16. 4. 1871 (RGBl 64) in der Fassung des Gesetzes vom 20. 12. 1873 (RGBl 379).

Bei den Gesetzgebungsarbeiten zum Bürgerlichen Gesetzbuch[2] wurde die Staatshaftung als öffentlichrechtlich[3] oder doch als „mit dem öffentlichen Rechte der Einzelstaaten in . . . engem Zusammenhang“[4] stehend angesehen. Infolgedessen verzichtete der erste Entwurf zum Bürgerlichen Gesetzbuch auf eine Regelung der Staatshaftung und stellte deren Regelung den Einzelstaaten anheim[5]. Ein in der Kommission für die zweite Lesung des Entwurfs eingebrachter Antrag, die Vorschriften über die Haftung des Fiskus[6] auf den hoheitlich handelnden Staat auszudehnen[7], wurde abgelehnt, „weil die Anerkennung der Haftpflicht auf das Tiefste in das öffentliche Recht (sc. der Einzelstaaten) einschneiden würde“[8]. Ein in der zweiten Lesung des Entwurfs aus der Mitte des Reichstags eingebrachter Antrag[9], neben der Beamtenhaftung auch eine Staatshaftung in das Bürgerliche Gesetzbuch aufzunehmen, wurde ebenfalls abgelehnt[10, 11].

---

2 Zum folgenden *von Gierke*, Verhandlungen des 28. deutschen Juristentages, Band I, S. 107 ff.; *Dock*, AöR 16 (1901), 257 ff.; *Gehre*, Die Entwicklung der Amtshaftung, S. 97 ff.

3 Motive zum Entwurf eines Bürgerlichen Gesetzbuchs für das Deutsche Reich, Band I, 1888, S. 103; Band II, 1888, S. 826.

4 Motive zu dem Entwurf eines Einführungsgesetzes zum Bürgerlichen Gesetzbuch für das Deutsche Reich, 1888, S. 185.

5 AaO. (Anm. 4), S. 185.

6 § 63 Entwurf I = § 89 BGB.

7 Protokolle der Kommission für die zweite Lesung des Entwurfs des Bürgerlichen Gesetzbuchs, 1897, Band I, S. 607, Antrag Nr. 5; schon in der Kommission für die erste Lesung des Entwurfs wurden zwei Anträge auf Aufnahme einer (primären, subsidiären) Staatshaftung in das Bürgerliche Gesetzbuch gestellt und abgelehnt, *Mugdan*, Die gesammten Materialien zum Bürgerlichen Gesetzbuch für das Deutsche Reich, Band II, 1899, S. 1305 ff.

8 Protokolle der Kommission für die zweite Lesung des Entwurfs eines Bürgerlichen Gesetzbuchs, 1898, Band I, S. 611; der Antrag wurde mit acht zu acht Stimmen bei Stichentscheid des Vorsitzenden abgelehnt!

9 *Mugdan*, Die gesammten Materialien zum Bürgerlichen Gesetzbuch für das Deutsche Reich, Band II, 1898, S. 1385 ff. (zweite Lesung des § 736 Entwurf I = § 839 BGB), 1387. Der Antrag lautete: „Verletzt ein Beamter in Ausübung seiner Wirksamkeit seine Amtspflicht, oder verletzt er in Ausübung seiner amtlichen Wirksamkeit eine Gesetzesvorschrift, so haftet er dem Verletzten für den daraus entstehenden Schaden. Dem Verletzten haftet für diesen Schaden gemeinsam mit dem Beamten der Staat, die Gemeinde oder die öffentlichrechtliche Körperschaft, von der der Beamte angestellt ist.“

10 AaO. (Anm. 9), S. 1403.

11 Das Bürgerliche Gesetzbuch brachte sonach keine Regelung der Staatshaftung, sondern sah lediglich in Art. 77 EGBGB vor, daß die „landesgesetzlichen Vorschriften über die Haftung des Staates . . . für den von (seinen) Beamten in Ausübung der ihnen anvertrauten öffentlichen Gewalt zugefügten Schaden“ unberührt bleiben. Dagegen regelte das Bürgerliche Gesetzbuch in § 839 Abs. 1 — wie in § 1 dargelegt — die persönliche Haftung des Beamten und in §§ 89, 31 die Haftung des Fiskus; beides war weitgehend nur eine Festlegung des im neunzehnten Jahrhundert geltenden Rechts.

2. *Gesetzgebung der Einzelstaaten*

Hatte der Reichsgesetzgeber auf eine Regelung der Staatshaftung im Bürgerlichen Gesetzbuch verzichtet, so nahmen sich nunmehr die Gesetzgeber der Einzelstaaten in ihren Ausführungsgesetzen zum Bürgerlichen Gesetzbuch der Regelung der Haftung des Staates an[12]. Der Reichsgesetzgeber hatte in Art. 77 EGBGB die Einzelstaaten nicht festgelegt; diese waren reichsrechtlich weder verpflichtet, überhaupt eine Staatshaftung einzuführen, noch waren sie verpflichtet, eine bestimmte Form derselben zu verwirklichen. Die Einzelstaaten waren reichsrechtlich lediglich an die persönliche Haftung des Beamten nach § 839 BGB gebunden. Der Reichsgesetzgeber hatte in Art. 77 EGBGB einer Rechtszersplitterung nicht vorgebeugt und seiner Ansicht nach auch gar nicht vorbeugen können[13].

Einige Einzelstaaten schlossen eine Haftung des Staates aus, indem sie entweder überhaupt kein Ausführungsgesetz zu Art. 77 EGBGB erließen und damit am bestehenden Rechtszustand der Nichthaftung des Staates festhielten[14], oder indem sie ausdrücklich festlegten, daß der Staat nur dann haftet, wenn es gesetzlich besonders vorgesehen ist[15].

---

[12] Zum folgenden: *von Gierke*, Verhandlungen des 28. deutschen Juristentages, Band I, 1905, S. 120 ff.; *Dock*, AöR 16 (1901), 271 ff.; *Gehre*, Die Entwicklung der Amtshaftung, S. 99 ff. — Übersichten mit Text über die landesrechtlichen Ausführungsgesetze zu Art. 77 EGBGB finden sich bei *Delius*, Die Haftpflicht der Beamten, 1901, S. 85 f., 103 ff.; *ders.*, Die Beamtenhaftpflichtgesetze, 2. Aufl., 1909, S. 43 ff., 53 ff.; 3. Aufl., 1921, S. 39 ff.

[13] Hielt der Reichsgesetzgeber die Staatshaftung für öffentlichrechtlich, so hatte er zur Regelung derselben auch keine Kompetenz, oben in und zu Anm. 1. Der Reichsgesetzgeber mußte also auf eine Regelung der Staatshaftung verzichten und konnte die Einzelstaaten auf eine bestimmte Art der Regelung derselben auch nicht festlegen. Folgt man dieser Ansicht, so ist Art. 77 EGBGB 1. Alternative lediglich deklatorischer Natur; der Reichsgesetzgeber war dann nur zur Regelung der 2. Alternative des Art. 77 EGBGB materiell zuständig.

[14] Bis zum Inkrafttreten des Art. 131 WRV hielten stillschweigend an der Nichthaftung des Staates fest: Sachsen-Altenburg, Sachsen-Meiningen, Schwarzburg-Rudolstadt und einige andere Kleinstaaten, Nachweise bei *Delius*, Die Beamtenhaftpflichtgesetze, 3. Aufl., 1921, S. 58. An der Nichthaftung des Staates hielt aber zunächst vor allem Preußen fest (bis 1909, vgl. Anm. 21). In den preußischen Rheinprovinzen haftete der Staat allerdings nach Art. 1384 code civil, welche Vorschrift durch Art. 89 Abs. 2 prAGBGB aufrechterhalten blieb, „insoweit (sie) auf die Haftung des Staates, der Gemeinde . . . für den von ihren Beamten in Ausübung der ihnen anvertrauten öffentlichen Gewalt zugefügten Schaden Anwendung findet“; zur Haftung des Staates nach Art. 1384 code civil, RGZ 54, 19; 67, 117; 67, 141, st. Rspr.

[15] Anhalt, AG zum BGB vom 18. 4. 1899 (GS 57) Art. 32 Abs. 1: „Für den Schaden, den ein Beamter in Ausübung der ihm anvertrauten öffentlichen Gewalt einem Dritten zufügt, haftet der Staat . . . nur insoweit, als eine solche Haftung durch Reichs- oder Landesgesetz vorgesehen ist“. Ebenso: Mecklenburg-Schwerin, VO vom 9. 4. 1899 zur Ausführung des BGB (RegBl 57), § 49 Abs. 1; Mecklenburg-Strelitz, VO vom 9. 4. 1899 zur Ausführung des BGB (OffAnz 49), § 48 Abs. 1.

Andere Einzelstaaten sahen eine subsidiäre Staatshaftung vor[16]; eine primäre Staatshaftung wurde hingegen von keinem der Einzelstaaten eingeführt[17].

Die meisten Einzelstaaten sahen jedoch in ihren Ausführungsgesetzen zu Art. 77 EGBGB vor, daß die nach § 839 Abs. 1 BGB gegen den Beamten gerichtete Forderung auf den Staat übergeht: „Verletzt ein Beamter des Staates in Ausübung der ihm anvertrauten öffentlichen Gewalt vorsätzlich oder fahrlässig die ihm Dritten gegenüber obliegende Amtspflicht, so trifft den Beteiligten gegenüber die im BGB bestimmte Verantwortlichkeit anstelle des Beamten den Staat[18].“ Diese Form der Haftung des Staates wurde zunächst in Württemberg[18], Baden[19] und Bayern[20], später vor allem in Preußen[21] und im Reich (für die Reichsbeamten)[22] eingeführt. Die Weimarer Reichsverfassung übernahm diese Form der Haftung des Staates in Art. 131 WRV und schuf damit erstmals eine das Reich und die Länder umfassende Rechtseinheit[23].

II. Amtshaftung und Staatshaftung

1. Formen der Haftung des Staates

Mit der Übertragung[24] der nach § 839 Abs. 1 BGB gegen den Beamten gerichteten Forderung auf den Staat hat der Gesetzgeber am Anfang

[16] Hessen, AG zum BGB vom 17. 7. 1899 (RegBl 133), Art. 78 Abs. 1: „Für den Schaden, den ein Beamter (Art. 77) in Ausübung der ihm anvertrauten öffentlichen Gewalt einem Dritten zufügt, ist der Staat oder der Verband, für den der Beamte tätig war, in gleicher Weise wie der Beamte verantwortlich. Der Staat, die Gemeinde oder der Kommunalverband haben dabei die rechtliche Stellung eines Bürgen. Sobald der Beamte rechtskräftig zur Zahlung verurteilt ist, kann die Einrede des § 771 BGB nicht mehr erhoben werden“. Ebenso: Sachsen-Weimar-Eisenach, AG zum BGB vom 5. 4. 1899 (RegBl 123), § 91 Abs. 1; Schwarzburg-Sondershausen, AG zum BGB vom 19. 7. 1899 (GS 29), Art. 19 § 1; Reuß ältere Linie, AG zum BGB vom 26. 10. 1899 (GS 25), § 69.

[17] In Sachsen bestand gewohnheitsrechtlich eine Staatshaftung, die im Rahmen des Art. 77 EGBGB weitergalt, oben § 2 in Anm. 53.

[18] Württemberg, AG zum BGB vom 28. 7. 1899 (RegBl 423), Art. 202 Abs. 1.

[19] AG zum BGB vom 17. 6. 1899 (GVBl 229), Art. 5 Abs. 1.

[20] AG zum BGB vom 9. 6. 1899 (Beilage zum GVBl Nr. 28, S. 1), Art. 60; bis zum Jahre 1910 ferner in Oldenburg, Sachsen-Koburg-Gotha, Reuß jüngere Linie und Waldeck, Nachweise bei *Delius,* Die Beamtenhaftpflichtgesetze, 3. Aufl., 1921, S. 39 ff.

[21] Gesetz über die Haftung des Staates und anderer Verbände für Amtspflichtverletzungen von Beamten bei Ausübung öffentlicher Gewalt vom 1. 8. 1910 (GS 691).

[22] Gesetz über die Haftung des Reichs für seine Beamten vom 22. 5. 1910 (RGBl 798); nach dem Jahre 1910 ferner in Anhalt, Braunschweig und Lübeck, Nachweise bei *Delius,* Die Beamtenhaftpflichtgesetze, 3. Aufl., 1921, S. 39 ff.

[23] Art. 131 WRV war unmittelbar geltendes Recht, unten in und zu Anm. 43, 44.

dieses Jahrhunderts eine Form der Haftung des Staates begründet, die von Lehre und Rechtsprechung des neunzehnten Jahrhunderts niemals vertreten worden war und auch in der Gesetzgebung des vorigen Jahrhunderts kein Vorbild findet. Die Übertragung der gegen den Beamten gerichteten Forderung auf den Staat findet sich erstmals in § 12 der Reichsgrundbuchordnung von 1897[25] und gelangte von dort in die Ausführungsgesetze zum Bürgerlichen Gesetzbuch und in die Weimarer Reichsverfassung[26].

Wurde im neunzehnten Jahrhundert eine Haftung des Staates vertreten, so beruhte dieselbe — wie oben dargelegt — auf einer Zurechnung des amtspflichtwidrigen Handelns des Beamten an den Staat. Der Staat haftete unmittelbar für den durch seinen Beamten einem Dritten rechtswidrig zugefügten Schaden. Der Haftung des Staates lag ein öffentlichrechtliches Rechtsverhältnis zwischen Staat und einzelnem zugrunde. Staatshaftung und Beamtenhaftung standen unabhängig nebeneinander; die gegen den Staat gerichtete Forderung war mit der gegen den Beamten gerichteten Forderung nicht identisch.

Wird hingegen die gegen den Beamten gerichtete Forderung auf den Staat übertragen, so beruht die Haftung des Staates nicht auf einer Zurechnung des amtspflichtwidrigen Handelns des Beamten an den Staat. Der Staat haftet nicht unmittelbar für den durch seinen Beamten einem Dritten rechtswidrig zugefügten Schaden, sondern mittelbar anstelle seines Beamten. Der Haftung des Staates liegt unmittelbar kein Rechtsverhältnis zwischen Staat und einzelnem zugrunde. Die Haftung des Staates beruht vielmehr allein auf einer Zurechnung des amtpflichtwidrigen Handelns des Beamten an den Beamten persönlich und einer Übertragung der gegen den Beamten persönlich gerichteten Forderung auf den Staat. Die gegen den Staat gerichtete Forderung ist mit der gegen den Beamten gerichteten Forderung identisch.

---

[24] Der Begriff der „Übertragung" der gegen den Beamten gerichteten Forderung auf den Staat mag vielleicht nicht ganz glücklich gewählt sein. Denn „übertragen" wird eigentlich nicht die gegen den Beamten gerichtete Forderung, sondern die Passivlegitimation für dieselbe. Mit bürgerlichrechtlichen Begriffen gesprochen handelt es sich bei der Amtshaftung um eine gesetzlich vorgesehene privative Schuldübernahme.

[25] (RGBl 139). § 29 Abs. 2 der preussischen Grundbuchordnung vom 5. 5. 1872 (GS 446) sah demgegenüber wohl noch eine subsidiäre Staatshaftung (nicht Amtshaftung!) vor: „Soweit der Beschädigte nicht im Stande ist, Ersatz seines Schadens von dem Grundbuchbeamten zu erhalten, haftet ihm für denselben der Staat".

[26] Weiter zurückverfolgen als bis zu § 12 Reichsgrundbuchordnung läßt sich die Amtshaftung erstaunlicherweise nicht; sie ist plötzlich da! Auch *Gehre*, Die Entwicklung der Amtshaftung, S. 97, 99 f., vermag dies nicht. Der Reichsgesetzgeber scheint die Amtshaftung mit § 12 Reichsgrundbuchordnung erfunden zu haben.

Im folgenden wird daher zwischen Staatshaftung und Amtshaftung als zwei verschiedenen Formen der Haftung des Staates für den durch seinen Beamten einem Dritten rechtswidrig zugefügten Schaden unterschieden. Als *Staatshaftung* wird die im neunzehnten Jahrhundert vertretene Form der Haftung des Staates bezeichnet, die auf einer Zurechnung des amtspflichtwidrigen Handelns des Beamten an den Staat beruht. Als *Amtshaftung* wird hingegen die vom Gesetzgeber am Anfang dieses Jahrhunderts eingeführte Form der Haftung des Staates bezeichnet, die auf der Zurechnung des amtspflichtwidrigen Handelns des Beamten an den Beamten persönlich und der Übertragung der gegen den Beamten persönlich gerichteten Forderung auf den Staat beruht[27].

2. Grundlagen der Amtshaftung

Die Amtshaftung baut in eigenartiger Weise einerseits auf den Ergebnissen der überwiegenden Lehre und Rechtsprechung des ausgehenden neunzehnten Jahrhunderts — alleinige Haftung des Beamten und Nichthaftung des Staates — auf und führt andererseits durch die Übertragung der gegen den Beamten gerichteten Forderung auf den Staat im Ergebnis deren genaues Gegenteil — alleinige Haftung des Staates und Nichthaftung des Beamten — herbei.

Einmal übernimmt die Amtshaftung die persönliche Haftung des Beamten[28]. Da jedoch die gegen den Beamten gerichtete Forderung auf den Staat übertragen wird, und der Staat anstelle des Beamten haftet, wird die Haftung des Beamten im Ergebnis beseitigt. Das entspricht zwar im Ausgangspunkt der übereinstimmenden Lehre und Rechtsprechung des neunzehnten Jahrhunderts, widerspricht ihnen aber im Ergebnis, da sie auf die persönliche Haftung des Beamten niemals verzichtet haben und auch niemals verzichten wollten[29].

---

[27] In Lehre und Rechtsprechung werden die Begriffe der Staatshaftung und Amtshaftung synonym zur Bezeichnung der Haftung des Staates nach Art. 131 WRV, Art. 34 GG gebraucht; statt aller: *Forsthoff*, Verwaltungsrecht I, § 16: „Die Staatshaftung" und *Wolff*, Verwaltungsrecht I, § 64 II: „Amtshaftung". — Es mag bedenklich erscheinen, den in Lehre und Rechtsprechung synonym gebrauchten Begriffen der Staatshaftung und Amtshaftung einen verschiedenen Inhalt zu geben. Das ist aber nicht mehr als eine terminologische Frage. Man könnte zwar von unmittelbarer und mittelbarer Haftung des Staates oder Ähnlichem sprechen; das wäre jedoch umständlich und würde nicht gerade zur Klarheit beitragen.

Gehre, Die Entwicklung der Amtshaftung, verwendet fast ausschließlich den Begriff der Staatshaftung und unterscheidet zwischen Staatshaftung und Amtshaftung nicht. *Gehre* unterscheidet aaO., S. 105 f., allein zwischen unmittelbarer und mittelbarer Staatshaftung, was der hier getroffenen Unterscheidung zwischen Staatshaftung (*Gehre:* unmittelbare Staatshaftung) und Amtshaftung (*Gehre:* mittelbare Staatshaftung) entspricht. Den im Titel seiner Arbeit verwandten Begriff der Amtshaftung verwendet *Gehre* in der Arbeit selbst nur selten.

[28] Oben § 1.

[29] Oben § 2 II 2.

Zum anderen — und das ist entscheidend — übernimmt die Amtshaftung die von der überwiegenden Lehre und Rechtsprechung des ausgehenden neunzehnten Jahrhunderts vertretene Ablehnung der Staatshaftung. Das wird freilich dadurch verschleiert, daß die gegen den Beamten gerichtete Forderung auf den Staat übertragen wird, und der Staat danach im Ergebnis doch haftet. Die Amtshaftung unterscheidet sich aber grundlegend von der Staatshaftung. Das amtspflichtwidrige Handeln des Beamten wird bei der Amtshaftung nicht, wie bei der Staatshaftung, dem Staat, sondern vielmehr allein dem Beamten persönlich zugerechnet. Der Gesetzgeber nimmt mit der Amtshaftung also nicht die im zweiten Drittel des neunzehnten Jahrhunderts von *Sundheim, Pfeiffer, Heinrich Albert Zachariä* und anderen vertretene Staatshaftung[30] wieder auf, sondern knüpft an die im letzten Drittel des vorigen Jahrhunderts von *Bluntschli, Loening* und anderen vertretene Ablehnung der Staatshaftung[31] an.

Im Ergebnis stimmen Staatshaftung und Amtshaftung jedoch überein. Tatbestand und Inhalt der Haftung des Staates richten sich bei Staatshaftung und Amtshaftung nach der persönlichen Haftung des Beamten. Bei der Staatshaftung haftet der Staat immer (und nur) dann, wenn auch der Beamte persönlich haftet[32]; bei der Amtshaftung wird die gegen den Beamten persönlich gerichtete Forderung auf den Staat übertragen. Staatshaftung und Amtshaftung stimmen im Ergebnis aber nur solange miteinander überein, als Tatbestand und Inhalt der Staatshaftung der Beamtenhaftung entnommen werden[33].

3. *Ablehnung der Staatshaftung*

Die Amtshaftung hat mit ihrer eigenartigen Verkehrung der aus dem neunzehnten Jahrhundert übernommenen Beamtenhaftung und Nichthaftung des Staates in eine Haftung des Staates und eine Nichthaftung des Beamten die weitere Entwicklung des Rechts der Haftung des Staates entscheidend geprägt.

Da die Amtshaftung die Nichthaftung des Staates im Ergebnis zu einer Haftung des Staates umwandelt, schien für die positivistische Lehre und Rechtsprechung des beginnenden Jahrhunderts die umstrittene und am Ende des vorigen Jahrhunderts dem Gesetzgeber zur Entscheidung überlassene Frage nach der Staatshaftung mit der Aufnahme der Amtshaftung in Art. 131 WRV endgültig beantwortet zu sein. Lehre und Rechtsprechung setzten sich dabei darüber hinweg, daß die Amtshaftung eine

---

[30] Oben § 2 II.

[31] Oben § 2 III.

[32] Oben § 2 II 2.

[33] Das ist schon bei *Otto Mayer* nicht mehr der Fall, da *Otto Mayer* Tatbestand und Inhalt der Staatshaftung nicht der Beamtenhaftung, sondern dem Enteignungs- und Aufopferungsrecht entnimmt, unten § 5 II 3.

ganz andere Form der Haftung des Staates darstellt, als die im neunzehnten Jahrhundert umstrittene Staatshaftung, und daß der Gesetzgeber mit der Einführung der Amtshaftung die ihm zur Entscheidung überlassene Frage nach der Staatshaftung mit deren Ablehnung beantwortet hat. Die Einsicht, daß Amtshaftung und Staatshaftung grundverschiedene Formen der Haftung des Staates beinhalten und daß der Gesetzgeber die bislang unbekannte Amtshaftung gesetzlich festgelegt, die dem neunzehnten Jahrhundert hingegen bekannte Staatshaftung aber abgelehnt hat, ging in Lehre und Rechtsprechung verloren; fast könnte fraglich sein, ob diese Einsicht überhaupt je vorhanden war[34]. Man war sich jedenfalls in der Folgezeit nicht bewußt, daß das positive Recht (Art. 131 WRV) eine Staatshaftung gar nicht kennt, sondern allein die Übertragung der persönlichen Haftung des Beamten auf den Staat — Amtshaftung — vorsieht. Daher wurde auch die Frage, ob das amtspflichtwidrige Handeln des Beamten dem Staat oder dem Beamten persönlich zuzurechnen sei — abgesehen von der Wiener Schule[35] — bis heute nicht mehr erörtert. Die Einführung der Amtshaftung hat die hier-

---

[34] Der hier betonte Unterschied zwischen der im neunzehnten Jahrhundert umstrittenen Staatshaftung einerseits und der vom Gesetzgeber eingeführten Amtshaftung andererseits, sowie der durch die Einführung der Amtshaftung erfolgte Einschnitt in der Entwicklung des Rechts der Haftung des Staates werden — soweit ich sehe — nirgends ausdrücklich hervorgehoben. Zwar werden vielfach die verschiedenen Formen der Haftung des Staates mehr oder weniger scharf auseinandergehalten; das grundsätzlich Neue der Amtshaftung gegenüber der Staatshaftung wird jedoch nicht gesehen, vgl. *von Gierke*, Verhandlungen des 28. deutschen Juristentages, Band I, 1905, S. 118 ff.; *Schelcher*, FischersZ 52 (1921), 48 ff., 88 ff.; *Katzenstein*, Entschädigungspflicht des Staates, § 10, S. 59 ff.

Auch *Gehre*, Die Entwicklung der Amtshaftung, legt zwar den Unterschied zwischen den verschiedenen Formen der Haftung des Staates dar, aaO., S. 99 f., 105 f., läßt aber nicht erkennen, welche entscheidende Bedeutung der Einführung der Amtshaftung als einer völlig neuen Form der Haftung des Staates zukommt. Das geht schon aus der Anlage der Arbeit *Gehres* hervor. Es gibt, wie hier darzulegen versucht wird, eben gerade *keine* „Entwicklung der Amtshaftung in Deutschland seit dem neunzehnten Jahrhundert" (so der Titel der Arbeit *Gehres*), sondern lediglich eine Entwicklung der Staatshaftung *im* neunzehnten Jahrhundert, die durch die Einführung der Amtshaftung am Anfang dieses Jahrhunderts abgebrochen wird. Bedeutsam ist gerade, daß *die Geschichte des Rechts der Haftung des Staates keine fortlaufende Entwicklung darstellt. Gehre* stellt hingegen die Einführung der Amtshaftung als eine der vielen Stufen in der wechselhaften Entwicklung des Rechts der Haftung des Staates seit dem neunzehnten Jahrhundert dar, aaO., Abschnitt IV, S. 89 ff., Abschnitt V, S. 103 ff., und sieht die Amtshaftung letztlich als Endpunkt dieser Entwicklung an, aaO., S. 99 ff., 103 ff. Gerade das erscheint aber nicht haltbar.

Auch *Scheuner*, Gedächtnisschrift für W. Jellinek, S. 336 ff., unter III, sieht die Entwicklung unrichtig, wenn er ausführt, aaO., S. 338 f., „die Gesetzgebung in Preussen (1909) und dem Reich (1910) (führe) die Idee der Staatshaftung zum Erfolge", die schon im neunzehnten Jahrhundert vertreten worden sei. Die Einführung der Amtshaftung führt die Idee der Staatshaftung gerade nicht zum Erfolg, sondern beruht ganz im Gegenteil auf deren Ablehnung, oben in und zu Anm. 30, 31.

[35] Nachweise in § 14 in Anm. 11.

über im neunzehnten Jahrhundert von *Sundheim* bis *Loening* geführten Auseinandersetzungen jäh unterbrochen. Die Frage nach der Staatshaftung ist bis heute ungelöst geblieben.

Der Unterschied zwischen Amtshaftung und Staatshaftung und die entscheidende Bedeutung, welche der Einführung der Amtshaftung zukommt, treten besonders deutlich hervor, wenn man die Ergebnisse, zu denen der achtundzwanzigste deutsche Juristentag im Jahre 1905[36] gekommen ist, der Gesetzgebung der darauf folgenden Jahre gegenübergestellt. Der Juristentag hatte auf Vorschlag *Otto von Gierkes*[37] beschlossen, der Gesetzgeber solle die Vorschriften der §§ 89, 31 BGB über die Haftung des Fiskus auf den hoheitlich handelnden Staat ausdehnen und damit eine „unmittelbare Haftung des Staates einführen"[38]. Dieser schon während der Gesetzgebungsarbeiten zum Bürgerlichen Gesetzbuch erhobenen Forderung[39] ist der Gesetzgeber in den darauf folgenden Jahren aber gerade nicht nachgekommen. Die von Preußen im Jahre 1909 und vom Reich im Jahre 1910 gesetzlich eingeführte Amtshaftung[40] ist eben gerade kein „publizistisches Gegenstück zu §§ 31, 89 BGB"[41] und stellt gerade keine „unmittelbare Haftung des Staates"[38] — Staatshaftung — dar. Der vom achtundzwanzigsten Juristentag gefaßte Beschluß ist nie verwirklicht und die auf diesem Juristentag erörterte Frage nach der Staatshaftung nie wieder aufgenommen worden.

III. Fortbestand der Amtshaftung[42]

1. *Amtshaftung in Art. 131 WRV und Art. 34 GG*

Nach anfänglichem Schwanken wurde von der Weimarer Lehre und Rechtsprechung allgemein anerkannt, daß Art. 131 WRV unmittelbar

---

[36] Die dem 28. deutschen Juristentag vorgelegte Frage lautete: „Empfiehlt sich eine einheitliche Regelung der Haftung des Staates und anderer juristischer Personen des öffentlichen Rechts für den von ihren Beamten bei Ausübung der diesen anvertrauten öffentlichen Gewalt zugefügten Schaden?". Dazu die Gutachten von *Otto von Gierke* (Verhandlungen des 28. deutschen Juristentages, Band I, 1905, S. 102ff.) und *Herrnritt* (aaO., Band II, 1906, S. 324ff.), die darüber geführte Aussprache (aaO., Band III, 1907, S. 133ff.) und den dann gefaßten Beschluß (aaO., S. 162, unten Anm. 38).

[37] Verhandlungen des 28. deutschen Juristentages, Band I, 1905, S. 143f.

[38] Verhandlungen des 28. deutschen Juristentages, Band III, 1907, S. 162. Der Beschluß lautet: „Es liegt ein dringendes Bedürfnis vor, die unmittelbare Haftung des Staates und anderer juristischer Personen des öffentlichen Rechts für den von ihren Beamten in Ausübung der diesen anvertrauten öffentlichen Gewalt zugefügten Schaden durch Reichsgesetz grundsätzlich auszusprechen".

[39] Oben in und zu Anm. 6—8.

[40] Oben in und zu Anm. 21/22.

[41] *Bettermann*, GR III/2, S. 831; *ders.*, DÖV 54, 300f. unter II; unten in und zu Anm. 55—62.

[42] Angesichts der unübersehbaren Flut von Rechtsprechung und Schrifttum zur Amtshaftung sind die Nachweise zum folgenden Abschnitt notwendig höchst lückenhaft.

geltendes Recht beinhaltet[43] und die Amtshaftung die im Reich und den Ländern allein geltende Form der Haftung des Staates darstellt[44]. Nach allgemeiner Ansicht übertrug Art. 131 WRV die nach § 839 Abs. 1 BGB gegen den Beamten gerichtete Forderung auf den Staat; der Staat haftete somit anstelle des Beamten[45].

Lehre und Rechtsprechung widmeten sich nunmehr allein der Auslegung des Art. 131 WRV und priesen die Amtshaftung als „ultima ratio des Rechtsstaats"[46]. Darüber gerieten die geschichtlichen Wurzeln der Amtshaftung in Vergessenheit. Vor allem aber ging — wie dargelegt — die Einsicht verloren, daß Amtshaftung und Staatshaftung verschiedene Formen der Haftung des Staates darstellen, daß die Amtshaftung auf der Ablehnung der Staatshaftung beruht und daß das positive Recht daher keine Staatshaftung kennt[47].

---

[43] RGZ 102, 166 (168 ff.); 103, 423 (430); 104, 290; 105, 334; 106, 34, st. Rspr.; *Walter Jellinek*, Verwaltungsrecht, S. 321; *Fleiner*, Institutionen, S. 280; *Brand*, in: Nipperdey, Grundrechte und Grundpflichten der Reichsverfassung, Band II, S. 273; *Anschütz*, Kommentar zur WRV, Art. 131, Anm. 1; *Gebhard*, Die Verfassung des Deutschen Reiches, Art. 131, Anm. 2; *Poetzsch-Heffter*, Handkommentar der Reichsverfassung, Art. 131, Anm. 1; *Giese*, Die Verfassung des deutschen Reichs, 8. Aufl., Art. 131, Anm. 1 mit Nachweisen aus der früheren entgegengesetzten Rechtsprechung oberster Landesgerichte.

[44] Dazu die in Anm. 43 genannten Entscheidungen des Reichsgerichts. Art. 131 WRV hat danach alle vor Inkrafttreten der Weimarer Reichsverfassung ergangenen Gesetze des Reiches und der Länder über die Haftung des Staates (oben in und zu Anm. 15—22) aufgehoben, und zwar auch soweit sie mit Art. 131 WRV übereinstimmten; *Walter Jellinek*, Verwaltungsrecht, S. 321; *Fleiner*, Institutionen, S. 280; *Brand*, in: Nipperdey, Grundrechte und Grundpflichten der Reichsverfassung, Band II, S. 273; *Anschütz*, Kommentar zur WRV, Art. 131, Anm. 1 und 9; *Gebhard*, Die Verfassung des Deutschen Reiches, Art. 131, Anm. 2; *Giese*, Die Verfassung des Deutschen Reiches, Art. 131, Anm. 1. *Poetzsch-Heffter*, Handkommentar zur Reichsverfassung, Art. 131, Anm. 1. Der „näheren Regelung" des Art. 131 Abs. 2 WRV kam daher keine entscheidende Bedeutung zu.

[45] Das war unbestritten, RGZ 102, 166 (168 ff.) eingehend; ferner *Walter Jellinek*, Verwaltungsrecht, S. 321 ff.; *ders.*, VVDStRL 2 (1925), 69 f.; *Fleiner*, Institutionen, S. 280 ff., 284; *Hatschek-Kurtzig*, Verwaltungsrecht, S. 338; *Brand*, in: Nipperdey, Grundrechte und Grundpflichten der Reichsverfassung, Band II, S. 281 unter Ziffer 7; *Anschütz*, Kommentar zur WRV, Art. 131, Anm. 9; *Gebhard*, Die Verfassung des Deutschen Reiches, Art. 131, Anm. 6; *Giese*, Die Verfassung des Deutschen Reiches, Art. 131, Anm. 3; *Poetzsch-Heffter*, Handkommentar zur Reichsverfassung, Art. 131, Anm. 4.

[46] *W. Jellinek*, Verwaltungsrecht, S. 321; auch heute noch wird die Amtshaftung als eine „notwendige Folgerung aus dem Rechts- und Sozialstaatsprinzip" (*Hamann*, Grundgesetz, Art. 34, A 1, S. 262) und als „folgerichtigem rechtsstaatlichem Denken" entsprechend (*v. Mangoldt-Klein*, Grundgesetz, Art. 34, Anm. II 3, S. 822) gepriesen, auch *Jess*, in: Bonner Kommentar, Art. 34, Erl. II 1.

[47] In den Lehrbüchern und Kommentaren der Weimarer Zeit zu Art. 131 WRV und im sonstigen Schrifttum findet sich — soweit ich sehe — fast keinerlei Hinweise auf die historischen Wurzeln der Staats- und Amtshaftung; eine Ausnahme bildet lediglich *Schelcher* in FischersZ 52 (1921), 1 ff. Die Hinweise bei *Tschaksch*, Die öffentlichrechtliche Entschädigung, § 6, S. 27 ff. sind spärlich.

Die Amtshaftung des Art. 131 WRV wurde sachlich unverändert in Art. 34 GG übernommen[48, 49]. Die Amtshaftung ist daher nach wie vor an § 839 BGB „angeseilt“[50]. Art. 34 GG ist ebenso wie Art. 131 WRV „keine selbständige, von § 839 BGB losgelöste Haftungsnorm“[51], sondern wird „durch § 839 BGB materiell ausgefüllt und verschiebt lediglich die Passivlegitimation“[52, 53, 54].

Demgegenüber versucht *Bettermann*[55] — wie vor ihm schon *Holstein*[56] und *Katzenstein*[57] —, die Amtshaftung „als eine Erscheinungsform der

---

[48] Zur Entstehungsgeschichte JöR NF 1 (1951), 324 ff.; *Jess*, in: Bonner Kommentar, Art. 34, Erl. I; *von Mangoldt*, Grundgesetz, Art. 34, Anm. 1, S. 213 ff.; *von Mangoldt-Klein*, Grundgesetz, Art. 34, Anm. II 2, S. 821 f. Die Entstehungsgeschichte läßt erkennen, daß man an dem bestehenden Rechtszustand des Art. 131 WRV, wie er sich nach der Rechtsprechung des Reichsgerichts darstellt, nichts ändern wollte.

[49] Die Neuerungen des Art. 34 GG gegenüber Art. 131 WRV — Ersetzung des Wortes „Beamter“ durch „jemand“, der Worte „der ihm anvertrauten öffentlichen Gewalt“ durch „eines ihm anvertrauten öffentlichen Amtes“ — bedingen sachlich keine Neuerungen, sondern beruhen auf der Rechtsprechung des Reichsgerichts, statt aller: *Wolff*, Verwaltungsrecht I, § 64 II b, c 1, S. 379 f.; *Forsthoff*, Verwaltungsrecht I, S. 280; *von Mangoldt-Klein*, Grundgesetz, Art. 34, Anm. III 1 a, S. 830 und Anm. III 2 a, S. 831 mit Nachweisen.

[50] Nach einem Ausdruck von *W. Jellinek* JZ 55, 149.

[51] *Von Mangoldt-Klein*, Grundgesetz, Art. 34, Anm. II 7, S. 824.

[52] *Wolff*, Verwaltungsrecht I, § 64 II a, S. 379.

[53] Ferner: OGHZ 3, 135 (140 f.); BGHZ 4, 77 (84); 9, 65 (67); 34, 99 (105 f., 110); BVerwGE 13, 17 (23 f.); *Forsthoff*, Verwaltungsrecht I, S. 279 ff., 281; *von Mangoldt-Klein*, Grundgesetz, Art. 34, Anm. II 7, S. 824 f.; *RGR-Kommentar*, § 839 BGB, Anm. 8, S. 1441; *Kayser-Leiss*, Die Amtshaftung, S. 20 f., insbes. unter Ziffer 2 a; *Bachof*, Vornahmeklage, S. 117; *ders.*, SJZ 50, 166; *Lerche*, Ordentlicher Rechtsweg und Verwaltungsrechtsweg, S. 104; *Schröer*, JZ 55, 308 ff.; *Weitnauer*, Die Haftung aus Amtspflichtverletzungen, S. 8; *Rupp*, NJW 61, 811.

[54] Da die gegen den Beamten nach § 839 Abs. 1 BGB gerichtete Forderung unbestreitbar privatrechtlicher Natur ist und diese Forderung auf den Staat übertragen wird, ist auch die nach Art. 131 WRV, Art. 34 GG, § 839 Abs. 1 BGB gegen den Staat gerichtete Forderung *privatrechtlicher* Natur. Es ist nicht ersichtlich, weshalb durch die Übertragung vom Beamten auf den Staat aus der privatrechtlichen unversehens eine öffentlichrechtliche Forderung werden sollte; wie hier *Dock*, AöR 16 (1901), 277; *Lerche*, Ordentlicher Rechtsweg und Verwaltungsrechtsweg, S. 104; *Weitnauer*, Die Haftung aus Amtspflichtverletzungen, S. 34. Demgegenüber gehen Rechtsprechung und Lehre überwiegend davon aus, der Anspruch aus Amtshaftung sei öffentlichrechtlicher Natur, freilich ohne dies jemals stichhaltig begründet zu haben, statt aller: RGZ 87, 114 (119); 92, 240; 99, 254, st. Rspr.; BGHZ 11, 198 (200); 12, 278 (282); ferner *Wolff*, Verwaltungsrecht I, § 60 II, S. 351 f.: Amtshaftung als Art der öffentlichrechtlichen Ersatzleistung, § 64 II f 1, S. 381: Amtshaftung ist Zivilprozeßsache kraft Zuweisung; *von Mangoldt-Klein*, Grundgesetz, Art. 34, Anm. III 9 b, S. 837: Amtshaftung ist Zivilprozeßsache kraft Zuweisung; *RGR-Kommentar*, § 839 BGB, Anm. 114, S. 1509; *Bettermann*, GR III/2, S. 848; *Knoll*, Verhandlungen des 41. deutschen Juristentages, Band I, Hbbd. 1, S. 152; *Tietgen*, DVBl 55, 549 unter II.

[55] DÖV 54, 299 ff.; GR III/2, S. 831 ff.; JZ 61, 482 f. (zugleich Besprechung zu BGHZ 34, 99).

[56] AöR NF 13 (1927), 203 f.

[57] Entschädigungspflicht des Staates, § 10, S. 59 ff.

Verbandshaftung, der deliktischen Verantwortlichkeit juristischer Personen"[58] und dementsprechend als „publizistisches Gegenstück zu §§ 31, 89 BGB"[59] zu deuten. Aber gerade das erscheint — wie nunmehr offensichtlich ist — unhaltbar. Das amtspflichtwidrige Handeln des Beamten wird bei der Amtshaftung gerade nicht dem Staat, sondern — um es nochmals hervorzuheben — dem Beamten persönlich zugerechnet. Das Delikt des Beamten wird von Art. 131 WRV, Art. 34 GG nicht als ein Delikt des Staates, wie *Bettermann* meint[60], sondern von § 839 Abs. 1 BGB als ein Delikt des Beamten als „Privatmann" angesehen. *Bettermann* verkennt den grundlegenden Unterschied zwischen Amtshaftung und Staatshaftung[61] und versucht, die Amtshaftung in eine Staatshaftung umzudeuten. Die Amtshaftung beinhaltet aber gerade keine Staatshaftung, sondern beruht auf deren Ablehnung[62].

Der Versuch *Bettermanns* macht jedoch deutlich, wie wenig man sich heute noch daran erinnert, daß der Gesetzgeber die Auseinandersetzungen des neunzehnten Jahrhundert über die Haftung des Staates damit beendet hat, daß er die Staatshaftung abgelehnt und gewissermaßen als Ersatz für die abgelehnte Staatshaftung die Übernahme der Beamtenhaftung auf den Staat — Amtshaftung — eingeführt hat.

2. *Ausdehnung der Amtshaftung*

Die Rechtsprechung des Reichsgerichts hat die Amtshaftung des Art. 131 WRV rasch ausgedehnt[63]. Bedeutsam erscheint dabei, daß die Aus-

---

[58] *Bettermann,* DÖV 54, 300 unter II 2 a.

[59] *Bettermann,* GR III/2, S. 831; JZ 61, 482 unter II: „Die Staatshaftung ist Organhaftung, Art. 34 GG also nur das öffentlichrechtliche Gegenstück zu §§ 31 und 89 BGB".

[60] DÖV 54, 301 unter II 2 c.

[61] *Bettermann:* Verbandshaftung.

[62] Erstaunlich erscheint, daß *Bettermann* in JZ 61, 482 von der Entscheidung BGHZ 34, 99 sagt, sie enthalte „Ansätze, die Staatshaftung als Verbandshaftung zu begreifen, als Haftung juristischer Personen des öffentlichen Rechts für das in ihrem Namen durch ihre Organe = Amtsträger begangene Unrecht", aaO., S. 483 unter II 2. Denn gerade dieser Beschluß des Großen Senats in Zivilsachen des Bundesgerichtshofes hält so eindringlich, wie die Rechtsprechung des BGH und des RG es kaum je zuvor getan hat, an dem überkommenen Aufbau der Amtshaftung — Übertragung der gegen den Beamten gerichteten Forderung auf den Staat — fest und lehnt es damit doch gerade ab, die Amtshaftung als Staatshaftung (*Bettermann:* Verbandshaftung) zu begreifen! *Bettermann* kann sich für seine Ansicht daher keinesfalls auf BGHZ 34, 99 berufen.

Im übrigen nimmt *Bettermann* — ohne sich dessen wohl bewußt zu sein! — Bestrebungen wieder auf, wie sie schon bei den Gesetzgebungsarbeiten zum BGB (oben in und zu Anm. 6—8) und auf dem 28. deutschen Juristentag (oben in und zu Anm. 36—40) hervorgetreten sind, aber beidesmal — wie dargelegt — gerade nicht erfolgreich waren.

dehnung der Amtshaftung niemals von dem Gedanken getragen war, die persönliche Haftung des Beamten auszuweiten, sondern vielmehr von vornherein das Ziel verfolgte, eine möglichst umfassende Haftung des Staates zu begründen. Damit wurde zwar am Aufbau der Amtshaftung — Übertragung der gegen den Beamten gerichteten Forderung auf den Staat — festgehalten, der Schwerpunkt der Amtshaftung aber von der persönlichen Haftung des Beamten weg auf die Haftung des Staates verschoben. Die persönliche Haftung des Beamten wurde ausgedehnt, um dadurch eine umfassende Haftung des Staates zu begründen. Die weitgreifende Ausdehnung der Amtshaftung hat daher entscheidend dazu beigetragen, daß das Fehlen einer Staatshaftung im positiven Recht bislang nicht bemerkt und sogar mehrfach versucht wurde, die Amtshaftung in eine Staatshaftung umzudeuten[64]. Aber dennoch vermochte auch die weiteste Ausdehnung der Amtshaftung die Schranken nicht zu übersteigen, die mit dem Aufbau der Amtshaftung — Übertragung der gegen den Beamten gerichteten Forderung auf den Staat — unlösbar verbunden sind. Und gerade diese Schranken waren es, die später verschiedentlich dazu führten, nach einem neben der Amtshaftung stehenden weiteren Rechtsgrund einer staatlichen Haftung zu suchen[65].

3. Schranken der Amtshaftung

Haftet der Staat anstelle des Beamten, so sind Tatbestand und Inhalt der Haftung des Staates mit denen der Haftung des Beamten identisch[66]. Daraus ergeben sich auch für die weiteste Ausdehnung der Amtshaftung

---

[63] Die oft dargestellte Ausdehnung der Amtshaftung durch die Rechtsprechung des Reichsgerichts bezog sich auf alle Tatbestandsmerkmale des Art. 131 WRV, § 839 BGB, vor allem auf die Tatbestandsmerkmale „Beamter", „öffentliche Gewalt", „einem Dritten gegenüber obliegende Amtspflicht", nicht zuletzt auf das Tatbestandsmerkmal des Verschuldens in § 839 Abs. 1 BGB. Eine nähere Darstellung dieser Rechtsprechung erübrigt sich hier; eine umfassende Nachweisung derselben findet sich bei *Kayser-Leiss*, Die Amtshaftung.

[64] Typisch insoweit *Forsthoff*, Verwaltungsrecht I, § 16: „Die Staatshaftung", S. 279 ff. *Forsthoff* sieht die Ausdehnung der Amtshaftung allein als Ausdehnung der Haftung des Staates, nicht als Ausdehnung der Haftung des Beamten. Das zu billigende Ziel der Rechtsprechung gehe dahin, „dem Staat das Risiko für die korrekte Handhabung seiner Funktionen aufzubürden". Die Rechtsprechung strebe somit „einen angemessenen Ausgleich der Risiken zwischen dem Staat und dem Einzelnen" und „eine lückenlose Bestandssicherung der vermögenswerten Individualrechte" an, aaO., S. 285. Hier wird deutlich, wie sich durch die Ausdehnung der Amtshaftung der Schwerpunkt von der Haftung des Beamten weg zur Haftung des Staates verlagert. Im übrigen oben in und zu Anm. 55—61.

[65] Drittes Kapitel, §§ 7—9.

[66] Statt aller: *Wolff*, Verwaltungsrecht I, § 64 II a, S. 379; *Forsthoff*, Verwaltungsrecht I, S. 281 ff.; *von Mangoldt-Klein*, Grundgesetz, Art. 34, Anm. II, 7, S. 824 f.

unübersteigbare Schranken, von denen im folgenden nur zwei genannt werden sollen, die später bedeutsam geworden sind.

Einmal haftet der Beamte nach § 839 Abs. 1 BGB ebenso wie eine Privatperson nach §§ 823 ff BGB nur dann, wenn er schuldhaft gehandelt hat. Wie weit man auch das Erfordernis des Verschuldens in § 839 Abs. 1 BGB verflüchtigen mag, ganz aufgeben kann man es nicht. Hat der Beamte aber schuldlos gehandelt, so entfällt seine Haftung aus § 839 Abs. 1 BGB und damit nach Art. 34 GG auch die Haftung des Staates[67].

Zum anderen kann die Haftung des Beamten als einer Privatperson „grundsätzlich auch nur auf das gehen, was der Beamte selbst zu leisten vermag“[68]. Die gegen den Beamten gerichtete Forderung kann daher niemals auf die Vornahme oder Unterlassung einer Amtshandlung gehen, da der Beamte nur als Organ des Staates, nicht aber als Privatperson fähig ist, eine Amtshandlung vorzunehmen oder zu unterlassen[69]. § 839 Abs. 1 BGB beinhaltet danach keinen Anspruch gegen den Beamten auf Beseitigug rechtswidriger Beeinträchtigungen und auf Schadensersatz, soweit dazu ein amtliches Handeln oder Unterlassen erforderlich ist. Entsprechend kann auch aus Art. 34 GG, § 839 Abs. 1 BGB kein Anspruch gegen den Staat auf Beseitigung rechtswidriger Beeinträchtigungen und auf Schadensersatz durch Vornahme oder Unterlassung einer Amtshandlung hergeleitet werden. Der Beamte kann als Privatperson vielmehr nur auf Leistung vertretbarer Sachen (insbesondere Geld) in Anspruch genommen werden; dementsprechend ist der Anspruch aus Art. 34 GG, § 839 Abs. 1 BGB auf Ersatz vertretbarer Sachen (insbesondere Geld) beschränkt.

Diese allgemein anerkannte inhaltliche Beschränkung der Amtshaftung[70] folgt nicht aus dem Gewaltenteilungsgrundsatz[71] oder aus der fehlenden Zuständigkeit der ordentlichen Gerichte[72], sondern allein aus dem Aufbau der Amtshaftung[73].

---

[67] Statt aller *Wolff*, Verwaltungsrecht I, § 64 II a, S. 379, § 64 I b Ziffer 6, S. 377; *von Mangoldt-Klein*, Grundgesetz, Art. 34, Anm. III, S. 833, Anm. II 7, S. 824. Anders natürlich, wenn es — abweichend von § 839 Abs. 1 BGB — gesetzlich besonders vorgesehen ist, wie etwa in § 1 Abs. 2 des Reichsgesetzes vom 22. 5. 1910 (RGBl 798).

[68] BGHZ 34, 99 (105).

[69] BGHZ 34, 99 (106): „Als Einzelperson ist dieser (sc. der Beamte) gar nicht in der Lage, verbindlich über seine weitere Amtsführung zu entscheiden“.

[70] „§ 839 BGB gibt nur einen Anspruch auf Schadensersatz in Geld, nicht auf Wiedergutmachung durch Vornahme oder Unterlassung einer Amtshandlung“, so RGZ 150, 140, st. Rspr., Nachweise bei *Kayser-Leiss*, Die Amtshaftung, Entscheidungen Nr. 387 ff., S. 283 ff.; diese Rechtsprechung wurde vom BGH übernommen, BGHZ 4, 77 (83 f.); 4, 302 (309 ff.); 5, 105; 14, 222; und von BGHZ 34, 99 (104 ff. unter IV, V) erneut eingehend vertreten. Ferner *Wolff*, Verwaltungsrecht I, § 64 II g 2, S. 382; *von Mangoldt-Klein*, Grundgesetz, Art. 34, Anm. III 7, S. 836; *Weitnauer*, Die Haftung aus Amtspflichtverletzung, S. 35; *RGR-Kommentar*, § 839 BGB, Anm. 51, S. 1476; *Bettermann*,

Vergegenwärtigt man sich dergestalt die inhaltliche Beschränkung der Amtshaftung und den Grund für diese Beschränkung, so wird deutlich, weshalb später die Probleme der Entschädigung rechtswidrig-schuldloser Eingriffe, sowie der Folgenbeseitigung und Wiedergutmachung rechtswidriger Beeinträchtigungen entstehen mußten und weshalb sie von der Amtshaftung her nicht gelöst werden konnten, sondern vielmehr dazu nötigten, nach einem neben der Amtshaftung stehenden weiteren Rechtsgrund staatlicher Haftung zu suchen.

§ 4: Ergebnis zum Ersten Kapitel

Amtshaftung und Staatshaftung stellen zwei verschiedene Formen der Haftung des Staates für den durch seinen Beamten einem Dritten in Ausübung öffentlicher Gewalt rechtswidrig zugefügten Schaden dar. Das positive Recht kennt nur die Amtshaftung des Art. 34 GG; eine Staatshaftung ist dem positiven Recht hingegen unbekannt.

Die Amtshaftung baut einmal auf der persönlichen Haftung des Beamten nach § 839 Abs. 1 BGB auf, die im Recht der Staatsdiener des achtzehnten und beginnenden neunzehnten Jahrhunderts wurzelt. Zum anderen beruht die Amtshaftung auf der von Lehre und Rechtsprechung des ausgehenden neunzehnten Jahrhunderts vertretenen Ablehnung der Staatshaftung. Die Amtshaftung verkehrt in eigenartiger Weise die von Lehre und Rechtsprechung des ausgehenden neunzehnten Jahrhunderts vertretene Haftung des Beamten und Nichthaftung des Staates in eine Haftung des Staates und eine Nichthaftung des Beamten. Die Einsicht, daß Amtshaftung und Staatshaftung verschiedene Formen der Haftung des Staates darstellen und daß die Amtshaftung auf der Ablehnung der Staatshaftung beruht, ging in Lehre und Rechtsprechung seit dem Beginn dieses Jahrhunderts verloren; infolgedessen sind die Auseinandersetzungen des neunzehnten Jahrhunderts über die Staatshaftung durch die Einführung der Amtshaftung abgebrochen und bis heute nicht wieder aufgenommen worden.

GR III/2, S. 844 f.; aA. *Heidenhain,* NJW 49, 841; 52, 604; 53, 1081, dagegen schon BGHZ 4, 77 (83 f.) und *Bachof,* SJZ 50, 166. — Neben Ersatz in Geld kann der Anspruch aus Amtshaftung auch die Lieferung vertretbarer Sachen umfassen, BGHZ 5, 102.

[71] So RGZ 150, 140, st. Rspr., Nachweise bei *Kayser-Leiss,* Die Amtshaftung, Entscheidungen Nr. 387 ff., S. 283 ff.; *RGR-Kommentar,* § 839 BGB, Anm. 51, S. 1476; ablehnend nunmehr BGHZ 34, 99 (104 f).

[72] So *W. Jellinek,* Verwaltungsrecht, S. 324 f.; *Wolff,* Verwaltungsrecht I, § 64 II g 2, S. 382.

[73] BGHZ 34, 99 (104 ff.) eingehend; schon *Bachof,* Vornahmeklage, S. 117; *ders.,* SJZ 50, 166; *Kayser-Leiss,* Die Amtshaftung, S. 20 ff.; *Rupp,* NJW 61, 811.

Zweites Kapitel

Staatshaftung und Amtshaftung bei Otto Mayer

Das System der öffentlichrechtlichen Entschädigung *Otto Mayers*[1] ist von Rechtsprechung und Lehre fast einhellig abgelehnt worden und wird heute nur noch selten erwähnt[2]. Dennoch kommen die neuere Rechtsprechung und Lehre zur Entschädigung aus enteignungsgleichem Eingriff dem System der öffentlichrechtlichen Entschädigung *Otto Mayers* inhaltlich erstaunlich nahe. Entschädigung aus enteignungsgleichem Eingriff (*Bundesgerichtshof*) und öffentlichrechtliche Entschädigung für rechtswidrige Eingriffe (*Otto Mayer*) gleichen sich auffällig: beide beruhen auf der hoheitlichen Verursachung eines besonderen Opfers, beide sind von dem Verschulden eines Beamten unabhängig, beide erfordern einen Eingriff in ein vorhandenes vermögenswertes Recht, beide umfassen den Ausgleich des gemeinen Werts, bei beiden ist der Begünstigte entschädigungspflichtig. Auch die Rechtsgrundlagen der Entschädigungspflicht gleichen sich: *Otto Mayer* und der *Bundesgerichtshof* gehen beide davon aus, „daß der Staat Entschädigung schulde für die besonderen Opfer, die er auferlegt“[3]; mag dieser Satz damals vielleicht nicht gegolten haben[4], so gilt er heute — folgt man der Rechtsprechung des *Bundesgerichtshofs* — verfassungskräftig nach Art. 14 Abs. 3 GG[5]. Das System der öffentlichrechtlichen Entschädigung *Otto Mayers* scheint die Rechtsfigur der Entschädigung aus enteignungsgleichem Eingriff vorweggenommen zu haben.

---

[1] *Otto Mayer*, Deutsches Verwaltungsrecht, Band II, §§ 53, 54; 1. Aufl., 1896, S. 345 ff.; 2. Aufl, 1917, S. 516 ff.; 3. Aufl., 1924, S. 295 ff.; *ders.*, Die Entschädigungspflicht des Staates nach Billigkeitsrecht, 1904; *ders.*, Die Entschädigungspflicht des Staates, in: Stengel-Fleischmann, Wörterbuch des Deutschen Staats- und Verwaltungsrechts, Band I, 2. Aufl., 1911, S. 731 ff.; *ders.*, Die Haftung des Staates für rechtswidrige Amtshandlungen, Sächsisches Archiv für Rechtspflege, 8. Jahrgang 1913, S. 1 ff.

Darstellungen der Lehre *Otto Mayers* von der öffentlichrechtlichen Entschädigung finden sich bei: *Schelcher*, FischersZ 52 (1921), 39 ff.; *Katzenstein*, Entschädigungspflicht des Staates, S. 21 ff.; *Stödter*, Öffentlichrechtliche Entschädigung, S. 84 ff.

[2] Unten Anm. 90 und 96.

[3] 1. Aufl, S. 349. Im folgenden werden die §§ 53, 54 des II. Bandes des Deutschen Verwaltungsrechts nur noch mit Auflage und Seitenzahl, also ohne Angabe des Verfassers, des Werkes und des Bandes zitiert.

[4] Unten in und zu Anm. 90.

[5] Unten § 8 II.

Eine genauere Kenntnis des Systems der öffentlichrechtlichen Entschädigung *Otto Mayers* trägt — wie später darzulegen sein wird — wesentlich dazu bei, das Verhältnis von Amtshaftung und Entschädigung aus enteignungsgleichem Eingriff zu klären[6]. Daher soll im folgenden auf das System der öffentlichrechtlichen Entschädigung näher eingegangen werden. Dabei geht es nicht darum, nachträglich über Richtig oder Falsch dieses Systems zu urteilen, sondern allein darum, Inhalt und Aufbau desselben näher kennenzulernen. Dreierlei scheint an dem System *Otto Mayers* dabei vor allem bemerkenswert zu sein: erstens der Begriff des besonderen Opfers, zweitens die Gleichstellung rechtmäßiger und rechtswidriger Eingriffe und drittens das Verhältnis der Entschädigung für rechtswidrige Eingriffe zur Haftung des Staates für den durch seinen Beamten einem Dritten rechtswidrig zugefügten Schaden.

§ 5: Otto Mayers System der öffentlichrechtlichen Entschädigung

I. Das System der öffentlichrechtlichen Entschädigung

1. *Wesen und Rechtsgrundlage der öffentlichrechtlichen Entschädigung*

Otto Mayer sieht in der öffentlichrechtlichen Entschädigung ein „großes allgemeines Rechtsprinzip zur Regulierung der wirtschaftlichen Wirkungen der Staatsthätigkeit auf den Unterthanen“, das den „Abschluß der ganzen Rechtsordnung (bildet), welche den Verkehr zwischen der öffentlichen Gewalt und dem einzelnen regelt“[7]. Die öffentlichrechtliche Entschädigung soll die Vermögensnachteile ausgleichen, welche die öffentliche Verwaltung dem einzelnen zufügt und deren Ausgleich „Gerechtigkeit und Billigkeit“ erfordern. Die Grundsätze der „aequitas, der ‚Gleichheit‘ oder der Gerechtigkeit und Billigkeit“[8] verlangen, daß der einzelne für die ihm aufgelegte ungleiche Belastung, das „besondere Opfer, (das) . . . ihn ungleich trifft, ihn auszeichnet vor den Anderen, denen nicht eine gleiche entsprechende Last zugemessen ist“ entschädigt wird[9]. Erfolgt die Entschädigung zu Lasten der Allgemeinheit, so verwandelt sich mit ihr die ungleiche Belastung eines einzelnen in die gleiche Belastung aller[10].

Die Rechtsgrundlage[11] für den zunächst nur als eine Forderung der Gerechtigkeit und Billigkeit erscheinenden Satz, daß „der Staat Ent-

---

[6] Unten §§ 13, 14.
[7] 1. Aufl., S. 345.
[8] 3. Aufl., S. 295.
[9] 1. Aufl., S. 346.
[10] 1. Aufl., S. 347.
[11] 1. Aufl., S. 347 ff.; 2 Aufl., S. 525 ff.; 3. Aufl., S. 296 ff.

schädigung schulde für die besonderen Opfer, die er auferlegt"[12], sah *Otto Mayer* zunächst in altem Gewohnheitsrecht[13]. Später hat er die umfassende Entschädigung für die Auferlegung besonderer Opfer auf naturrechtliche Rechtsgrundsätze — vor allem auf die Lehre vom besonderen Opfer[14] —, sowie auf einzelgesetzliche Ausprägungen dieser Grundsätze[15] gestützt und daneben noch auf Gewohnheitsrecht, Rechtsanalogie und Juristenrecht[16] verwiesen[17].

2. *Tatbestand der öffentlichrechtlichen Entschädigung*

Die hoheitliche Verursachung eines besonderen Opfers bildet den Tatbestand, der einen Anspruch des Betroffenen auf öffentlichrechtliche Entschädigung entstehen läßt[18].

a) Das hoheitliche Handeln kann rechtmäßig oder rechtswidrig sein, entscheidend ist allein der Kausalzusammenhang zwischen hoheitlichem Handeln und besonderem Opfer[19]. Auf die Form des hoheitlichen Handelns kommt es nicht an, das besondere Opfer kann durch Gesetz[20], Verwaltungsakt oder sonstiges hoheitliches Handeln verursacht werden[21].

b) Das hoheitliche Handeln muß ein besonderes Opfer verursachen[22]. *Otto Mayer* wollte den Begriff des besonderen Opfers einheitlich definieren als die ungleiche und ungerechte Belastung eines einzelnen. Darauf baut sein rechtmäßige und rechtswidrige Eingriffe umfassendes System der öffentlichrechtlichen Entschädigung auf. Sieht man jedoch genauer zu, so ergibt sich — und das ist entscheidend —, daß der Begriff des besonderen Opfers einen zweifachen Inhalt hat.

---

[12] 1. Aufl., S. 349.

[13] 1. Aufl., S. 347 ff.

[14] 2. Aufl., S. 525 ff.

[15] 3. Aufl., S. 298, vor allem § 75 EinlALR und Enteignungsgesetze des neunzehnten Jahrhunderts.

[16] 3. Aufl., S. 299.

[17] Die drei Auflagen des Deutschen Verwaltungsrechts (1896, 1917 und 1924) weichen insoweit stark voneinander ab. Vor allem in diesem Punkt sah sich *Otto Mayer* der Kritik ausgesetzt; dieser Punkt erscheint mir aber nicht der wesentlichste zu sein.

[18] 1. Aufl., S. 350 ff.; 2. Aufl., S. 537 ff.; 3. Aufl., S. 300 ff.

[19] 1. Aufl., S. 350; 2. Aufl., S. 539; 3. Aufl., S. 301 f.

[20] 1. Aufl., S. 357 f.; 2. Aufl., S. 556 ff.; 3. Aufl., S. 312 f. *Otto Mayer* geht davon aus, daß ein Rechtssatz in der Regel eine gleichmäßige Belastung der Adressaten herbeiführt, erkennt aber an, daß eine Norm auch eine ungleiche Belastung (ein besonderes Opfer) zur Folge haben kann. Eine Entschädigung ist aber in diesem Fall nur dann geschuldet, wenn sie in dem eingreifenden Gesetz besonders vorgesehen ist; das entsprach der damals allgemein herrschenden Lehre.

[21] 1. Aufl., S. 350, 2. Aufl., S. 538; 3. Aufl., S. 300 f.

[22] 1. Aufl., S. 351 ff.; 2. Aufl., 547 ff.; 3. Aufl., S. 306 ff.

Einmal stellt das besondere Opfer diejenige Belastung dar, die den einzelnen im Vergleich zu anderen „besonders" trifft. Das entschädigungspflichtige besondere Opfer steht hier dem von jedermann entschädigungslos hinzunehmenden allgemeinen Opfer gegenüber und ist von diesem wertend abzugrenzen[23]. Eine Belastung, die den einzelnen „ungleich trifft, ihn auszeichnet vor den Anderen, denen nicht eine gleiche entsprechende Last zugemessen ist"[24], stellt danach ein besonderes Opfer dar, wohingegen „allgemeine Abgaben, Lasten und Dienstpflichten, welche der Staat planmäßig auferlegt, um damit die Bestimmung der Untertanen geltend zu machen, wonach sie allesamt gemäß ihrer Leistungsfähigkeit aufzukommen haben, für seinen Bedarf"[25], nur allgemeine Opfer beinhalten.

Zum anderen stellt das besondere Opfer diejenige Schädigung dar, die durch rechtswidriges hoheitliches Handeln verursacht wird. „In der Regel ist der Nachweis einer Rechtswidrigkeit für die öffentlichrechtliche Entschädigung gleichgültig. Diese findet statt, wo ein besonderes Opfer auferlegt wird . . . Der Nachweis einer Rechtswidrigkeit kann aber auch Bedingung der öffentlichrechtlichen Entschädigung sein . . . Sobald sich herausstellt, daß . . . eine Rechtswidrigkeit vorlag, ist Entschädigung geschuldet . . . wegen (!) der objektiven Rechtswidrigkeit, welche die Schädigung als eine ungerechte, als ein besonderes Opfer erscheinen läßt[26]." Der Nachweis einer Rechtswidrigkeit „stellt . . . fest, daß der belastende Eingriff nicht zu denen gehört, die der Staat als der Gerechtigkeit entsprechende und folglich entschädigungsfreie hat auflegen wollen"[27].

Das besondere Opfer wird also einmal definiert als die über die allgemeine und gleichmäßige Belastung aller hinausgehende besondere Belastung eines einzelnen und zum anderen als die durch rechtswidriges hoheitliches Handeln verursachte Schädigung. Der umfassende Tatbestand der Verursachung eines besonderen Opfers zerfällt demzufolge in zwei voneinander verschiedene Tatbestände, die dadurch zu einer Einheit verbunden werden, daß in beiden Fällen die Schadenszufügung gleichermaßen als unbillig und ungerecht und daher als entschädigungspflichtiges besonderes Opfer angesehen wird. Allein diese zweifache Bedeutung, die *Otto Mayer* dem Begriff des besonderen Opfers verleiht,

---

[23] 1. Aufl., S. 351 mit Anm. 8. *Otto Mayer* sah die Problematik einer Abgrenzung von allgemeinem und besonderem Opfer (von Eigentumsbindung und Enteignung) nicht, sondern glaubte, daß insoweit keine Schwierigkeiten bestehen.

[24] 1. Aufl., S. 346.

[25] 2. Aufl., S. 548.

[26] 1. Aufl., S. 361 f.

[27] 2. Aufl., S. 546; 3. Aufl., S. 305.

ermöglicht den Aufbau seines umfassenden Systems der öffentlichrechtlichen Entschädigung. Darauf wird noch näher einzugehen sein[27a].

c) Nur die unmittelbare Beeinträchtigung eines subjektiven vermögenswerten Rechts stellt ein besonderes Opfer dar[28]. „Nicht jeder Nachteil, der dem einzelnen aus der öffentlichen Verwaltung zugeht und ihn ungleich trifft, kommt bei der öffentlichrechtlichen Entschädigung in Betracht[29]." Vielmehr ist ein „Eingriff in den unmittelbaren rechtlichen Machtkreis des Individuums"[30] erforderlich. Zu den Rechten, deren ungleiche Beeinträchtigung ein besonderes Opfer darstellt, zählen vor allem das Eigentum und sonstige dingliche Rechte, ferner Forderungsrechte, Freiheit, Leben und Gesundheit, sowie subjektive öffentliche Rechte[31].

d) Der Anspruch auf öffentlichrechtliche Entschädigung ist ein subjektives öffentliches Recht[32]. Schuldner des Anspruchs ist das durch den Eingriff begünstigte Rechtssubjekt[33]. Die Höhe der Entschädigung bestimmt sich nach dem gemeinen Wert, „den das getroffene Gut unmittelbar für sich hat"[34].

II. Öffentlichrechtliche Entschädigung und Haftung des Staates

1. Öffentlichrechtliche Entschädigung für rechtmäßige und rechtswidrige Eingriffe

Die öffentlichrechtliche Entschädigung, so betont *Otto Mayer* verschiedentlich, sei von der Rechtmäßigkeit oder Rechtswidrigkeit des hoheitlichen Handelns unabhängig[35]. Allein die hoheitliche Verursachung eines besonderen Opfers lasse einen Anspruch auf öffentlichrechtliche Entschädigung entstehen, unabhängig davon, „ob die Einwirkung rechtmäßig oder nicht rechtmäßig war, ob sie so gewollt war oder nur zufällig sich ergab oder geradezu hätte vermieden werden sollen"[36]. Die öffentlich-

---

[27a] Unten II 1 in und zu Anm. 38—40 und II 3 in und zu Anm. 82—89.

[28] 1. Aufl., S. 352 f.; 2. Aufl., S. 549 ff. (ausführlich); 3. Aufl., S. 307.

[29] 1. Aufl., S. 352.

[30] 1. Aufl., S. 353.

[31] 2. Aufl., S. 550 f.

[32] 1. Aufl., S. 357; 2. Aufl., S. 555.

[33] Das ist der Staat, eine Selbstverwaltungskörperschaft oder ein beliehenes Unternehmen, 1. Aufl., S. 354 f.; 2. Aufl., S. 553 ff.; 3. Aufl., S. 310.

[34] 1. Aufl., S. 355; auch 2. Aufl., S. 552; 3. Aufl., S. 309.

[35] 1. Aufl., S. 361 f.; 2. Aufl., S. 539; 3. Aufl., S. 302.

[36] 1. Aufl., S. 350.

rechtliche Entschädigung sei „von dem Nachweis . . . eine Rechtswidrigkeit . . . nicht bedingt“[37].

Otto Mayer kennzeichnet jedoch die Bedeutung, die der Rechtmäßigkeit oder Rechtswidrigkeit des hoheitlichen Handelns in seinem System der öffentlichrechtlichen Entschädigung zukommt, nicht zutreffend. Entgegen seinen eigenen Darlegungen[38] bildet die Rechtmäßigkeit oder Rechtswidrigkeit des hoheitlichen Handelns sehr wohl eine „selbständige Voraussetzung der öffentlichrechtlichen Entschädigung“[39]. Das wird lediglich durch den das System beherrschenden Begriff des besonderen Opfers verschleiert. Dieser Begriff hat jedoch — wie oben dargelegt — zwei verschiedene Inhalte. Ein besonderes Opfer liegt entweder in der über die allgemeine und gleichmäßige Belastung aller hinausgehenden besonderen Belastung eines einzelnen oder in der durch rechtswidriges hoheitliches Handeln verursachten Schädigung. Löst man den Begriff des besonderen Opfers dergestalt in seine beiden Teile auf, so erkennt man unschwer, daß der Rechtmäßigkeit oder Rechtswidrigkeit des hoheitlichen Handelns im System der öffentlichrechtlichen Entschädigung entscheidende Bedeutung zukommt. Je nachdem, ob das hoheitliche Handeln rechtmäßig oder rechtswidrig ist, bestimmt sich das Vorliegen eines besonderen Opfers verschieden. Bei rechtmäßigem hoheitlichem Handeln liegt ein besonderes Opfer nur dann vor, wenn eine Wertung ergibt, daß die auferlegte Belastung über die allgemeine und gleichmäßige Belastung aller hinausgeht. Bei rechtswidrigem hoheitlichem Handeln hingegen liegt stets ein besonderes Opfer vor, einer besonderen Wertung bedarf es nicht, da die Wertung der auferlegten Belastung als eines besonderen Opfers unmittelbar (und allein) aus der Rechtswidrigkeit des hoheitlichen Handelns folgt. Der vermeintlich umfassende Tatbestand der Verursachung eines besonderen Opfers[40] beinhaltet in Wirklichkeit zwei voneinander völlig verschiedene Tatbestände.

Das System der öffentlichrechtlichen Entschädigung *Otto Mayers* zerfällt damit in zwei Teile, die öffentlichrechtliche Entschädigung für rechtmäßige und die öffentlichrechtliche Entschädigung für rechtswidrige Eingriffe. Der beide Teile vermeintlich zu einer Einheit verbindende Begriff des besonderen Opfers sollte darüber nicht hinwegtäuschen.

---

[37] 2. Aufl., S. 539; 3. Aufl., S. 302.

[38] Oben Anm. 35—37.

[39] 1. Aufl., S. 361: „Die rechtswidrige Amtshandlung bildet eben keine selbständige Voraussetzung der öffentlichrechtlichen Entschädigung“. Hält man dem die oben zu Anm. 26 und 27 wiedergegebenen Zitate aus der 1. Aufl., S. 361 f. und aus der 2. Aufl., S. 546 entgegen, so wird deutlich, daß sich *Otto Mayer* schwerwiegend widerspricht.

[40] Oben Anm. 22.

2. Öffentlichrechtliche Entschädigung für rechtswidrige Eingriffe als Haftung des Staates[41, 42]

a) Aus der Stellungnahme *Otto Mayers* zu den Auseinandersetzungen des neunzehnten und beginnenden zwanzigsten Jahrhunderts über die Frage nach der Haftung des Staates für den durch seinen Beamten in Ausübung öffentlicher Gewalt einem Dritten rechtswidrig zugefügten Schaden geht deutlich hervor, daß *Otto Mayer* mit seinem System der öffentlichrechtlichen Entschädigung — soweit es sich auf die Entschädigung für rechtswidrige Eingriffe bezieht — eine eigene Antwort auf die Frage nach der Haftung des Staates geben will und auch gibt. Seine Darlegungen, daß es sich bei der öffentlichrechtlichen Entschädigung für rechtswidrige Eingriffe nicht um eine Haftung des Staates „für rechtswidrige Schädigung"[43], „für unerlaubte Handlung"[44] oder um die Wiedergutmachung eines Unrechts handle und daß „der Beigeschmack irgendeines Unrechts auf seiten des Staates . . . gänzlich"[45] fehle, stehen dem nicht entgegen.

In der ersten Auflage des deutschen Verwaltungsrechts (1896)[46] lehnt *Otto Mayer* sowohl die von *Pfeiffer, Heinrich Albert Zachariä* und *Heffter* vertretene Staatshaftung[47] als auch die von der Rechtsprechung um die Jahrhundertwende teilweise vertretene privatrechtliche Haftung des Staates[48] für den durch seinen Beamten einem Dritten rechtswidrig zugefügten Schaden ab. Alle diese Versuche, „eine Haftung des Staates zu finden, die auf die Rechtswidrigkeit einer Amtshandlung zu gründen wäre"[49], seien gescheitert und

---

[41] Die eingehendsten Ausführungen zu diesem Fragenkreis finden sich in der 2. Aufl., S. 534 ff., 540 ff.; ferner SächsArchiv, S. 1 ff., insbes. S. 10 ff. Besonders aufschlußreich für die Verwendung des Sonderopferbegriffs bei rechtswidrigen Eingriffen ist der nur in der 1. Aufl. enthaltene Abschnitt § 54 II, S. 358 ff. Die 3. Aufl. — diejenige, die vom späteren Schrifttum meistens herangezogen wird — läßt das System der öffentlichrechtlichen Entschädigung *Otto Mayers* nur noch unscharf erkennen und ist aus sich heraus oft nicht mehr voll verständlich. — Das gilt besonders für die im folgenden behandelte Stellungnahme *Otto Mayers* zu der im neunzehnten Jahrhundert vertretenen Staatshaftung und zu der vom Gesetzgeber eingeführten Amtshaftung. Während sich die Stellungnahme zur Staatshaftung deutlich nur aus der 1. Auflage (vor allem aaO., § 54 II, S. 358 ff., insbes. S. 359) und die Stellungnahme zur Amtshaftung deutlich nur aus der 2. Auflage (vor allem aaO., S. 543 ff. mit Anm. 37) ergibt, sind diese Stellen in der 3. Auflage gestrichen oder stark gekürzt.

[42] Die Begriffe der Staatshaftung und Amtshaftung verwende ich im folgenden mit dem oben (§ 3 II 1) definierten Inhalt. *Otto Mayer* kennt zwar beide Begriffe, gibt ihnen aber keinen besonderen Inhalt.

[43] 1. Aufl., S. 345.

[44] 2. Aufl., S. 534.

[45] SächsArchiv, S. 11.

[46] Band II § 54 II, S. 358 ff.

[47] 1. Aufl., S. 359 in und zu Anm. 5.

[48] 1. Aufl., S. 359 in und zu Anm. 7; *Otto Mayer* wendet sich hier vor allem gegen die Rechtsprechung des RG zu art. 1384 code civil; oben § 3 Anm. 14.

[49] 1. Aufl., S. 359.

überdies „nie aus dem Gedankenkreise des Zivilrechts herausgekommen"[50]. Im System der öffentlichrechtlichen Entschädigung sei „die rechtswidrige Amtshandlung . . . keine selbständige Voraussetzung der . . . Entschädigung"[51]; die öffentlichrechtliche Entschädigung stelle keine „Haftung für rechtswidrige Schädigung"[52] dar.

In der zweiten Auflage des deutschen Verwaltungsrechts (1917)[53] lehnt *Otto Mayer* die inzwischen nach Art. 77 EGBGB ergangenen Ausführungsgesetze der Länder und das entsprechende Gesetz des Reiches, nach welchen der Staat anstelle des Beamten haftet, indem die nach § 839 Abs. 1 BGB gegen den Beamten gerichtete Forderung auf den Staat übertragen wird, ebenfalls ab. Einmal wendet er sich gegen den privatrechtlichen Aufbau der Amtshaftung, vor allem aber — und das ist entscheidend — gegen die Anknüpfung der Amtshaftung an die Haftung des einzelnen Beamten, was er als „unangemessene zivilrechtliche Form einer Haftung des Staates für die selbständig zu beurteilende unerlaubte Handlung des Beamten"[54] bezeichnet. Eine Schädigung beruhe „selbstverständlich nie auf dem Willen des Staates, also hier der öffentlichen Verwaltung, sondern (sei) ihrem Wesen nach Sache der für ihn handelnden Menschen". Insofern aber die für den Staat handelnden Menschen „als die Mittel (angesehen werden), durch welche die öffentliche Verwaltung tätig wird, (sei) es wiederum diese selbst, die dem einzelnen den Nachteil verursacht"[55]. *Otto Mayer* geht also — entgegen der Amtshaftung — von einem unmittelbar zwischen Staat und einzelnem bestehenden öffentlichrechtlichen Rechtsverhältnis aus. Der Staat verursache den Schaden durch das „Fehlgehen seiner Mittel"[55], und daher werde der durch das rechtswidrige hoheitliche Handeln verursachte Schaden auch unmittelbar ihm zugerechnet. Auch den Umfang der Amtshaftung lehnt *Otto Mayer* ab, da er einerseits viel zu eng (kein Anspruch bei Schuldlosigkeit des Beamten), andererseits viel zu weit sei (Anspruch bei Unterlassen und bei bloßem Vermögensschaden). So gelangt er im Hinblick auf die Amtshaftung zu dem Ergebnis: „Es stimmt nach keiner Seite hin. Geltendes Recht ist es deshalb doch, nur kein wohlgelungenes. Die Gerichte werden sich ein Verdienst erwerben, wenn sie es durch zielbewußte Handhabung zurechtrücken"[56].

Das System der öffentlichrechtlichen Entschädigung will den Ausgleich für jeglichen Schaden umfassen, „der dem einzelnen durch die Maßregeln der öffentlichen Verwaltung zugefügt"[57], also auch für den Schaden, der dem einzelnen durch das rechtswidrige Handeln eines Beamten verursacht wird. Die Frage nach der Haftung des Staates scheint sich daher für *Otto Mayer* zu erübrigen. Denn sein System der öffentlichrechtlichen Entschädigung will eben auch diese Form staatlicher Ersatzleistung — „alle diese Einzelerscheinungen" — in sich aufnehmen[58].

---

[50] SächsArchiv, S. 3.
[51] 1. Aufl., S. 361; dazu in und zu Anm. 39.
[52] 1. Aufl., S. 345.
[53] Band II S. 534 ff., insbes. S. 543 ff. mit Anm. 37.
[54] 2. Aufl., S. 544 Anm. 37.
[55] 2. Aufl., S. 543.
[56] 2. Aufl., S. 546 vor Anm. 38. Die 3. Aufl. bringt keine neuen Gesichtspunkte mehr. In ihr sind vielmehr die entscheidenden Stellen der vorigen Auflagen gestrichen, oben Anm. 41.
[57] 1. Aufl., S. 345.
[58] 1. Aufl., S. 345; oben zu Anm. 7 ff.; ferner 2. Aufl., S. 517 ff.

Die öffentlichrechtliche Entschädigung für rechtswidrige Eingriffe ist nach Ansicht *Otto Mayers* nicht Ausfluß einer Haftung des Staates, sondern stellt ebenso wie die Entschädigung für rechtmäßige Eingriffe einen gerechten Ausgleich für besondere Opfer dar[59].

Den vergeblichen Versuchen, „eine Haftung des Staates zu finden, die auf der Rechtswidrigkeit einer Amtshandlung zu gründen wäre“[60] liegt nach Ansicht *Otto Mayers* das System der öffentlichrechtlichen Entschädigung noch unerkannt zugrunde. Vor allem bei der privatrechtlich begründeten Haftung des Staates werde deutlich, daß „in Wahrheit doch nicht eine Haftung für unerlaubte Handlungen in Frage (stehe), sondern etwas anderes, Unbekanntes, wofür diese Haftungsbestimmungen nur das Verlegenheitskleid sind“[61]: die öffentlichrechtliche Entschädigung für rechtswidrige Eingriffe. So lehnt *Otto Mayer* einerseits jede Haftung des Staates für den durch seinen Beamten einem Dritten rechtswidrig zugefügten Schaden — Staatshaftung wie Amtshaftung — ab, nimmt andererseits aber an, der Staat sei für das rechtswidrige Handeln seines Beamten — für das „Fehlgehen seiner Mittel“[62] — entschädigungspflichtig.

Zwischen der öffentlichrechtlichen Entschädigung für rechtswidrige Eingriffe und der Haftung des Staates für den durch seinen Beamten einem Dritten rechtswidrig zugefügten Schaden besteht jedoch — entgegen *Otto Mayer* — kein sachlicher Unterschied. Das ergibt sich aus folgenden Überlegungen: Die Entschädigungspflicht der Staates für die Verursachung besonderer Opfer beruht nach *Otto Mayer* — wie oben dargelegt — bei rechtswidrigen Eingriffen allein auf deren Rechtswidrigkeit. Der Nachweis der Rechtswidrigkeit stellt fest, „daß der belastende Eingriff nicht zu denen gehört, die der Staat als der Gerechtigkeit entsprechende und folglich entschädigungsfreie hat auflegen wollen“[63]. Damit ist aber gesagt, daß der Staat den durch rechtswidrige Eingriffe verursachten Schaden wiedergutzumachen hat, indem er „die Vergütung leistet durch Zahlung des Betrags des zugefügten Nachteils in Geld“[64]. Das bedeutet der Sache nach aber nichts anderes als eine Haftung des Staates für den durch seinen Beamten einem Dritten rechtswid-

[59] 1. Aufl., S. 362: „Sobald sich herausstellt, daß . . . eine Rechtswidrigkeit vorlag, ist Entschädigung geschuldet. Nicht wegen einer Verfehlung der Beamten, wofür der Staat haftet . . . sondern wegen der objektiven Rechtswidrigkeit, welche die Schädigung als eine *ungerechte*, als ein besonderes Opfer erscheinen läßt.“

[60] 1. Aufl., S. 359.

[61] 2. Aufl., S. 535.

[62] 2. Aufl., S. 543.

[63] 2. Aufl., S. 546.

[64] 1. Aufl., S. 347.

rig zugefügten Schaden. Zwischen öffentlichrechtlicher Entschädigung und Haftung des Staates besteht insoweit kein sachlicher Unterschied[65].

Otto Mayer bejaht danach mit seinem System der öffentlichrechtlichen Entschädigung — soweit dieses eine Entschädigung für rechtswidrige Eingriffe beinhaltet — eine Haftung des Staates für den durch seinen Beamten einem Dritten rechtswidrig zugefügten Schaden.

b) Die im System öffentlichrechtlichen Entschädigung enthaltene Haftung des Staates stellt sich inhaltlich wie folgt näher dar:

Das rechtswidrige Handeln des Beamten wird nicht dem Beamten persönlich, sondern dem Staat zugerechnet; der Staat haftet für das „Fehlgehen seiner Mittel“[66].

Die Haftung des Staates beruht danach nicht auf der persönlichen Haftung des Beamten, indem die gegen den Beamten nach § 839 Abs. 1 BGB gerichtete Forderung auf den Staat übertragen wird und der Staat anstelle des Beamten haftet. Die Haftung des Staates beruht vielmehr auf einem unmittelbaren öffentlichrechtlichen Rechtsverhältnis zwischen Staat und einzelnem.

Die Haftung des Staates ist auch insofern von der persönlichen Haftung des Beamten unabhängig, als der Staat nicht nur (und immer) dann haftet, wenn auch der Beamte persönlich haftet. Der Staat haftet einerseits für jedes durch seinen Beamten einem Dritten rechtswidrig zugefügte besondere Opfer, unabhängig davon, ob der Beamte persönlich haftet; vor allem auch dann, wenn das besondere Opfer nur objektiv rechtswidrig zugefügt wurde. Der Staat haftet andererseits für den durch seinen Beamten einem Dritten rechtswidrig zugefügten Schaden nur dann, wenn dieser ein besonderes Opfer darstellt. Die Haftung des Staates deckt sich daher nicht mit der persönlichen Haftung des Beamten; die Haftung des Staates ist teils weiter, teils enger als jene.

Der weitere Tatbestand (rechtwidrige Verursachung eines besonderen Opfers, unmittelbarer Eingriff in ein vorhandenes vermögenswertes Recht) und der Umfang der Haftung des Staates (Ersatz nur des gemeinen Wertes) ergeben sich aus dem oben dargestellten System der öffentlichrechtlichen Entschädigung[67].

c) Stellt man die von *Otto Mayer* dergestalt vertretene Haftung des Staates der von ihm abgelehnten Staatshaftung und Amtshaftung gegenüber, so ergibt sich: Die von *Otto Mayer* vertretene Haftung des Staates

---

[65] Bezeichnenderweise spricht *Otto Mayer* dann, wenn er die Entschädigung für rechtswidrige Eingriffe abhandelt, auch von der „Haftung des Staates für rechtswidrige Amtshandlungen“, so der Titel der Abhandlung im SächsArchiv, S. 1; ferner 2. Aufl., S. 543, 546.

[66] Oben in und zu Anm. 55.

[67] Oben II, 2.

widerspricht — wie er selbst richtig gesehen hat[68] — der Amtshaftung, denn er rechnet das rechtswidrige Handeln des Beamten dem Staat und nicht dem Beamten persönlich zu. Die gegen den Staat gerichtete öffentlichrechtliche Forderung — der Anspruch auf öffentlichrechtliche Entschädigung — ist nicht identisch mit der gegen den Beamten persönlich gerichteten privatrechtlichen Forderung; eine Übertragung der gegen den Beamten gerichteten Forderung auf den Staat findet nicht statt.

Die von *Otto Mayer* vertretene Haftung des Staates stimmt hingegen weitgehend mit der im neunzehnten Jahrhundert von *Sundheim*[69], *Pfeiffer*[70], *Heinrich Albert Zachariä*[71] und anderen[72] vertretenen Staatshaftung überein[73]. Ebenso wie bei *Sundheim, Pfeiffer* und *Heinrich Albert Zachariä*[74] beruht die Haftung des Staates bei *Otto Mayer* auf einem öffentlichrechtlichen Rechtsverhältnis zwischen Staat und einzelnem und auf der Zurechnung des rechtswidrigen Handelns des Beamten an den Staat. Das System der öffentlichrechtlichen Entschädigung *Otto Mayers* beinhaltet danach — soweit es sich auf die Entschädigung rechtswidriger Eingriffe bezieht — eine *Staatshaftung.* Diese Staatshaftung unterscheidet sich jedoch von der im neunzehnten Jahrhundert vertretenen Staatshaftung dadurch, daß sie von der persönlichen Haftung des Beamten gänzlich unabhängig ist. Stand die im neunzehnten Jahrhundert vertretene Staatshaftung zwar ebenfalls neben der Beamtenhaftung, so war sie doch insoweit von ihr abhängig, als der Staat nur (und immer) dann haftete, wenn auch der Beamte persönlich haftete; Tatbestand und Inhalt der Staatshaftung bestimmten sich nach der Beamtenhaftung[75]. Demgegenüber stehen bei *Otto Mayer* die Haftung des Staates und des Beamten gänzlich unabhängig nebeneinander. Tatbestand und Inhalt der Staatshaftung entnimmt *Otto Mayer* nicht mehr der Beamtenhaftung, sondern — das ist das entscheidend Neue — dem Aufopferungs- und Enteignungsrecht[76].

---

[68] Oben Anm. 47 ff.

[69] Über Schadensstiftung durch Staatsbeamte, 1827, S. 1 ff.

[70] Practische Ausführungen, Band II, 1828, S. 361 ff.

[71] ZgesStW 19 (1863), 582 ff.

[72] Oben § 2 II 2.

[73] *Otto Mayer* lehnte diese Autoren ab, oben Anm. 47.

[74] Oben § 2 II 3.

[75] Oben § 2 II.

[76] Freilich wurde — wie oben § 2 in und zu Anm. 40—42 dargelegt — auch schon im neunzehnten Jahrhundert eine Staatshaftung aus dem Aufopferungsrecht heraus entwickelt. Diese Versuche waren jedoch wenig bedeutend und fanden keine Nachfolge. *Otto Mayer* bezieht sich nicht auf sie; er kennt die Versuche von *Perthes,* Der Staatsdienst in Preußen, 1838, S. 137 f. und *Bergius,* Preußen in staatsrechtlicher Beziehung, 1843, S. 298 ff. anscheinend nicht.

d) Neben der Staatshaftung steht bei *Otto Mayer* — von ihr gänzlich unabhängig — die persönliche Haftung des Beamten[77]. Die überkommene Beamtenhaftung gerät jedoch mit der Staatshaftung in Widerspruch. Denn *Otto Mayer* rechnet einerseits — wie dargelegt — das rechtswidrige Handeln des Beamten dem Staat zu und sieht diesen daher als entschädigungspflichtig (haftbar) an; andererseits folgt er der überkommenen Vorstellung, das rechtswidrige Handeln des Beamten könne keinesfalls dem Staat, sondern allein dem Beamten persönlich zugerechnet werden, der für sein rechtswidriges Handeln daher auch persönlich hafte. Die Begründungen der Staatshaftung einerseits und der Beamtenhaftung andererseits — das hat *Otto Mayer* ebensowenig wie *Sundheim, Pfeiffer, Heinrich Albert Zachariä* und andere[78] gesehen — widerstreiten daher einander grundlegend.

Otto Mayer hat lediglich den Widerspruch zwischen der in seinem System der öffentlichrechtlichen Entschädigung enthaltenen Staatshaftung und der Amtshaftung erkannt. Er lehnte daher die Amtshaftung folgerichtig als die „unangemessene zivilrechtliche Form einer Haftung des Staates für die stelbständig zu beurteilende unerlaubte Handlung des Beamten“ ab[79]. *Otto Mayer* hat jedoch nicht gesehen, daß der von ihm erkannte Widerspruch zwischen Staatshaftung (öffentlichrechtliche Entschädigung für rechtswidrige Eingriffe) und Amtshaftung letztlich auf dem Widerspruch zwischen Staatshaftung und Beamtenhaftung beruht[80].

3. Staatshaftung in den Formen des Aufopferungs- und Enteignungsrechts

Otto Mayer gründet sein System der öffentlichrechtlichen Entschädigung — und damit die in ihm enthaltene Staatshaftung — vornehmlich auf die naturrechtliche Lehre vom besonderen Opfer[81]. Die Lehre vom besonderen Opfer[82] gab jedoch nie eine Antwort auf die Frage nach der Haftung des Staates (Landesherrn) für den durch seinen Beamten (Staats-

---

[77] Mit der Annahme einer persönlichen Haftung des Beamten für sein amtspflichtwidriges hoheitliches und fiskalisches Handeln folgt *Otto Mayer* der einhelligen Lehre und Rechtsprechung des neunzehnten Jahrhunderts, oben § 1. *Otto Mayer*, Deutsches Verwaltungsrecht, Band I, 1. Aufl., 1895, § 17, S. 226 ff.; 2. Aufl., 1914, § 18, S. 189 ff.

[78] Oben § 2 II 3.

[79] 2. Aufl., S. 544 Anm. 37.

[80] Dazu unten § 14, 4.

[81] Oben zu Anm. 11 ff.; vor allem 2. Aufl., S. 525 ff. mit Anm. 17 ff. Das französische Verwaltungsrecht scheint *Otto Mayer* insoweit nicht beeinflußt zu haben. *Otto Mayer*, Theorie des französischen Verwaltungsrechts, 1886, § 52, S. 345 ff.; der Begriff des besonderen Opfers kommt hier nicht vor.

[82] Historische Darstellung der Lehre vom besonderen Opfer bei *Stödter*, Öffentlichrechtliche Entschädigung, § 8, S. 78 ff.

diener) einem Dritten rechtswidrig zugefügten Schaden. Freilich waren die Grenzen zwischen rechtmäßigem und rechtswidrigem hoheitlichem Handeln nicht immer scharf gezogen und so mag es sein, daß gewisse Eingriffe des Staates (des Landesherrn) in die vermögenswerten Rechte der Untertanen als besondere Opfer der Entschädigungspflicht des Staates unterstellt wurden, ohne daß man im einzelnen danach gefragt hätte, ob der hoheitliche Eingriff rechtmäßig oder rechtswidrig war[83] Das ganze neunzehnte Jahrhundert — und das ist entscheidend — hat jedoch die Frage nach der Entschädigung für rechtmäßige Eingriffe von der Frage nach der Haftung des Staates für den durch seinen Beamten einem Dritten rechtswidrig zugefügten Schaden scharf geschieden. Das geht aus der oben gegebenen Darstellung des Rechts der Staatshaftung in jenem Jahrhundert eindeutig hervor[84]. Der Begriff des entschädigungspflichtigen besonderen Opfers war auf rechtmäßige Eingriffe beschränkt und hatte nie den zweifachen (rechtmäßige und rechtswidrige Eingriffe umfassenden) Inhalt, den er bei *Otto Mayer* hat; diesen Inhalt hat ihm erst *Otto Mayer* gegeben. Nur bei *von Sarwey*[85], *F. F. Mayer*[86] und *Roesler*[87] klingt eine ähnliche doppeldeutige Verwendung des Begriffs des besonderen Opfers an, und einige vereinzelt gebliebene Autoren sprachen sich dafür aus, § 75 EinlALR auf rechtswidrige Eingriffe analog anzuwenden[88].

Daraus folgt: Indem *Otto Mayer* jeden rechtswidrigen Eingriff in ein vermögenswertes Recht als besonderes Opfer ansieht, gibt er dem überkommenen Begriff des besonderen Opfers einen bis dahin (so gut wie) unbekannten zweifachen Inhalt und überträgt damit die Lehre vom besonderen Opfer auf rechtswidrige Eingriffe. Hier wird die Bedeutung, die dem Begriff des besonderen Opfers im System der öffentlichrechtlichen Entschädigung zukommt, vollends deutlich: *Otto Mayer* sieht die hoheitliche Verursachung eines besonderen Opfers als Tatbestand der öffentlichrechtlichen Entschädigung an, gibt dem Begriff des besonderen Opfers einen zweifachen Inhalt und überträgt damit die Grundsätze der Entschädigung für rechtmäßige auf rechtswidrige Eingriffe. Damit

---

[83] *Stödter*, Öffentlichrechtliche Entschädigung, S. 61 ff.

[84] Insbesondere aus den Schriften von *Pfeiffer, H. A. Zachariä, Loening* u. a. Wenn heute häufig behauptet wird, die Ausdehnung der Aufopferung auf rechtswidrige Eingriffe stelle nur eine Rückkehr zum alten Begriffsumfang dar, der nur vorübergehend (!) verengt worden sei, so wird gerade von der Rechtstradition völlig abgesehen, abzulehnen daher *Janssen*, Anspruch auf Entschädigung, S. 119.

[85] Das öffentliche Recht und die Verwaltungsrechtspflege, 1880, S. 373 ff.

[86] Grundsätze des Verwaltungsrechts, 1862, S. 433 ff.

[87] Lehrbuch des deutschen Verwaltungsrechts, Band I, 1872, S. 477 f.

[88] *Perthes*, Der Staatsdienst in Preußen, 1838, S. 137 f. und ihm folgend *Bergius*, Preußen in staatsrechtlicher Beziehung, 1843, S. 298 ff., oben Anm. 76 und § 2 in und zu Anm. 40—42.

begründet er einerseits eine Staatshaftung und andererseits die scheinbare Einheit eines rechtmäßige und rechtswidrige Eingriffe umfassenden Systems einer öffentlichrechtlichen Entschädigung.

Beruht die im System der öffentlichrechtlichen Entschädigung enthaltene Staatshaftung danach auf einer Übertragung der Lehre vom besonderen Opfer auf rechtswidrige Eingriffe, so folgt daraus, daß die Staatshaftung vom Aufopferungs- und Enteignungsrecht her geprägt wird. Das zeigt sich nicht nur an den tatbestandlichen Voraussetzungen (Verursachung eines besonderen Opfers, Eingriff in ein vermögenswertes Recht) und dem Umfang (Ersatz des gemeinen Werts) der Staatshaftung, sondern auch daran, daß die Staatshaftung entsprechend der Entschädigung aus Aufopferung und Enteignung öffentlichrechtlicher Natur ist. Der „geistige Zusammenhang" zwischen Staatshaftung und Entschädigung aus Aufopferung und Enteignung bedingt ferner, daß die Staatshaftung von der Haftung des Beamten gänzlich unabhängig ist; vor allem aber entsteht daraus der Widerspruch zwischen Staatshaftung und Beamtenhaftung. *Otto Mayers* schroffe Ablehnung der Amtshaftung[89] beruht danach nicht auf einer echten Auseinandersetzung mit dieser Form der Haftung des Staates, sondern folgt zwangsläufig aus der Übertragung der Lehre vom besonderen Opfer auf rechtswidrige Eingriffe. Indem *Otto Mayer* die Lehre vom besonderen Opfer auf rechtswidrige Eingriffe überträgt, schafft er — bewußt oder unbewußt — eine ganz bestimmte Form der Haftung des Staates, die der Amtshaftung widerspricht: *eine Staatshaftung in den Formen des Aufopferungs- und Enteignungsrechts.*

III. Würdigung des Systems der öffentlichrechtlichen Entschädigung durch Lehre und Rechtsprechung

Das System der öffentlichrechtlichen Entschädigung *Otto Mayers* ist fast einhellig abgelehnt worden[90]. Die Ablehnung wurde vorwiegend damit begründet, daß eine umfassende Entschädigung für die Verursachung besonderer Opfer im geltenden Recht keine Grundlage finde und

[89] Oben zu Anm. 53 ff. Gegenüber der Amtshaftung rügt *Otto Mayer:* „. . . und mit der Enteignungsentschädigung fehlt hier jeder geistige Zusammenhang, den wir hier doch immer aufrechterhalten haben", 2. Aufl., S. 545 in Anm. 37.

[90] Ablehnend *Anschütz,* VA 5 (1897), 1 ff., insbes. 47 ff., 61 f.; darauf entgegnend *Otto Mayer,* 2. Aufl., S. 524 Anm. 14, 525 ff., insbes. Anm. 17 und 19. Ferner ablehnend: *Meyer,* Lehrbuch des deutschen Staatsrechts, 5. Aufl., 1899, S. 478 Anm. 12; *Molitor,* AöR 20 (1906), 265 ff.; *von Stengel,* Hirths Annalen, 1901, 503; *von Gierke,* Verhandlungen des 28. deutschen Juristentages, Band I, 1905, S. 107; *Dreyer,* VA 20 (1912), 189 ff.; *Hatscheck-Kurtzig,* Verwaltungs-

die von *Otto Mayer* herangezogenen Rechtsgrundlagen nicht anerkannt werden könnten[91]. Die meisten Autoren beschäftigten sich jedoch nur mit der Frage, ob eine umfassende Entschädigung für rechtmäßige Eingriffe anzuerkennen sei[92], wohingegen die Entschädigung für rechtswidrige Eingriffe kaum erörtert wurde[93]. Insbesondere wurde die doppeldeutige Verwendung des Sonderopferbegriffs und die darauf beruhende Gleichstellung rechtmäßiger und rechtswidriger Eingriffe nicht näher beachtet. Nur *Stödter* hat gegenüber *Otto Mayer* eingewandt, öffentlichrechtliche Entschädigung für rechtmäßige Eingriffe und Staatshaftung seien selbständige Formen staatlicher Ersatzverbindlichkeit, ihre Gleichstellung stimme weder mit der geschichtlichen Entwicklung noch mit dem geltenden Recht überein, woraus man entnehmen könne, „wohin es führen muß, wenn man das ethische Postulat der Billigkeit als Rechtsgrundlage der staatlichen Ersatzpflicht ansieht"[94]. Die Kritik *Stödters* — wie auch anderer Autoren — ist aber unbefriedigend, weil sie sich darauf beschränkt, auf die ungenügenden Rechtsgrundlagen hinzuweisen. Die Kritiker haben demgegenüber nie versucht, die in dem System der öffentlichrechtlichen Entschädigung *Otto Mayers* enthaltene Staatshaftung herauszuarbeiten und sie der anderen Form der Haftung des Staates — der Amtshaftung — gegenüberzustellen. Demzufolge wurde auch weder der Widerspruch zwischen Staatshaftung (öffentlichrechtliche Entschädigung für rechtswidrige Eingriffe) und Amtshaftung, noch der

---

recht, S. 282; *Fleiner*, Institutionen, S. 302; *Katzenstein*, Entschädigungspflicht des Staates, S. 21 ff.; *Tschaksch*, Die öffentlichrechtliche Entschädigung, S. 34 f.; *Fahrenkrug*, Die Entschädigung für rechtswidrig schuldlose Verwaltungsakte, S. 33 f.; *Stödter*, Die öffentlichrechtliche Entschädigung, S. 84 ff., insbes. 88 ff. mit weiteren umfassenden Nachweisen auf S. 87; ablehnend ferner RGZ 108, 253. Zustimmend: *Perlmann*, GrünhutsZ 34 (1914), 111 ff., 115; zustimmend de lege ferenda: *Dock*, AöR 16 (1901), 256 f.; nicht ganz eindeutig: *Schelcher*, FischersZ 52 (1921), 1 ff., insbes. 39 ff., 118 ff., 145 ff.; *Schelcher* glaubt (aaO., S. 43 f.), wenn sich das Bestehen einer allgemeinen Entschädigungspflicht für rechtmäßige hoheitliche Eingriffe erweisen lasse, dann müsse die Lehre *Otto Mayers* „umso mehr" für rechtswidrige Eingriffe gelten; *ders.*, FischersZ 60 (1927), 143; *ders.*, in: Nipperdey, Grundrechte und Grundpflichten der Reichsverfassung, Bd. III, S. 205. Unklar *Coester*, JöR 5 (1911), 298 ff.

[91] „Das ethische Postulat der Billigkeit kann als Moralgebot Instituten des positiven Rechts nicht zur Begründung dienen. Die Entschädigungspflicht des Staates aus dem Billigkeitsprinzip herleiten, heißt auf eine Beantwortung von Rechtsfragen nach Grundsätzen des positiven Rechts verzichten", *Stödter*, Öffentlichrechtliche Entschädigung, S. 88.

[92] Von den in Anm. 71 genannten Autoren hauptsächlich *Anschütz, von Stengel, Molitor, Dreyer, Fleiner, Hatschek-Kurtzig, Schelcher.*

[93] *Tschacksch, Katzenstein* und *Fahrenkrug* untersuchen aaO. (Anm. 90), ob sich das von ihnen behandelte Problem der Entschädigung für schuldlosrechtswidrige Eingriffe mit Hilfe der Lehre *Otto Mayers* lösen lasse, verneinen diese Frage jedoch.

[94] *Stödter*, Öffentlichrechtliche Entschädigung, S. 89.

Widerspruch zwischen Staatshaftung und Beamtenhaftung bei *Otto Mayer* jemals bemerkt oder gar kritisiert[95].

Das System der öffentlichrechtlichen Entschädigung *Otto Mayers* wurde später nicht mehr beachtet. Lehre und Rechtsprechung der Weimarer Zeit gingen — wie in § 7 darzulegen sein wird — fast einhellig von der Zweiteilung eines Systems staatlicher Ersatzleistungen in Entschädigung für rechtmäßige — Art. 153 WRV — und für rechtswidrig-schuldhafte Eingriffe — Art. 131 WRV — aus. Auch neuerdings, nachdem der Begriff des entschädigungspflichtigen besonderen Opfers wieder grundlegende Bedeutung gewonnen hat, wird das System der öffentlichrechtlichen Entschädigung *Otto Mayers* nur noch selten[96] erwähnt, obgleich eine enge innere Verwandtschaft zu demselben, ja sogar die — bewußte oder unbewußte — Übernahme seines wesentlichsten Inhalts nicht zu leugnen ist.

§ 6: Ergebnis zum Zweiten Kapitel

Das System der öffentlichrechtlichen Entschädigung *Otto Mayers* zerfällt in zwei Teile: Die Entschädigung für rechtmäßige und die Entschädigung für rechtswidrige Eingriffe. Die scheinbare Einheit des Systems wird durch eine doppeldeutige Verwendung des Begriffs des besonderen Opfers ermöglicht. Dieser wird einmal definiert als die über eine allgemeine Belastung aller hinausgehende Belastung eines einzelnen und zum anderen als die rechtswidrige Schädigung. Die Rechtmäßigkeit oder Rechtswidrigkeit hoheitlichen Handelns ist daher nicht gleichgültig, sondern vielmehr entscheidend, da sich das Vorliegen eines besonderen Opfers bei rechtmäßigen und rechtswidrigen Eingriffen verschieden bestimmt.

Zwischen öffentlichrechtlicher Entschädigung für rechtswidrige Eingriffe und Haftung des Staates für den durch seinen Beamten einem Dritten rechtswidrig zugefügten Schaden besteht kein sachlicher Unterschied. Das System der öffentlichrechtlichen Entschädigung enthält da-

---

[95] Das wird eigentlich nur bei *Dock* AöR 16 (1901), 256 f. kurz angedeutet, der *Otto Mayer* de lege ferenda zustimmmt, de lege lata aber darauf hinweist, daß „die durch das Bürgerliche Gesetzbuch selbst vorgenommene, teils durch dasselbe veranlaßte Normierung (sc. der Amtshaftung) . . . aber in einer anderen Richtung erfolgt" ist. — Hätte man die im System *Otto Mayers* enthaltene Staatshaftung der geltenden Amtshaftung gegenübergestellt, so hätte man genau sagen können, weshalb die Lehre *Otto Mayers* von der öffentlichrechtlichen Entschädigung insoweit mit dem damals geltenden Recht unvereinbar war.

[96] *Schack*, Verhandlungen des 41. deutschen Juristentages, Band I, 1. Halbband, S. 18 ff. u. ö.; *Wilke*, Die Haftung des Staates, S. 27 ff., 29; *Jaenicke*, VVDStRL 20 (1962), 143; *Wagner*, Festschrift Jahrreiss, S. 451.

her, soweit es eine Entschädigung für rechtswidrige Eingriffe beinhaltet, eine Staatshaftung. Diese Staatshaftung widerspricht der Amtshaftung, die folgerichtig abgelehnt wird.

Die von *Otto Mayer* vertretene Staatshaftung unterscheidet sich von der im zweiten Drittel des neunzehnten Jahrhunderts vertretenen Staatshaftung allein dadurch, daß Tatbestand und Inhalt der Staatshaftung nicht aus der Beamtenhaftung, sondern aus dem Aufopferungs- und Enteignungsrecht entnommen werden.

Da die Staatshaftung auf der Übertragung der Lehre vom besonderen Opfer auf rechtswidrige Eingriffe beruht, wird dieselbe inhaltlich vom Aufopferungs- und Enteignungsrecht her geprägt.

Drittes Kapitel

Entschädigung aus enteignungsgleichem Eingriff

Rechtsprechung und Lehre lehnten — wie soeben dargelegt — das System der öffentlichrechtlichen Entschädigung *Otto Mayers*, und damit die Entschädigung für rechtswidrige Eingriffe, fast einhellig ab. Die Amtshaftung des Art. 131 WRV war nach allgemeiner Ansicht die in Reich und Ländern allein und einheitlich geltende Form der Haftung des Staates für den durch seinen Beamten einem Dritten rechtswidrig zugefügten Schaden. Dennoch trat die Entschädigung für rechtswidrige Eingriffe sehr bald neben die Amtshaftung. Zunächst noch beschränkt auf die der Amtshaftung nicht unterfallenden rechtswidrig-schuldlosen Eingriffe in vermögenswerte Rechte, wurde die Entschädigung für rechtswidrige Eingriffe nach und nach auf rechtswidrig-schuldhafte Eingriffe ausgedehnt. Nach einer über dreißigjährigen höchstrichterlichen Rechtsprechung, die von RGZ 140, 276 (1933) über BGHZ 6, 270 (1952) bis hin zu BGHZ 32, 208 (1960) rasch und unaufhaltsam fortgeschritten ist, steht die Entschädigung für rechtswidrige Eingriffe — oder damit gleichbedeutend: die Entschädigung aus enteignungsgleichem Eingriff — heute als eine selbständige und festumrissene Rechtsfigur neben der Amtshaftung. Die Lehre ist der höchstrichterlichen Rechtsprechung zwar nicht vorangegangen, aber doch überwiegend gefolgt und erkennt die Entschädigung für rechtswidrige Eingriffe fast einhellig an.

Bevor in einem Vierten Kapitel auf das Verhältnis von Amtshaftung und Entschädigung für rechtswidrige Eingriffe eingegangen werden kann, ist im folgenden zu untersuchen, ob die Entschädigung für rechtswidrige Eingriffe im geltenden Recht eine Grundlage findet.

Entsprechend der historischen Entwicklung ist in § 7 die Entschädigung für rechtswidrig-schuldlose Eingriffe und in § 8 die Entschädigung aus enteignungsgleichem Eingriff zu behandeln. Daran anschließend sind in § 9 die mit der Entschädigung für rechtswidrige Eingriffe verwandten Ansprüche auf Folgenbeseitigung und Wiedergutmachung zu untersuchen. Am Schluß des Kapitels wird in § 10 auf den dem einzelnen aus der rechtswidrigen Beeinträchtigung seiner Rechte erwachsenden Anspruch auf Beseitigung einzugehen sein.

§ 7: Entschädigung für rechtswidrig-schuldlose Eingriffe

I. System staatlicher Ersatzleistungen

1. Rechtsentwicklung seit der Jahrhundertwende

Die Rechtsentwicklung seit der Jahrhundertwende führte entgegen der Lehre *Otto Mayers* nicht zu einem einheitlichen, alle rechtmäßigen und rechtswidrigen hoheitlichen Eingriffe umfassenden Institut der öffentlichrechtlichen Entschädigung, sondern zur Ausbildung zweier nebeneinander stehender Institute staatlicher Ersatzleistungen: der Enteignung und der Amtshaftung. Diese Entwicklung fand in der Weimarer Reichsverfassung ihren Niederschlag, welche in ihren Abschnitt über Grundrechte und Grundpflichten der Deutschen die Enteignung (Art. 153 WRV) und die Amtshaftung (Art. 131 WRV) nebeneinander aufnahm.

Die im neunzehnten Jahrhundert umstrittene Frage nach der Haftung des Staates für den durch seinen Beamten einem Dritten rechtswidrig zugefügten Schaden wurde auf dem achtundzwanzigsten Juristentag im Jahre 1905 — wie oben dargelegt — letztmals erörtert. Der Juristentag folgte dem Vorschlag *Otto von Gierkes* und sprach sich dafür aus, die für das fiskalische Handeln des Staates geltenden Vorschriften der §§ 31, 89 BGB auf dessen hoheitliches Handeln auszudehnen. Der Gesetzgeber folgte dem jedoch nicht, sondern führte statt der damit geforderten Staatshaftung die Amtshaftung ein. Mit der Aufnahme der Amtshaftung in Art. 131 WRV schien die Frage nach der Haftung des Staates endgültig beantwortet zu sein; sie wurde seitdem von Lehre und Rechtsprechung nicht mehr aufgegriffen.

Die im neunzehnten Jahrhundert genauso umstrittene Frage nach der Entschädigung für rechtmäßige Eingriffe in vermögenswerte Rechte[1] schien durch die Rechtsprechung des Reichsgerichts ebenfalls endgültig beantwortet zu sein. Das Reichsgericht gab das in der zweiten Hälfte des neunzehnten Jahrhunderts entstandene Institut der Expropriation[2] auf, erweiterte den verfassungsrechtlichen Eigentums- und Enteignungsbe-

---

[1] Die im neunzehnten Jahrhundert hierüber geführten Auseinandersetzungen erreichten ihren Höhepunkt in der Auseinandersetzung zwischen *Anschütz*, VA 5 (1897), 1 ff. und *Otto Mayer*, Deutsches Verwaltungsrecht, Band II, 2. Aufl., S. 524 ff. mit Anm. 14 ff.

[2] Zum Institut der Expropriation und dem mit ihm verbundenen engen Eigentumsbegriff (nur Grundstücke und dingliche Rechte) und Enteignungsbegriff (nur Entzug oder dingliche Belastung von Grundstücken oder dinglichen Rechten durch Verwaltungsakt auf gesetzlicher Grundlage zugunsten eines öffentlichen Unternehmens), statt aller: *Meyer*, Das Recht der Expropriation, 1868; *Grünhut*, Das Enteignungsrecht, 1873; *Schelcher*, Die Rechtswirkungen der Enteignung, 1893; *Layer*, Principien des Enteignungsrechtes, 1902; *Otto Mayer*, Deutsches Verwaltungsrecht, Band II, 1. Aufl., 1895, 2. Aufl., 1917, 3. Aufl., 1924, je §§ 33, 34. Dazu ferner die Enteignungsgesetze des neunzehnten Jahrhunderts, deren Begriffsbildung für die am positiven Recht ausge-

griff und sah zuletzt jeden rechtmäßigen Eingriff in vermögenswerte Rechte, der über eine Bestimmung von Inhalt und Schranken derselben hinausging, als Enteignung an[3]. Nach der Rechtsprechung des Reichsgerichts enthielt Art. 153 Abs. 2 WRV zusammen mit § 75 EinlALR[4] eine erschöpfende Regelung der Entschädigung für rechtmäßige Eingriffe in vermögenswerte Rechte.

2. *Lücke im System staatlicher Ersatzleistungen*

Die Weimarer Lehre erblickte in Art. 153 und Art. 131 WRV ein umfassendes System staatlicher Ersatzleistungen für rechtmäßige und rechtswidrige Eingriffe[5]. „Das geltende Verfassungsrecht", sagt *Stödter*, „regelt den Schadensausgleich für hoheitliche Eingriffe in Rechte Privater in Art. 131 und 153 WRV. Art. 131 enthält Staatshaftungsrecht, Art. 153 normiert den Aufopferungsanspruch. Auf diesen beiden Bestimmungen beruht das ganze System der staatlichen Verantwortlichkeit für die Ausübung öffentlicher Gewalt"[6]. Die Zusammenfassung von

richtete Wissenschaft vorbildlich war, so vor allem das bayrische Gesetz über die Zwangsabtretung von Grundstücken für öffentliche Zwecke vom 17. 11. 1837 (GVBl 109), das preußische Gestz über die Enteignung von Grundeigentum vom 11. 6. 1874 (GS 221), das württembergische Gesetz betreffend die Zwangsenteignung von Grundstücken und von Rechten an Grundstücken vom 20. 12. 1888 (RegBl 446).

[3] Die Erweiterung des Eigentums- und Enteignungsbegriffs, die mit *Martin Wolff*, Reichsverfassung und Eigentum, Festgabe für Kahl, 1923, begann, und von der Rechtsprechung des Reichsgerichts rasch fortgeführt und vollendet wurde, ist oft dargestellt worden, so vor allem von *Stödter*, Öffentlichrechtliche Entschädigung, § 9, S. 91 ff., § 10, S. 112 ff.; *Schelcher*, FischersZ 60 (1927), 137 ff.; *ders.*, in: Nipperdey, Grundrechte und Grundpflichten der Reichsverfassung, Band III, S. 196 ff.; *Anschütz*, Kommentar zur WRV, Art. 153, Anm. 2, 6 ff.; *Weber*, GR II, S. 338 ff.; *Scheuner*, in: Reinhardt-Scheuner, Verfassungsschutz des Eigentums, S. 80 ff., 87 ff.; *Forsthoff*, Verwaltungsrecht I, S. 289 ff. mit Nachweisen. Der Erweiterung des Eigentums- und Enteignungsbegriffs ist aber auch heftig widersprochen worden, so von *Carl Schmitt*, JW 29, 495 ff.; *Hofacker*, Grundrechte und Grundpflichten der Deutschen, S. 35 ff.

[4] Das Reichsgericht gab in Übereinstimmung mit der überwiegenden Lehre (Nachweise bei *Fahrenkrug*, Die Entschädigung für rechtswidrig schuldlose Verwaltungsakte, S. 61) die Aufopferung der §§ 74, 75 EinlALR neben der Enteignung des Art. 153 Abs. 2 WRV nicht auf, RGZ 112, 95 (98); 118, 22 (26); 126, 93 (96); 129, 146 (150); 133, 124 (126); 139, 285 (288); 137, 163 (167), vor allem aber 156, 305 (309 f.). Dagegen schon in der Weimarer Lehre *Furler*, VA 33 (1928), 402 ff.; *Stödter*, Öffentlichrechtliche Entschädigung, S. 237 ff.; *Katzenstein*, Entschädigungspflicht des Staates, S. 84 f., letztere mit umfassenden Nachweisen. Das Verhältnis von Enteignung und Aufopferung kann in dieser Arbeit dahinstehen, dazu unten § 8 III 3 mit weiteren Nachweisen zu dieser Frage.

[5] So vor allem *Stödter*, Öffentlichrechtliche Entschädigung, S. 44 ff.; *Katzenstein*, Entschädigungspflicht des Staates, § 2, S. 10 ff.; *Fahrenkrug*, Die Entschädigung für rechtswidrig schuldlose Verwaltungsakte, insbes. S. 12, 26 f., 28 f.

[6] Öffentlichrechtliche Entschädigung, S. 45.

Enteignung und Amtshaftung zu einem angeblich beide Institute umfassenden System staatlicher Ersatzleistungen war jedoch nichtssagend und wurde auch nirgendwo tiefer begründet. Die Annahme eines derartigen Systems war vielmehr eher dazu angetan, zu falschen Folgerungen zu verleiten.

So glaubte die Weimarer Lehre alsbald, in diesem System staatlicher Ersatzleistungen eine Lücke entdeckt zu haben. Regelte Art. 153 WRV die Entschädigung für rechtmäßige Eingriffe und Art. 131 WRV die Haftung für rechtswidrig-schuldhafte Eingriffe, so schien zwischen Art. 153 WRV und Art. 131 WRV — zwischen Enteignung und Amtshaftung — eine Lücke zu klaffen: Eine staatliche Ersatzleistung für rechtswidrig-schuldlose Eingriffe war in diesem System nicht vorgesehen. Damit war das Problem der Entschädigung für rechtswidrig-schuldlose Eingriffe entstanden[7]. Das angebliche System staatlicher Ersatzleistungen gliederte sich von nun an dreifach in Entschädigung aus Enteignung, Entschädigung für rechtswidrig-schuldlose Eingriffe und Schadensersatz aus Amtshaftung. Dabei stellten Enteignung und Amtshaftung die beiden festgefügten und verfassungsrechtlich verankerten Eckpfeiler dieses Systems dar, wohingegen das „mittlere Gebiet zwischen schuldhafter Amtspflichtverletzung und rechtmäßigem Eingriff"[8] umstritten blieb, da der „rechtswidrige, aber schuldlose Eingriff der öffentlichen Gewalt in Privatrechte . . . im Reichsrecht allgemein nicht geregelt"[9] war.

Die Zusammenfassung von Enteignung und Amtshaftung zu einem System staatlicher Ersatzleistungen, die Gegenüberstellung von Entschädigung für rechtmäßige Eingriffe und Schadensersatz für rechtswidrig-schuldhafte Eingriffe, und das daraus scheinbar so zwangsläufig

[7] Mit dem Problem, wie die im System der staatlichen Ersatzleistungen bestehende Lücke der rechtswidrig-schuldlosen Eingriffe auszufüllen ist, haben sich in der Weimarer Lehre beschäftigt: a) eine Entschädigung *bejahend: Furler*, VA 33 (1928), 406 ff.; *Tschaksch*, Die öffentlichrechtliche Entschädigung, insbes. § 10, S. 40 ff.; *Katzenstein*, Entschädigungspflicht des Staates, insbes. § 12, S. 80 ff.; *W. Jellinek*, Verwaltungsrecht, S. 328 ff.; *Giese*, Der öffentlichrechtliche Aufopferungsanspruch, S. 18 ff.; *Schack*, VA 40 (1935), 426 ff.; *ders.*, VA 44 (1939), 97 ff.; *Fahrenkrug*, Die Entschädigung für rechtswidrig schuldlose Verwaltungsakte, insbes. § 7, S. 33 ff.; ferner *Reiß*, JurRdsch 31, 218 ff.; *Bank*, RPrVwBl 50 (1929), 65 ff.; *Cremer*, RPrVwBl 54 (1932), 946 ff.; *ders.*, RPrVwBl 56 (1935), 625 ff.; *Brandis*, DJZ 38 (1933), 558; *von Bohlen*, JW 33, 2251 ff.; b) eine Entschädigung *verneinend: Stödter*, Öffentlichrechtliche Entschädigung, § 5, S. 44 ff.; *ders.*, RPrVwBl 55 (1934), 518 ff.; c) allein *Wohlfahrt*, JurRdsch 35, 78 ff. ging über die Entschädigung für rechtswidrig-schuldlose Eingriffe hinaus und dehnte die Entschädigung für rechtswidrige Eingriffe auf rechtswidrig-schuldhafte Eingriffe aus. — Eine Reihe von Autoren hat das Problem der Entschädigung für rechtswidrig-schuldlose Eingriffe weder aufgegriffen noch beantwortet, so etwa: *Fleiner*, Institutionen, §§ 17, 18; *Hatschek-Kurtzig*, Verwaltungsrecht, §§ 34, 35; weitere Nachweise bei *Schack*, VA 40 (1935), 430 Anm. 13.

[8] *W. Jellinek*, Verwaltungsrecht, S. 328.

[9] *Katzenstein*, Entschädigungspflicht des Staates, S. 10.

sich ergebende Problem der „Entschädigungspflicht des Staates bei rechtswidrig-schuldloser Ausübung öffentlicher Gewalt“[10] beherrschte die Weimarer Lehre[11] und die Rechtsprechung des Reichsgerichts[12]. Aber auch die heutige Lehre hält noch fast ausnahmslos an der Dreiteilung eines Systems staatlicher Ersatzleistungen in Entschädigung aus Enteignung, Entschädigung für rechtswidrig-schuldlose Eingriffe und Schadensersatz aus Amtshaftung fest[13], und versucht auf immer neuen We-

---

[10] So der Titel der Abhandlung von Katzenstein.

[11] Oben in und zu Anm. 7.

[12] Dazu unten III.

[13] Das wird vor allem an den systematischen Darstellungen des Entschädigungsrechts in den Lehrbüchern des Verwaltungsrechts deutlich: *Forsthoff*, Verwaltungsrecht I, 1.—5. Aufl., § 16: „Die Staatshaftung“, § 17: „Die Entschädigung für rechtmäßige Eingriffe“, § 18: „Schuldlos rechtswidrige Eingriffe . . .“; ab der 6. Aufl. behandelt Forsthoff in § 17 („Enteignung und Aufopferung“) die Entschädigung für rechtmäßige und rechtswidrig-schuldlose Eingriffe zusammen, hält aber nach wie vor — vor allem gegenüber der Rechtsprechung des BGH — an der Vorstellung einer Lücke zwischen Enteignung und Amtshaftung fest, aaO., 8. Aufl., S. 312 ff.; *Wolff*, Verwaltungsrecht I, §§ 61, 62: Entschädigung für rechtmäßige Eingriffe, §§ 63—65: Haftung für schuldhaft-rechtswidrige Eingriffe; § 66: Haftung für schuldlos-rechtswidrige Eingriffe; *Turegg-Krauss*, Verwaltungsrecht, 10. Kapitel, Ziffer 2: „Ersatzleistungen für rechtmäßiges hoheitliches Handeln“, Ziffer 3: „Entschädigung für schuldlos rechtswidriges hoheitliches Handeln“, Ziffer 4: „Entschädigung für schuldhaft rechtswidriges hoheitliches Handeln“; ferner *Schack*, Verhandlungen des 41. deutschen Juristentages, Band I, 1. Halbbd., A I, S. 9 ff.: „Schädigungen infolge rechtmäßiger Betätigung der Staatsgewalt“, II, S. 14 ff.: „Schuldlos-rechtswidrige Eingriffe . . .“, III, S. 28 ff.: „Schuldhaft-rechtswidrige Schadenszufügungen“; *ders.*, JZ 56, 427 unter IV; *Bettermann*, GR III/2, S. 779 ff., Abschnitt III: „Die Amtshaftung“, Abschnitt IV: „Haftung für schuldlose Grundrechtsverletzungen“, Abschnitt V: „Rechtsschutz bei rechtmäßigen Grundrechtsverletzungen: Entschädigung für Enteignung und Aufopferung“, *Bettermann* sprengt diesen Aufbau jedoch, da er entgegen der Überschrift des IV. Abschnittes die Entschädigung für rechtswidrig-schuldlose Eingriffe auf rechtswidrig-schuldhafte Eingriffe ausdehnt, aaO., S. 856 unter II 2.

Diese Dreiteilung des Systems staatlicher Ersatzleistungen findet sich ferner bei: *Bachof*, Vornahmeklage, S. 117 ff., dazu auch unten in § 9; *Katzenstein*, MDR 52, 193 ff.; *Huber*, Wirtschaftsverwaltungsrecht, Band II, S. 34, 37 f.; *Barkhau*, Öffentlichrechtliche Entschädigung, S. 76 ff., 80 ff.; *Scheuner, in:* Reinhardt-Scheuner, Verfassungsschutz des Eigentums, S. 106; *ders.*, DÖV 55, 547; noch in JUS 61, 248 unter V 4 meint *Scheuner*, die Entschädigung aus enteignungsgleichem Eingriff schließe eine „Lücke“; *Geiger*, DRiZ 55, 207 unter III; *Kreft*, DÖV 55, 519; *Wilke*, Die Haftung des Staates, S. 17, Ziffer 1—3, passim; *Lerche*, JUS 61, 240 f. unter V; *Jaenicke*, VVDStRL 20 (1963), 156 ff.

Ferner folgende neuere Dissertationen, die sich alle um das Problem der Entschädigung für rechtswidrig-schuldlose Eingriffe bemühen: *Lührs*, Die Entschädigungspflicht des Staates; *Lange*, Die Entschädigung für schuldlos rechtswidrige Eingriffe, insbes. S. 13 ff.; *Krause*, Die öffentlichrechtliche Entschädigung bei schuldlos-rechtswidrigen Eingriffen des Staates, insbes. § 3, S. 16 ff.; *Orth*, Entschädigungsansprüche im Polizeirecht, S. 1 f., 4 ff.

Auch diejenigen Autoren, welche die Entschädigung für rechtswidrig-schuldlose Eingriffe ablehnen, erkennen doch die Fragestellung selbst an, *Dürig*, JZ 54, 5 mit Anm. 9; *ders.*, JZ 55, 524 unter 4; *Stödter*, DÖV 53, 139 ff.; *ders.*, Öffentlichrechtliche Entschädigung, § 5, S. 44 ff.

gen, die „Lücke zwischen den rechtmäßigen . . . und den schuldhaft-rechtswidrigen Eingriffen“[14] auszufüllen.

Erst die Rechtsprechung des Bundesgerichtshofs ist — wie in § 8 darzulegen sein wird — mit BGHZ 7, 296 und BGHZ 13, 88 über die Vorstellung einer im System staatlicher Ersatzleistungen zwischen Enteignung und Amtshaftung bestehenden Lücke, die es auszufüllen gelte, hinausgegangen. Die vom Bundesgerichtshof seit BGHZ 6, 270 geschaffene Rechtsfigur der Entschädigung aus enteignungsgleichem Eingriff umfaßt rechtswidrig-schuldlose und rechtswidrig-schuldhafte Eingriffe gleichermaßen.

Im folgenden sollen die Lösungen, die das Problem der Entschädigung für rechtswidrig-schuldlose Eingriffe in der Weimarer Lehre und später gefunden hat, erörtert (II, III) und daran anschließend die diesem Problem zugrundeliegende Fragestellung kritisch untersucht werden (IV)[15].

II. Begründung der Entschädigung für rechtswidrig-schuldlose Eingriffe

1. Begründung aus dem System staatlicher Ersatzleistungen

Die Entschädigung für rechtswidrig-schuldlose Eingriffe wird vielfach aus dem angeblichen System staatlicher Ersatzleistungen heraus zu begründen versucht.

So wird geltend gemacht, es könne nicht „dem Sinn der Rechtsordnung entsprechen, Schäden aus schuldhaft rechtswidrigen und aus rechtmäßigen Eingriffen zu entschädigen, dagegen aus schuldlos rechtswidrigen Handlungen nicht“[16], ja es sei geradezu „widersinnig . . ., wenn der durch schuldlos rechtswidrigen Eingriff zu Schaden Gekommene leer ausgehen soll, während der durch rechtmäßigen Eingriff Geschädigte Ersatz beanspruchen darf“[17]; es sei „unabweisbar“, daß dies nicht rechtens sein könne[18]. Der durch einen rechtswidrig-schuldlosen Eingriff

---

[14] *Wolff,* Verwaltungsrecht I, § 66 II, S. 387.

[15] Manche der Begründungen, die zur Anerkennung oder Ablehnung der Entschädigung für rechtswidrig-schuldlose Eingriffe geführt haben, kehren später bei der Entschädigung aus enteignungsgleichem Eingriff wieder. Soweit die Begründungen unmittelbar aus der Fragestellung nach der Entschädigung für rechtswidrig-schuldlose Eingriffe hervorgehen, sollen sie im vorliegenden § 7, im übrigen aber erst im folgenden § 8 abgehandelt werden.

[16] *Peters,* Verwaltungsrecht, S. 180; ebenso: *Forsthoff,* Verwaltungsrecht I, 1. Aufl., § 18 a, S. 255, und ebenso bis zur 6. Aufl.; *Wolff,* Verwaltungsrecht I, § 66 II, S. 387.

[17] *Forsthoff,* Verwaltungsrecht I, 1. Aufl., S. 255.

[18] *Wohlfahrt,* JurRdsch 35, 79.

Geschädigte sei vielmehr „erst recht“[19] zu entschädigen, „denn der schuldlos rechtswidrige Eingriff (wiege) schwerer als der rechtmäßige“[20]. Die Folgerung: „Muß der Staat Entschädigung leisten, wenn er die Grenzen seines Dürfens innehält, so muß er es erst recht tun, wenn er sie überscheitet“ liege sehr nahe[21], und es bestehe „eine enge sachliche Zusammengehörigkeit zwischen rechtmäßigen und schuldlos rechtswidrigen (Eingriffen)“[22]. Im übrigen könne die Entschädigungspflicht des Staates „durch die Rechtswidrigkeit des Eingriffs nicht beseitigt oder vermindert, sondern nur verstärkt werden“. Der „Analogieschluß in Gestalt des argumentum a minore ad maius“ sei hier zwingend[23]. Ferner wird behauptet, angesichts der staatlichen Ersatzleistungen bei Enteignung und Amtshaftung sei es ein „unhaltbares Ergebnis“[24], „unbefriedigend“[25], „höchst auffällig und kaum zu erklären“[26], „nicht verständlich“[27], „nicht einzusehen“[28], ja, „es würde zu einem widersinnigen Ergebnis führen“[29], wenn nicht auch rechtswidrig-schuldlose Eingriffe entschädigt würden[30].

Alle diese Begründungen der Entschädigung für rechtswidrig-schuldlose Eingriffe sind wenig eindrucksvoll[31] und enthalten nicht mehr als einen vagen Billigkeitsgedanken, der sich vielleicht auf ein „gesundes . . . und wohl allgemeines rechtliches Empfinden“[32] gründen mag, der aber zur Auslegung des geltenden Rechts nichts beitragen kann. Auch können alle diese scheinbar so folgerichtigen Begründungen mühelos ad

---

[19] *Wohlfahrt*, JurRdsch 35, 79; auch BGHZ 7, 296 (297 f.) und BGHZ 13, 88 (92), wo das Argument des „erst-recht“ für die Ausdehnung der Entschädigung für rechtswidrige Eingriffe auf rechtswidrig-schuldhafte Eingriffe verwandt wird. Diese Art der Argumentation ist von *Forsthoff*, Verwaltungsrecht I, S. 312 abwertend als „Erst-recht-Logik“ bezeichnet worden; ablehnend auch *Dürig*, JZ 55, 523 unter 3, der den „erst-recht“-Schluß umgekehrt von der Amtshaftung her ziehen will, um damit zu einer Ablehnung der Entschädigung für rechtswidrig-schuldlose Eingriffe zu gelangen.

[20] *Giese*, Der öffentlichrechtliche Aufopferungsanspruch, S. 20.

[21] *Fahrenkrug*, Die Entschädigung für rechtswidrig schuldlose Verwaltungsakte, S. 42.

[22] *Lerche*, JUS 61, 240 unter V 1.

[23] *Bettermann*, GR III/2, S. 855 mit Anm. 434.

[24] *Wolff*, Verwaltungsrecht I, § 66 II, S. 387.

[25] *Janssen*, Der Anspruch auf Entschädigung, S. 118.

[26] *Fahrenkrug*, Die Entschädigung für rechtswidrig schuldlose Verwaltungsakte, S. 29.

[27] *Furler*, VA 33 (1928), 414.

[28] *Brandis*, DJZ 38 (1933), 557.

[29] RGZ 140, 276 (283); auch BGHZ 13, 88 (93).

[30] Ferner *Fischer*, Verhandlungen des 41. deutschen Juristentages, Band II, Teil C, S. 49 mit Anm. 38. — Die in Anm. 16—29 genannten Begründungen der Entschädigung für rechtswidrig-schuldlose Eingriffe finden sich bei den genannten und auch noch bei anderen Autoren oftmals nebeneinander; näher soll hierauf jedoch nicht eingegangen werden, unten Anm. 38.

[31] So *Scheuner*, JUS 61, 244 unter III zu RGZ 140, 276 (283), oben Anm. 29.

[32] *Fischer*, aaO. (Anm. 30), S. 49.

absurdum geführt werden. Dem argumentum a minore ad maius[33] — oder a maiore ad minus?[34] — aus Art. 153 WRV hat schon *Stödter*[35] ein argumentum e contrario aus Art. 131 WRV entgegengesetzt und *Walter Jellinek* hat gefragt, „welchen Sinn (es) hätte, daß Art. 131 WRV . . . die Amtshaftung nur bei schuldhafter Amtspflichtverletzung eintreten läßt, wenn darüber hinaus auch schuldlose Rechtswidrigkeit die Amtshaftung begründete“[36]. *Dürig* hat ferner darauf hingewiesen, daß „bei schuldhaft verursachten Eingriffen das ‚Mehr‘ des Eingriffs weitgehend zu einem ‚Weniger‘ des staatlichen Ausgleichs . . . (führe), als es nach dem angeblichen Obersatz vom entschädigungspflichtigen schuldlos-rechtswidrigen Eingriff der Fall wäre“ und hat deshalb die Entschädigung für rechtswidrig-schuldlose Eingriffe abgelehnt[37]. Demgegenüber hat *Janssen* wiederum „das Ergebnis einer solchen positivistischen Anschauungsweise (als) unbefriedigend“ angesehen[38].

Aus dieser bunten Vielfalt widersprüchlicher Begründungen geht deutlich hervor, daß aus dem angeblichen System staatlicher Ersatzleistungen eine Entschädigung für rechtswidrig-schuldlose Eingriffe weder begründet noch verworfen werden kann. Aus diesem angeblichen System läßt sich schlechterdings nicht entnehmen, ob und wie die vermeintliche Lücke zwischen Enteigung und Amtshaftung auszufüllen ist, wo hier der Sinn und wo der Widersinn liegt, was hier „unabweisbar“ rechtens und was „nicht einzusehen“ ist, endlich: was hier „erst recht“ zu gelten hat und was nicht. Vielmehr drängt sich schon hier die Frage auf, was eigentlich die Zusammenfassung von Enteignung und Amtshaftung zu einem angeblichen System staatlicher Ersatzleistungen bedeuten soll, und ob die daraus anscheinend so notwendig sich ergebende Fragestellung nach der Entschädigung für rechtswidrig-schuldlose Eingriffe überhaupt sinnvoll ist.

---

[33] *Bettermann*, GR III/2, S. 855 mit Anm. 434.

[34] *Larenz*, Methodenlehre der Rechtswissenschaft, S. 294 f., stellt die von der Rechtsprechung vertretene Entschädigung für rechtswidrig-schuldlose Eingriffe und deren Begründung als ein methodisches Musterbeispiel eines argumentum a maiore ad minus dar! Was *Larenz* als maius ansieht, sieht *Bettermann* (Anm. 33) als minus an und umgekehrt! Hier wird überdeutlich, auf welch unsicherem und schwankendem Boden die Begründungen der Entschädigung für rechtswidrig-schuldlose Eingriffe aus dem angeblichen System staatlicher Ersatzleistungen stehen.

[35] Öffentlichrechtliche Entschädigung, S. 46.

[36] Verwaltungsrecht, S. 328 f.

[37] JZ 55, 524 unter 4 c aa.

[38] Der Anspruch auf Entschädigung, S. 118, allerdings nicht gegenüber *Dürig*, sondern gegenüber *Stödter*, Öffentlichrechtliche Entschädigung, S. 44 ff. — Die Reihe derartiger Begründungen und Ablehnungen der Entschädigung für rechtswidrig-schuldlose Eingriffe könnte noch weiter fortgesetzt werden. Das kann jedoch unterbleiben, da es zu nichts führen würde.

2. *Begründung aus dem Rechtsstaatsprinzip*

Furler[39] und *Tschaksch*[40] versuchen, die Entschädigung für rechtswidrig-schuldlose Eingriffe aus dem Rechtsstaatsprinzip, insbesondere aus dem Grundsatz der Gesetzmäßigkeit der Verwaltung, zu begründen. Obwohl diese Versuche schon von der Weimarer Lehre überzeugend widerlegt worden sind[41], wird das Rechtsstaatsprinzip auch heute noch zur Begründung der Entschädigung für rechtswidrige Eingriffe mit herangezogen[42].

Der Grundsatz der Gesetzmäßigkeit der Verwaltung besagt allein, daß hoheitliche Eingriffe in Freiheit und Eigentum nur auf gesetzlicher Grundlage erfolgen dürfen[43]. Welche Folgen eine Nichtbeachtung dieses Grundsatzes durch die Verwaltung nach sich zieht, kann aus dem Gesetzmäßigkeitsgrundsatz selbst jedoch nicht entnommen werden. Die Rechtsordnung kann die Folgen rechtswidrigen hoheitlichen Handelns sehr verschieden ausgestalten. Sie kann dem einzelnen entweder nur einen Anspruch auf Beseitigung rechtswidriger Beeinträchtigungen geben oder ihm darüber hinaus einen Anspruch auf angemessene Entschädigung oder auf Schadensersatz gewähren. Aus dem Grundsatz der Gesetzmäßigkeit der Verwaltung kann aber nicht entnommen werden, ob der einzelne gegen einen rechtswidrig-schuldlosen Verwaltungsakt[44] nur einen Anspruch auf dessen Aufhebung hat oder darüber hinaus noch einen Anspruch auf angemessene Entschädigung oder Schadensersatz, falls durch die Rücknahme oder verwaltungsgerichtliche Aufhebung des rechtswidrigen Verwaltungsakts nicht alle die durch diesen verursachten Schäden beseitigt worden sind. „Denn das Gesetzmäßigkeitsprinzip verwehrt zwar der Verwaltung ein gesetzwidriges Handeln; es besagt aber, mindestens unmittelbar, nichts darüber, was im Falle einer dennoch er-

---

[39] VA 33 (1928), 406 ff., insbes. 413 f. Tatbestand und Inhalt des Anspruchs auf Entschädigung entnimmt *Furler* der Aufopferung der §§ 74, 75 EinlALR, aaO., S. 414.

[40] Die öffentlichrechtliche Entschädigung, S. 48 ff. Entgegen *Furler* (Anm. 39) entnimmt *Tschaksch* Tatbestand und Inhalt des Anspruchs auf Entschädigung dem bürgerlichrechtlichen Schadensersatzrecht, aaO., S. 48 ff., 51.

[41] Insbesondere von *Katzenstein*, Entschädigungspflicht des Staates, § 7, S. 39 ff.; *Stödter*, Öffentlichrechtliche Entschädigung, S. 47; *Fahrenkrug*, Die Entschädigung für rechtswidrig schuldlose Verwaltungsakte, S. 35 ff.

[42] So BGHZ 13, 88 (93, 96, 97); *Kreft*, DÖV 55, 519; *Janssen*, Der Anspruch auf Entschädigung, S. 125 f. Ferner Anm. 50.

[43] Auf Geschichte und Inhalt des Grundsatzes der Gesetzmäßigkeit der Verwaltung im allgemeinen ist hier nicht einzugehen, dazu umfassend *Jesch*, Gesetz und Verwaltung.

[44] So *Tschaksch* und *Fahrenkrug* im Titel ihrer Abhandlungen. Dabei spricht *Tschaksch* von *schuldlos rechtswidrigen* und *Fahrenkrug* von *rechtswidrig schuldlosen* Verwaltungsakten.

folgten Rechtswidrigkeit zu geschehen habe[45]." Der Gesetzmäßigkeitsgrundsatz enthält keine Sanktion seiner Verletzung[46].

Aber auch aus dem Rechtsstaatsprinzip im allgemeinen läßt sich eine Entschädigung für rechtswidrig-schuldlose Eingriffe nicht ableiten. Dem steht die durch das Grundgesetz vollzogene Abwendung von dem überwiegend formal verstandenen Rechtsstaatsprinzip der Weimarer Reichsverfassung[47] und die Hinwendung zu einem materialen Verständnis des Rechtsstaatsprinzips[48] nicht entgegen. Zwar gehört zum Inhalt eines material verstandenen Rechtsstaats unbestreitbar neben einem umfassenden Rechtsschutz auch eine umfassende Haftung des Staates für den durch seinen Beamten einem Dritten rechtswidrig zugefügten Schaden[49]. Die Entschädigung für rechtswidrig-schuldlose Eingriffe mag daher ein rechtsstaatliches Postulat darstellen. Über die Ausgestaltung der Haftung des Staates im einzelnen kann aber auch aus einem material verstandenen Rechtsstaatsprinzip nichts hergeleitet werden, vielmehr prägt insoweit das im Range unter der Verfassung stehende Recht den Inhalt dieses Verfassungssatzes. Unrichtig wäre es jedenfalls, wollte man dem Rechtsstaatsprinzip zunächst einen bestimmten Inhalt geben, um dann ein bestimmtes Ergebnis aus ihm ableiten zu können.

Die Herleitung der Entschädigung für rechtswidrig-schuldlose Eingriffe aus dem Grundsatz der Gesetzmäßigkeit der Verwaltung oder aus dem Rechtsstaatsprinzip im allgemeinen ginge zudem über eine Antwort auf die Frage nach der Entschädigung für rechtswidrig-schuldlose Eingriffe hinaus. Wäre es möglich, aus dem Gesetzmäßigkeitsgrundsatz eine Entschädigung für rechtswidrige Eingriffe herzuleiten, dann wäre jeder rechtswidrige Eingriff entschädigungspflichtig. Die Entschädigung könnte nicht auf rechtswidrig-schuldlose Eingriffe, geschweige denn auf

---

[45] *Bachof,* Verfassungsrecht, Verwaltungsrecht, Verfahrensrecht, Teil II C 25, S. 261 im Hinblick auf die Frage der Rücknahme fehlerhafter begünstigender Verwaltungsakte. Ferner *Stödter,* Öffentlichrechtliche Entschädigung, S. 47; *Katzenstein,* Entschädigungspflicht des Staates, S. 39 ff.

[46] Ebensowenig kann aus dem Grundsatz der Gesetzmäßigkeit der Verwaltung — wie in § 9 in und zu Anm. 27—31 mit weiteren Nachweisen darzulegen sein wird — ein Anspruch auf Beseitigung der Folgen eines verwaltungsgerichtlich aufgehobenen, zuvor aber bereits vollzogenen Verwaltungsaktes — Folgenbeseitigungsanspruch — oder ein Wiedergutmachungsanspruch hergeleitet werden.

[47] Der Grundsatz der Gesetzmäßigkeit der Verwaltung war in der WRV zwar nicht — wie in Art. 20 Abs. 3 GG — ausdrücklich ausgesprochen, war aber dennoch geltendes Verfassungsrecht, statt aller: *Thoma,* HdDStR II, S. 230 f. mit Nachweisen.

[48] Statt aller: *Menger,* Der Begriff des sozialen Rechtsstaates im Bonner Grundgesetz, S. 17; *Bachof,* VVDStRL 12 (1954), 38 ff.; *Scheuner,* Hundert Jahre deutsches Rechtsleben, Band II, S. 229 ff., insbes. S. 231; *Hesse,* Festgabe für Smend, 1962, S. 77; *Wolff,* Verwaltungsrecht I, § 11 II, S. 43 ff.

[49] *Bachof,* VVDStRL 12 (1954), 77 f.; *Scheuner,* Hundert Jahre deutsches Rechtsleben, Band II, S. 256 f. unter Ziffer 9 und 10.

Eingriffe durch „rechtswidrig-schuldlosen Verwaltungsakt", beschränkt werden. Die dahingehende Beschränkung bei *Furler* und *Tschaksch* ist nicht folgerichtig und nur aus der Fragestellung heraus — Ausfüllung der zwischen Enteignung und Amtshaftung bestehenden Lücke — zu erklären[50].

3. *Begründung aus dem Rechtsgedanken der ungerechtfertigten Bereicherung*

Walter Jellinek[51], *Katzenstein*[52] und das *Reichsgericht* in RGZ 140, 276 (283) bejahen eine Entschädigung für rechtswidrig-schuldlose Eingriffe, wenn der Staat durch den Eingriff einen Vermögensvorteil erlangt hat. Dabei nimmt *Jellinek* an, diese Entschädigung bedürfe keiner gesetzlichen Grundlage, wohingegen das *Reichsgericht* zur Begründung auf § 75 EinlALR und *Katzenstein* auf den Rechtsgedanken der ungerechtfertigten Bereicherung verweist. Der Versuch, Rechtsgedanken aus dem Recht der ungerechtfertigten Bereicherung vom bürgerlichen ins öffentliche Recht zu übertragen, dürfte die gemeinsame Grundlage der Begründungen einer Entschädigung für rechtswidrig-schuldlose Eingriffe bei *Katzenstein, Jellinek* und dem *Reichsgericht* bilden[53].

---

[50] Die Begründung der Entschädigung für rechtswidrige Eingriffe aus dem Grundsatz der Gesetzmäßigkeit der Verwaltung kehrt bei Art. 14 Abs. 3 GG nur leicht verändert wieder. Dort wird verschiedentlich angenommen, die verfassungsrechtlichen Bestimmungen, nach welchen ein enteignender Eingriff nur gegen (vorgängige, gleichzeitige, nachträgliche) Gewährung einer Entschädigung zulässig sei (Art. 9 prVU, Art. 153 Abs. 2 WRV, Art. 14 Abs. 3 GG), beschränkten nur die Zulässigkeit des Eingriffs, beschränkten aber nicht auch die Entschädigung auf zulässige Eingriffe; so vor allem BGHZ 6, 270 (290); eingehend *Fischer,* Verhandlungen des 41. deutschen Juristentages, Band II, Teil C, S. 48; ähnlich auch *Lerche,* JUS 61, 240 unter V 1 in und zu Anm. 27. Daraus, daß enteignende Eingriffe nur unter bestimmten Voraussetzungen — die insoweit nur eine besondere Ausgestaltung des Gesetzmäßigkeitsgrundsatzes darstellen — zulässig sind, kann schlechterdings nicht hergeleitet werden, welche Rechtsfolgen ein unzulässiger Eingriff auslöst; insoweit gilt das zur Ablehnung der Begründung der Entschädigung für rechtswidrige Eingriffe aus dem Gesetzmäßigkeitsgrundsatz Ausgeführte entsprechend.

[51] Verwaltungsrecht, S. 328 ff.

[52] Entschädigungspflicht des Staates, § 12, S. 80 ff., insbes. 89 ff. *Katzenstein* hat später in MDR 52, 194 seine Ansicht aufgegeben und nicht mehr daran festgehalten, daß die Entschädigung für rechtswidrige Eingriffe (nur) dann begründet sei, wenn dem eingreifenden Staat aus dem Eingriff ein Vorteil erwachse.

[53] Die Begründung einer Entschädigung für rechtswidrige Eingriffe durch eine entsprechende Anwendung des Rechtsgedankens der ungerechtfertigten Bereicherung im Sinne von *Jellinek, Katzenstein* und RGZ 140, 276 (283) lehnen ab: *Furler,* VA 33 (1928), 410 f.; *Stödter,* Öffentlichrechtliche Entschädigung, S. 226 ff.; *Schack,* VA 40 (1935), 442; *Tschaksch,* Die öffentlichrechtliche Entschädigung, S. 42; *Fahrenkrug,* Die Entschädigung für rechtswidrig schuldlose Verwaltungsakte, S. 38; *Bachof,* Vornahmeklage, S. 123; *Fischer,* Verhandlungen des 41. deutschen Juristentages, Band II, Teil C, S. 39 mit Anm. 9.

Bei der Frage, ob die der ungerechtfertigten Bereicherung des bürgerlichen Rechts zugrunde liegenden Rechtsgedanken ins öffentliche Recht übertragen werden können, sind die verschiedenen Tatbestände der ungerechtfertigten Bereicherung, insbesondere die Tatbestände der Leistungskondiktion (Bereicherung durch die Leistung eines anderen) und der Eingriffskondiktion (Bereicherung in sonstiger Weise) scharf voneinander zu scheiden[54, 55].

Der Rechtsgedanke der Leistungskondiktion ist von Rechtsprechung und Lehre frühzeitig ins öffentliche Recht übertragen worden und hat zur Anerkennung eines öffentlichrechtlichen Erstattungsanspruchs „auf Rückgewähr von Leistungen, die aufgrund öffentlichen Rechts bewirkt worden sind“[56] geführt[57]. Der Rechtsgedanke des öffentlichrechtlichen Erstattungsanspruchs ist jedoch dann unanwendbar, wenn der Staat durch einen rechtswidrigen Eingriff einen Vorteil erlangt hat, da der erlangte Vorteil nicht auf einer Leistung des einzelnen an den Staat beruht. Daher ist im folgenden zu untersuchen, ob der Rechtsgedanke der Eingriffskondiktion ins öffentliche Recht übertragen werden kann.

---

[54] Selbst *Katzenstein*, Die Entschädigungspflicht des Staates, S. 89 ff., spricht immer nur von „dem Bereicherungsgedanken“, ohne näher darauf einzugehen, welchen Tatbestand der ungerechtfertigten Bereicherung er eigentlich meint; aus seiner Abhandlung ergibt sich allerdings, daß ihm stets der Tatbestand der Eingriffskondiktion vorschwebt. — *Stödter*, Öffentlichrechtliche Entschädigung, S. 226 ff. und *Fahrenkrug*, Die Entschädigung für rechtswidrig schuldlose Verwaltungsakte, S. 38, verstehen unter ungerechtfertigter Bereicherung allein die Leistungskondiktion und gehen auf die Eingriffskondiktion überhaupt nicht ein!

[55] Zum bürgerlichen Recht, insbesondere zum Tatbestand der Eingriffskondiktion, statt aller: grundlegend *Wilburg*, Die Lehre von der ungerechtfertigten Bereicherung, S. 27 ff.; *von Caemmerer*, Festschrift für Lewald, S. 443 ff.; *ders.*, Festschrift für Rabel, Band I, S. 340 ff. (Leistungskondiktion), 352 ff. (Bereicherung aus fremdem Gut); *Esser*, Schuldrecht, § 195, S. 804 ff.; *Larenz*, Lehrbuch des Schuldrechts, Besonderer Teil, § 62 I b, S. 346 ff.; *Soergel-Siebert-Mühl*, Bürgerliches Gesetzbuch, § 812, RNr. 26 ff., 28, 39, 162 ff.; *RGR-Kommentar*, § 812, Anm. 14 ff., 21, 32 f.; *Mestmäcker*, JZ 58, 521.

[56] BVerwGE 4, 218.

[57] *Bachof*, Vornahmeklage, S. 100 ff. Weitere Nachweise unten § 9 in Anm 36. — *Lassar*, Der Erstattungsanspruch im Verwaltungs- und Finanzrecht, hat die Tatbestände der Leistungskondiktion und der Eingriffskondiktion wohl nicht deutlich geschieden. Der von ihm aufgestellte öffentlichrechtliche Erstattungsanspruch ist infolgedessen zwar nicht ausdrücklich auf den Tatbestand der Leistungskondiktion beschränkt, baut aber doch ganz offensichtlich auf diesem auf; das geht vor allem aus der durchgängigen Bezugnahme *Lassars* auf das Steuer- und Abgabenrecht und die entsprechende Rechtsprechung hervor. So definiert *Lassar* den öffentlichrechtlichen Erstattungsanspruch abschließend (aaO., S. 226): „Eine causa-lose öffentliche Leistung, deren Inhalt einen Vermögenswert hat, ist demjenigen zu erstatten, auf dessen Kosten sie bewirkt ist“. Der Gedanke der bewirkten Leistung scheint hier im Vordergrund zu stehen. Ferner aaO., S. 104 ff., wo eine Abgrenzung zur Eingriffskondiktion nicht erfolgt; aaO., S. 127 ff., wo die aus der Rechtsprechung herangezogenen Fälle sämtlich Fälle der Leistungskondiktion sind.

Eine Eingriffskondiktion entsteht nach bürgerlichem Recht[58], wenn unbefugt in fremde Rechte eingegriffen und dabei „fremdes Gut gebraucht oder genutzt, verbraucht oder verwertet wird“[59]. Derjenige, in dessen Recht eingegriffen wurde, kann vom Bereicherten Ersatz verlangen. Der Bereicherte hat das herauszugeben, was nach dem Zuweisungsgehalt des Rechts nicht ihm, sondern dem Inhaber desselben gebührt.

So hat nach bürgerlichem Recht derjenige, der unbefugt eine fremde Wohnung bewohnt[60], ein fremdes Urheberrecht verwertet[61], eine fremde Gleisanlage benutzt[62] dem Inhaber des Rechts Ersatz zu leisten. Sollte dieser Rechtsgedanke nicht auch im öffentlichen Recht Anwendung finden können, wenn der Staat unbefugt — ohne rechtliche Grundlage und daher rechtswidrig — ein Grundstück zur Anlage eines Gehwegs verwendet[63], ein Patent verwertet[64], einen Wohnungssuchenden in eine leerstehende Wohnung einweist[65], noch brauchbare Abbruchmaterialien aus Trümmergrundstücken entnimmt und verbraucht[66]?

Katzenstein sieht der Entschädigung aus Enteignung nach Art. 153 Abs. 2 WRV den Rechtsgedanken der ungerechtfertigten Bereicherung zugrunde liegen und kennzeichnet den Anspruch auf Entschädigung aus Enteignung als „publizistisches Gegenstück zur bürgerlichrechtlichen condictio“[67]. Von da aus folgerichtig wendet *Katzenstein* Art. 153 Abs. 2 WRV auf rechtswidrige Eingriffe entsprechend an, „wenn der zum Wohl der Gesamtheit erfolgende rechtswidrig-schuldlose Eingriff ihr objektiv zu Gute kommt“[68]. Die Annahme *Katzensteins*, die Entschädigung aus Art. 153 Abs. 2 WRV lasse sich auf den Rechtsgedanken der ungerechtfertigten Bereicherung — der Eingriffskondiktion — zurückführen, ist jedoch nicht haltbar.

Schon *Stödter*[69] hat darauf hingewiesen, daß die Entschädigung aus Enteignung nach Art. 153 Abs. 2 WRV den Rechtsverlust des Enteigneten und nicht die Bereicherung des Enteignenden auszugleichen hat. Das folgt daraus, daß die Entschädigung aus Enteignung auf der Garantie

---

[58] Dazu die in Anm. 55 genannten Autoren.

[59] *Von Caemmerer*, Festschrift für Rabel, Band I, S. 352.

[60] RGZ HRR 1933, Nr. 1311.

[61] Nachweise bei *Esser*, Schuldrecht, § 195, 4 a, S. 807; *Soergel-Siebert-Mühl*, § 812, RNr. 39, 165; *RGR-Kommentar*, § 812, Anm. 32 f.

[62] RGZ 97, 310. Weitere Fälle zur Eingriffskondiktion bei den in Anm. 55 genannten Autoren.

[63] RGZ JW 1900, 812 (Nr. 20).

[64] RGZ 79, 427 und RGZ 102, 390.

[65] BGHZ 6, 270.

[66] BGHZ 10, 255, BGHZ 13, 88; unten Anm. 73.

[67] Entschädigungspflicht des Staates, S. 89.

[68] Entschädigungspflicht des Staates, S. 98 (Ergebnis).

[69] Öffentlichrechtliche Entschädigung, S. 229.

des Eigentums beruht, die sich bei der Enteignung als Eigentumswertgarantie darstellt. An die Stelle des enteigneten Rechts tritt im Vermögen des Enteigneten dessen Wert; Enteignungsobjekt und Entschädigung werden gegeneinander ausgetauscht[70]. Die Entschädigung aus Enteignung bemißt sich infolgedessen allein nach dem Rechtsverlust des Enteigneten und nicht nach der Bereicherung des Enteignenden. Auch dann, wenn man die Entschädigung aus Enteignung mit der Lehre vom besonderen Opfer begründet[70], bemißt sich die Entschädigung allein nach dem Umfang des dem einzelnen auferlegten besonderen Opfers. Ist der dem Enteignenden aus dem Eingriff erwachsende Vorteil geringer als der Verlust des Enteigneten oder steht dem Verlust des Enteigneten überhaupt kein Vorteil des Enteignenden gegenüber, so darf die Höhe der Entschädigung dadurch nicht berührt werden. Andernfalls wäre dann, wenn aus dem enteignenden Eingriff für den Enteignenden kein Vorteil hervorgeht, eine entschädigungslose Enteignung möglich.

Läßt sich die Entschädigung aus Enteignung danach nicht auf den Rechtsgedanken der ungerechtfertigten Bereicherung — der Eingriffskondiktion — zurückführen, dann ist auch die von *Katzenstein* vorgenommene analoge Anwendung des Art. 153 Abs. 2 WRV auf rechtswidrige Eingriffe, die dem Staat einen Vorteil bringen, mit dieser Begründung nicht haltbar.

Dennoch würde nichts entgegenstehen, ebenso wie den Rechtsgedanken der Leistungskondiktion auch den der Eingriffskondiktion — unabhängig davon, ob dieser Rechtsgedanke der Entschädigung aus Enteignung zugrunde liegt oder nicht — aus dem bürgerlichen ins öffentliche Recht zu übertragen. Der Rechtsgedanke, daß derjenige, der unbefugt in fremde Rechte eingreift, die dadurch erlangte Bereicherung dem Inhaber des Rechts, der allein zu dessen Nutzung befugt ist, herauszugeben hat, ist allgemeiner Art und könnte auch im öffentlichen Recht Anwendung finden. Danach hätte der Staat Ersatz zu leisten, wenn er durch einen rechtswidrigen Eingriff in Eigentum oder sonstige vermögenswerte Rechte einzelner „etwas erlangt (hat), was nach dem Zuweisungsgehalt des Eigentums dem Eigentümer gebührt“[71]. Insoweit wäre daher *Jellinek, Katzenstein* und dem *Reichsgericht* im Ergebnis zuzustimmen[72, 73].

---

[70] Nachweise in § 8 in und zu Anm. 61—68.

[71] *Von Caemmerer,* Festschrift für Rabel, Band I, S. 353.

[72] Dabei soll keineswegs verkannt werden, daß die Übertragung allgemeiner Rechtsgedanken aus dem bürgerlichen ins öffentliche Recht nicht ohne weiteres möglich ist; im vorliegenden Zusammenhang würden aber öffentlichrechtliche Rechtsgrundsätze einer solchen Übertragung nicht entgegenstehen.

Freilich ginge auch diese Begründung einer Entschädigung für rechtswidrige Eingriffe — ebenso wie die Begründung aus dem Rechtsstaatsprinzip — über eine Antwort auf die Frage nach der Entschädigung für rechtswidrig-schuldlose Eingriffe hinaus. Denn dergestalt begründet, könnte die Entschädigung für rechtswidrige Eingriffe nicht auf rechtswidrig-schuldlose Eingriffe beschränkt bleiben, sondern müßte auf rechtswidrig-schuldhafte Eingriffe ausgedehnt werden. Die Beschränkung der Entschädigung auf rechtswidrig-schuldlose Eingriffe bei *Jellinek, Katzenstein* und dem *Reichsgericht* ist daher nicht folgerichtig, sondern — ebenso wie bei *Furler* und *Tschaksch* — nur aus der Fragestellung heraus erklärbar[74].

Lehre und Rechtsprechung sind der möglichen Begründung der Entschädigung für rechtswidrige Eingriffe aus dem Rechtsgedanken der ungerechtfertigten Bereicherung — der Eingriffskondiktion — jedoch nicht gefolgt, sondern haben weitergehend jeden rechtswidrigen Eingriff in vermögenswerte Rechte als entschädigungspflichtig angesehen, unabhängig davon, ob der Staat durch den rechtswidrigen Eingriff einen Vorteil erlangt hat oder nicht[75].

---

[73] Überblickt man die vom RG und vom BGH entschiedenen Fälle zur Entschädigung für rechtswidrige Eingriffe, so kann man feststellen, daß in einer großen Anzahl derselben mit Hilfe des Rechtsgedankens der Eingriffskondiktion ein Anspruch auf Ersatz hätte begründet werden können. So in den Entscheidungen RGZ JW 1900, 812 (Nr. 20), betr. die widerrechtliche Nutzung eines Grundstücks zur Anlage einer öffentlichen Straße; RGZ 79, 427; 102, 390, betr. die widerrechtliche Verwertung eines Patents; BGHZ 6, 270, betr. die widerrechtliche Nutzung einer Wohnung; BGHZ 10, 255; 13, 88, betr. die widerrechtliche Entnahme und Verwertung von Abbruchmaterialien aus Trümmergrundstücken; BGHZ 13, 395, betr. die widerrechtliche Inanspruchnahme eines eingerichteten und ausgeübten Gewerbebetriebs. — Die Entscheidung RGZ 140, 276 ist allerdings, wie schon *Katzenstein*, Entschädigungspflicht des Staates, S. 85 ff., eingehend nachgewiesen hat, im Ergebnis nicht folgerichtig, da der Staat (Gemeinde) in dem dort entschiedenen Fall durch den rechtswidrigen Eingriff (rechtswidriges Bauverbot, das durch PrOVGE 89, 376 aufgehoben wurde) keinen Vorteil erlangt hat.

[74] Oben zu Anm. 50.

[75] Darstellung von Rechtsprechung und Lehre zur Entschädigung für rechtswidrige Eingriffe (aus enteignungsgleichem Eingriff) unten § 8 I; der Anspruch auf Entschädigung aus enteignungsgleichem Eingriff ist unabhängig davon, ob der Staat einen Vorteil erlangt hat und ob der Eingriff dem Wohl der Allgemeinheit dienlich war, unten § 8 in und zu Anm. 16—18. — An dieser Stelle sollte nur gezeigt werden, daß hier ein Ansatzpunkt gelegen hätte, gewisse Fälle rechtswidriger Eingriffe in vermögenswerte Rechte durch Übertragung eines begrenzten und in sich begründeten privatrechtlichen Rechtsgedankens ins öffentliche Recht einer Entschädigung zuzuführen, ohne sich — wie es später geschah — mit der umfassenden Entschädigung für rechtswidrige Eingriffe auf einen unsicheren und schwankenden Boden zu begeben.

4. *Begründung aus der Aufopferung*

Gegenüber den zu 1—3 genannten Begründungen der Entschädigung für rechtswidrig-schuldlose Eingriffe bleibt die Begründung derselben aus der Aufopferung der §§ 74, 75 EinlALR in der Weimarer Lehre noch im Hintergrund. Soweit die Aufopferung auf rechtswidrige Eingriffe entsprechend angewandt wird[76], geschieht dies nur dazu, die Lücke im System staatlicher Ersatzleistungen auszufüllen[77]. Daher handelt es sich bei der Begründung der Entschädigung für rechtswidrig-schuldlose Eingriffe aus der Aufopferung um nichts anderes als um die Begründung aus dem System staatlicher Ersatzleistungen. Eine unmittelbare oder entsprechende Anwendung des Art. 153 Abs. 2 WRV auf rechtswidrige Eingriffe wird hingegen noch überwiegend abgelehnt[78], ohne daß dabei jemals ersichtlich geworden wäre, worin sich Aufopferung und Enteignung insoweit unterscheiden.

Da die entsprechende Anwendung des Art. 14 Abs. 3 GG auf rechtswidrige Eingriffe die Grundlage der Rechtsprechung des Bundesgerichtshofs zur Entschädigung aus enteignungsgleichem Eingriff bildet, soll auf die Begründung der Entschädigung für rechtswidrige Eingriffe aus dem Aufopferungs- und Enteignungsrecht erst in § 8 eingegangen werden.

III. Rechtsprechung des Reichsgerichts

Die Rechtsprechung des Reichsgerichts zur Entschädigung für rechtswidrige Eingriffe ist oft dargestellt und gewürdigt worden[79]. Es erübrigt

---

[76] RGZ 140, 276; *Reiß*, JurRdsch 31, 218 ff.; *von Bohlen*, JW 33, 2251 ff.; *Brandis*, DJZ 38 (1933), 558; *Cremer*, RPrVwBl 54 (1932), 946 ff.; *ders.*, RPrVwBl 56 (1935), 625 ff.; *Schack*, VA 40 (1935), 426 ff.; *Wohlfahrt*, JurRdsch 31, 78 ff.

[77] Von den in Anm. 76 genannten Autoren macht insoweit allein *Wohlfahrt* eine Ausnahme, da er die Entschädigung für rechtswidrige Eingriffe auf rechtswidrig-schuldhafte Eingriffe ausdehnt.

[78] Sogenannte „Rechtmäßigkeitslehre", *Furler*, VA 33 (1928), 407; *Tschaksch*, Die öffentlichrechtliche Entschädigung, S. 43; *Fahrenkrug*, Die Entschädigung für rechtswidrig schuldlose Verwaltungsakte, S. 27.

[79] *Furler*, VA 33 (1928), 414 ff.; *Katzenstein*, Entschädigungspflicht des Staates, §§ 11, 12, S. 67 ff.; *Tschaksch*, Die öffentlichrechtliche Entschädigung, S. 35 ff.; *Fahrenkrug*, Die Entschädigung für rechtswidrig schuldlose Verwaltungsakte, S. 54 f.; *Bachof*, Vornahmeklage, S. 121 ff.; *Schack*, VA 40 (1935), 426 ff., wie *Schack* später selbst dargetan hat (JZ 56, 427 Anm. 36, 37), beinhalten die aaO., S. 432 ff. unter Ziffer III, 1, 4, 7, 8, 9, 10, 12 und 13 genannten Entscheidungen keine Anwendung des § 75 EinlALR auf rechtswidrige, sondern auf rechtmäßige Eingriffe; *ders.*, Verhandlungen des 41. deutschen Juristentages, Band I, 1. Halbband, S. 14 ff., auch dort werden die Entscheidungen des RG, die eine Anwendung des § 75 EinlALR auf rechtmäßige und auf rechtswidrige Eingriffe beinhalten nicht geschieden; darauf kommt es aber gerade an! Vgl. ferner in Anm. 84. Eine eingehende Darstellung der Rechtsprechung des RG enthält zuletzt *Lührs*, Die Entschädigungspflicht des Staates, § 4, S. 48 ff.

sich daher, sie hier noch einmal im einzelnen darzustellen und zu würdigen, zumal die in ihr noch kaum sichtbaren Begründungen einer Entschädigung für rechtswidrige Eingriffe später in der Rechtsprechung des Bundesgerichtshofs zur Entschädigung aus enteignungsgleichem Eingriff deutlich hervortreten. Dennoch soll auf zwei Entscheidungsreihen in der Rechtsprechung des Reichsgerichts hingewiesen werden.

1. *Rechtsprechung des Reichsgerichts zur Haftung des Staates*

Zur ersten Reihe gehören die Entscheidungen des Reichsgerichts zur Haftung des Staates für den durch seinen Beamten einem Dritten rechtswidrig zugefügten Schaden.

In RGZ 11, 206 (1884) lehnt das Reichsgericht — in Übereinstimmung mit der überwiegenden Lehre und Rechtsprechung des ausgehenden neunzehnten Jahrhunderts — die Staatshaftung nach preußischem und gemeinem Recht ab[80]; ebenso entscheidet es zuletzt in RGZ 71, 44 (1909), kurz bevor Preußen und das Reich die Amtshaftung einführen. Das Reichsgericht erklärt sodann in RGZ 102, 166 (1921) die Amtshaftung des Art. 131 WRV für unmittelbar geltendes Recht und sieht damit die Frage nach der Haftung des Staates als endgültig beantwortet an.

2. *Rechtsprechung des Reichsgerichts zur Anwendung des § 75 EinlALR auf rechtswidrige Eingriffe*

Zur zweiten Reihe gehören die Entscheidungen des Reichsgerichts zur Anwendung des § 75 EinlALR auf rechtswidrige Eingriffe.

In RGZ 26, 265 (1890) spricht das Reichsgericht dem Kläger eine Entschädigung nach § 75 EinlALR für Schäden zu, die ihm aus der rechtswidrigen Versagung einer Bauerlaubnis entstanden waren, obwohl die Versagung verwaltungsgerichtlich aufgehoben worden war. Zur Begründung führt das Reichsgericht an, ein Entschädigungsanspruch nach § 75 EinlALR sei „schon dann begründet, . . .wenn die zuständigen Verwaltungsbehörden eine Kollision, wie sie der § 74 voraussetzt, als vorhanden angenommen und auf Grund dieser Annahme, mochte dieselbe richtig oder unrichtig sein, den . . . Kläger genötigt haben, seine besonderen Rechte und Vorteile dem Wohle und Interesse der beklagten Stadtgemeinde aufzuopfern"[81]. Diese Begründung der Entschädigung für rechts-

---

[80] Schon vorher RGZ SeuffArchiv 37, Nr. 30 (1881); RGZ 11, 206 folgen: RGZ 17, 105; 28, 335; JW 92, 320, Nr. 40; 29, 233; 32, 144; 51, 219. Das entsprach der Rechtsprechung des preußischen Obertribunals, grundlegend PrObertribunal E 61, 1 (1869). Zur Ablehnung der Staatshaftung im ausgehenden neunzehnten Jahrhundert, oben § 2 III.

[81] AaO., 269.

widrige Eingriffe findet sich in mehreren um die Jahrhundertwende ergangenen gleichlautenden Entscheidungen[82, 83, 84].

Andererseits lehnt das Reichsgericht die Anwendung des § 75 EinlALR auf rechtswidrige Eingriffe auch mehrfach ab[85]. In RGZ PrVwBl 30 (1908), 579 — ähnlich schon in RGZ 26, 337 (1890) — führt das Reichsgericht aus, „§ 75 aaO. (sei) nicht dazu bestimmt, den Staat für irrtümliche Gesetzesauslegung und Gesetzesanwendung seiner Beamten haftbar zu machen“. Wenngleich diese Begründung, mit der das Reichsgericht die Anwendung des § 75 EinlALR auf rechtswidrige Eingriffe ablehnt, unbeachtet blieb und später niemals wiederholt wurde, ist sie doch höchst bemerkenswert. Denn hier wird die Entschädigung für rechtswidrige Eingriffe mit der Haftung des Staates für den durch seinen Beamten einem Dritten rechtswidrig zugefügten Schaden in Zusammhang gebracht. Widersprach die Anwendung des § 75 EinlALR auf rechtswidrige Eingriffe nicht der Ablehnung der Staatshaftung durch RGZ 11, 206, und war durch diese Rechtsprechung nicht ein der abgelehnten Staatshaftung „im Effekt ungefähr gleichkommender Rechtszustand auf einem Umwege eingeführt worden“[86]? Hier wird die Rechtsnatur der Entschädigung für rechtswidrige Eingriffe[87] erstmals erahnt.

---

[82] RGZ Gruchot 26, 935 (1882), Auferlegung einer rechtswidrigen Baubeschränkung; RGZ JW 96, 41, Nr. 56 (1892), rechtswidrige Versagung einer Baugenehmigung; RGZ JW 90, 260, Nr. 14 (1890), rechtswidriger Abbruch eines Gebäudes; RGZ JW 00, 812, Nr. 20 (1900), rechtswidrige Nutzung eines Grundstücks zur Anlage einer öffentlichen Straße; RGZ JW 03, 252, Nr. 42 (1903) = Gruchot 47, 1052, rechtswidrige Versagung einer Baugenehmigung.

[83] Auch das preußische Obertribunal hat §75 EinlALR mehrfach auf rechtswidrige Eingriffe angewandt, dazu *Kraft*, Gruchot 60, 417 ff., insbes. S. 420 ff. mit Anm. 56 und die dort mit Sachverhalt wiedergegebenen Entscheidungen des Obertribunals.

[84] Die Unterscheidung zwischen rechtswidrig-schuldlosen und rechtswidrig-schuldhaften Eingriffen lag der genannten Rechtsprechung des Reichsgerichts natürlich noch nicht zugrunde, da das Reichsgericht zu dieser Zeit eine Haftung des Staates überhaupt ablehnte (in und zu Anm. 79 und 80) und daher auch weder ein angebliches System staatlicher Ersatzleistungen noch eine vermeintlich auszufüllende Lücke in demselben kannte. Das übersehen *alle* späteren Autoren, die sich auf die Rechtsprechung des RG berufen, um darzutun, das RG habe einen allgemeinen Rechtsgrundsatz der Entschädigung für rechtswidrig-schuldlose Eingriffe aus § 75 EinlALR entnommen; abzulehnen daher vor allem *Schack*, VA 40 (1935), 432 ff. unter III Nr. 2, 3, 5 und 6. Hier kann es sich danach gar nicht um eine Anwendung des § 75 EinlALR auf rechtswidrig-schuldlose Eingriffe, sondern allenfalls auf rechtswidrige Eingriffe schlechthin handeln! Damit löst sich aber der Inhalt des genannten Aufsatzes von *Schack* (abgesehen von aaO., III Ziffer 11, 14) in nichts auf, oben Anm. 79!

[85] Neben den im Text folgenden Entscheidungen ferner in RGZ JW 92, 320, Nr. 37 (1892), rechtswidrige Versagung einer Baugenehmiung.

[86] *Anschütz*, PrVwBl 18 (1897), 155 in einer Besprechung von *Biermann*, Privatrecht und Polizei in Preußen, 1897, der (aaO., S. 189 ff.) die Anwendung des § 75 EinlALR auf rechtswidrige Eingriffe durch das RG in den in und zu Anm. 82 genannten Entscheidungen stark hervorhebt und billigt. Dazu ferner *Kraft*, Gruchot, 60, 417 ff.

[87] Dazu unten § 13.

Eine Entschädigung nach § 75 EinlALR für den rechtswidrigen Abbruch einer Scheune wird dem Kläger in RGZ 34, 294 (298) versagt, da „das Polizeipräsidium irrtümlicherweise die gesetzlichen Voraussetzunden der §§ 39—56 ALR I 8 für den Abbruch der Scheune als gegeben ansah, es also eine aus der gesetzlichen Einschränkung des Eigentumes folgende Verpflichtung der Kläger, nicht eine Aufopferung ihrer besonderen Rechte und Vorteile erzwingen zu dürfen glaubte". Hier taucht erstmals die scheinbar so einleuchtende Begründung auf, rechtswidrige Eingriffe seien (nur) dann zu entschädigen, wenn sie für den Fall ihrer Rechtmäßigkeit eine Aufopferung darstellen würden. Der Entscheidung RGZ 34, 294 widersprechen jedoch mehrere andere Entscheidungen[88].

In den Jahren zwischen 1904 (RGZ 57, 217) und 1933 (RGZ 140, 276) wendet das Reichsgericht § 75 EinlALR nur noch vereinzelt auf rechtswidrige Eingriffe an[89] und betont — entgegen der eigenen früheren Rechtsprechung und ohne auf dieselbe einzugehen — sogar mehrfach, § 75 EinlALR sei nur auf rechtmäßige Eingriffe anwendbar[90]. Im übrigen scheint das Reichsgericht ebenso wie die Lehre von einem Enteignung und Amtshaftung umfassenden System staatlicher Ersatzleistungen auszugehen. So sagt RGZ 135, 308 (311): „Eine Verpflichtung zur Entschädigung aus Art. 153 Abs. 2 WRV kann aber nur dann in Frage kommen, wenn die Behörde, auf deren Anordnung der Eingriff erfolgt ist, zu diesem auch berechtigt war. Andernfalls läge eine Amtsüberschreitung vor, für die der Staat nach Art. 131 WRV einzustehen hätte."

Von der Vorstellung eines lückenhaften Systems staatlicher Ersatzleistungen scheint dann auch RGZ 140, 276 (1933)[91] auszugehen, wo das Reichsgericht § 75 EinlALR — natürlich entgegen der früheren Rechtsprechung — erst anwandte, nachdem es zuvor die Anwendbarkeit der Amtshaftung mangels Verschuldens des Beamten abgelehnt hatte. Man darf wohl annehmen, daß das Reichsgericht mit dieser Entscheidung die „Lücke" im System staatlicher Ersatzleistungen ausfüllen wollte.

Überblickt man die Rechtsprechung des Reichsgerichts zur Anwendung des § 75 EinlALR auf rechtswidrige Eingriffe, so geht die Annahme

---

[88] RGZ Gruchot 26, 935; RGZ 57, 217; 140, 276, dazu *Katzenstein*, Entschädigungspflicht des Staates, S. 85 ff.

[89] RGZ 79, 427 (1912) und gleichlautend RGZ Gruchot 56, 1119 (1912), RGZ 102, 390 (1921), alle Entscheidungen betreffen die rechtswidrige Verwertung eines Patents. Die berühmte Entscheidung RGZ 113, 301 (1926) trägt zur Frage der Entschädigung für rechtswidrig-schuldlose Eingriffe nichts bei, da der dieser Entscheidung zugrunde liegende Sachverhalt — was unstreitig ist — keinen rechtswidrigen Eingriff traf.

[90] RGZ 112, 95 (98) -1925-; 135, 308 (311) -1932-; 137, 163 (167) -1932-.

[91] Zu dieser Entscheidung oben II 3, ferner in und zu Anm. 29; RGZ 140, 276 wird wiederholt in RGZ HRR 36, Nr. 665.

Schacks[92], das Reichsgericht habe aus § 75 EinlALR einen allgemeinen Rechtsgrundsatz der Entschädigung für rechtswidrige Eingriffe hergeleitet, viel zu weit[93]. Die Rechtsprechung des Reichsgerichts zog sich über ein halbes Jahrhundert hin, schwankte stark und ist — im Gegensatz zur Rechtsprechung des Bundesgerichtshofs — zu keinen festumrissenen Ergebnissen gelangt. Die Begründungen, mit denen das Reichsgericht eine Anwendung des § 75 EinlALR auf rechtswidrige Eingriffe bejahte oder verneinte, sind ferner kurz, uneinheitlich und oft widersprüchlich. Vor allem aber besteht zwischen den genannten Entscheidungen kein innerer Zusammenhang. Das zeigt sich vor allem an der Entscheidung RGZ 140, 276, die von *Schack* zu Unrecht als „Höhepunkt der Entwicklung"[94] bezeichnet wird. Diese Entscheidung stellt — wie oben dargelegt — vorwiegend darauf ab, ob der Staat durch den rechtswidrigen Eingriff einen Vorteil erlangt hat, verweist dabei aber nicht auf verschiedene ältere Entscheidungen, die gerade diese Begründung ablehnen[95].

IV. Kritik der Fragestellung

Kann die Entschädigung für rechtswidrig-schuldlose Eingriffe weder aus dem angeblichen System staatlicher Ersatzleistungen, noch aus dem Rechtsstaatsprinzip oder aus dem Rechtsgedanken der ungerechtfertigten Bereicherung[96] hergeleitet werden, und ist auch die Rechtsprechung des Reichsgerichts insoweit zu keinen festumrissenen Ergebnissen gelangt[97], so ist zu fragen, ob die dem Problem der Entschädigung für rechtswidrig-schuldlose Eingriffe zugrunde liegende Fragestellung überhaupt sinnvoll ist.

Lehre und Rechtsprechung der Weimarer Zeit haben sich zwar eingehend mit dem Problem der Entschädigung für rechtswidrig-schuldlose Eingriffe beschäftigt, und die überwiegende Lehre beschäftigt sich

---

[92] VA 40 (1935), 426 ff., dazu in Anm. 79 und 84; vor allem aber in: Verhandlungen des 41. deutschen Juristentages, Band I, 1. Halbbd., S. 14 ff., 18, wo *Schack* ausführt, das RG sehe § 75 EinlALR „nur als Beleg für eine darunter liegende Rechtsidee" an, die „in dem Prinzip der Gerechtigkeit und Billigkeit ihre metaphysische, in der alten Lehre vom ‚besonderen Opfer' ihre historische und in der Stellung des Einzelnen zum Staat auch ihre konkrete verfassungsrechtliche Grundlage hat". Wie irrig diese Annahme ist, wird sich erst in §§ 13, 16 vollends zeigen lassen.

[93] Ebenso *Stödter*, Öffentlichrechtliche Entschädigung, S. 44 ff.; *Bachof*, Vornahmeklage, S. 121 ff., 124 f.

[94] Verhandlungen des 41. deutschen Juristentages, Band I, 1.Halbbd., S. 16 Anm. 46.

[95] Zu RGZ 140, 276 oben II 3; dieser Entscheidung stehen entgegen die früheren Entscheidungen RGZ 96, 41, Nr. 56; RGZ 57, 217.

[96] Oben zu II 1—3; über die Begründung der Entschädigung für rechtswidrige Eingriffe aus dem Aufopferungs- und Enteignungsrecht unten § 8.

[97] Oben zu III.

noch heute mit diesem Problem[98]. Die Fragestellung, die diesem Problem zugrunde liegt, wurde aber nie näher untersucht, geschweige denn angezweifelt oder gar abgelehnt; das geschah nicht einmal von denjenigen Autoren, die eine Entschädigung für rechtswidrig-schuldlose Eingriffe ablehnten[99]. Allein der Bundesgerichtshof und die ihm folgende Lehre zur Entschädigung aus enteignungsgleichem Eingriff haben diese Fragestellung fallengelassen; allerdings ohne sich zuvor mit ihr auseinanderzusetzen.

Das Problem der Entschädigung für rechtswidrig-schuldlose Eingriffe wurzelt — wie oben dargelegt — in der Zusammenfassung von Enteignung und Amtshaftung zu einem System staatlicher Ersatzleistungen und der in diesem System vermeintlich bestehenden Lücke. Wurzelt das Problem aber in einem als lückenhaft angesehenen System staatlicher Ersatzleistungen, so ist dieses „System" näher zu betrachten.

Die Entschädigung aus Enteignung beruht auf der Garantie des Eigentums und der damit verbundenen Eigentumswertgarantie, auf der Lehre vom besonderen Opfer, sowie auf der Garantie der persönlichen Freiheit[100]. Der Anspruch auf Enteignungsentschädigung ist öffentlichrechtlich und richtet sich unmittelbar gegen den Staat. — Die Amtshaftung beruht hingegen auf der persönlichen Haftung des amtspflichtwidrig handelnden Beamten. Der Anspruch auf Schadensersatz aus Amtshaftung ist privatrechtlich, richtet sich zunächst gegen den Beamten persönlich und wird dann auf den Staat übertragen[101].

Schon aus diesen wenigen Andeutungen ergibt sich, daß Entschädigung aus Enteignung und Schadensersatz aus Amtshaftung zwei Formen staatlicher Ersatzleistungen darstellen, die auf völlig verschiedenem Rechtsgrund beruhen. Ihre Zusammenfassung zu einem „System" kann daher nicht mehr bedeuten, als daß es sich in beiden Fällen — ungeachtet des verschiedenen Rechtsgrundes — um letztlich vom Staat zu erbringende Ersatzleistungen handelt[102]. Die Annahme, daß es sich bei Enteignung und Amtshaftung um ein umfassendes „System der staatlichen Verantwortlichkeit für die Ausübung öffentlicher Gewalt"[103] handelt, ist daher angesichts der völligen Verschiedenheit im Rechtsgrund

---

[98] Oben in und zu Anm. 7, 11 und 13.

[99] Oben Anm. 13 am Ende.

[100] Unten § 8 in und zu Anm. 61—68.

[101] Oben § 3.

[102] Freilich mögen die staatlichen Ersatzleistungen aus Enteignung und Amtshaftung im *praktischen Ergebnis* als Ansprüche „gegen den Staat" gleichartig erscheinen und daher im praktischen Ergebnis auch ein „System der staatlichen Verantwortlichkeit für die Ausübung öffentlicher Gewalt" (*Stödter*, Anm. 103) bilden. Das ändert jedoch nichts an der grundlegenden *dogmatischen* Verschiedenheit der beiden staatlichen Ersatzleistungen und der dogmatischen Unmöglichkeit, aus ihnen ein „System" zu bilden, aus dem seinerseits bestimmte Ergebnisse abgeleitet werden könnten.

von Enteignung und Amtshaftung unhaltbar. Entschädigung aus Enteignung und Schadensersatz aus Amtshaftung sind zwei Formen staatlicher Ersatzleistungen, die miteinander nichts gemein haben und die zusammengefaßt daher auch kein „System" zu bilden vermögen, aus dem sich irgendwelche Folgerungen ableiten lassen. Von einer „Lücke" zwischen der Entschädigung aus Enteignung und der auf den Staat übertragenen persönlichen Haftung des Beamten kann daher nicht ausgegangen werden.

Abgesehen davon ist auch gar nicht ersichtlich, wann in dem angeblichen System staatlicher Ersatzleistungen eigentlich eine „Lücke" bestehen soll. Die Lehre geht stillschweigend davon aus, eine „Lücke" bestehe nur bei „rechtswidrig-schuldlosen Eingriffen" im Sinne des Aufopferungs- und Enteignungsrechts[104], also nur bei Eingriffen in ein bestimmtes vermögenswertes Recht. Danach bildet nicht jeder durch einen Beamten einem Dritten rechtswidrig-schuldlos zugefügte Schaden eine „Lücke" im System staatlicher Ersatzleistungen; vor allem rechtswidrig-schuldlos zugefügte Vermögensschäden, die nicht durch einen Eingriff in ein bestimmtes vermögenswertes Recht hervorgerufen worden sind, bilden keine „Lücke" im System, wenngleich die Amtshaftung nicht eingreift. Warum besteht aber nicht immer dann eine „Lücke" in dem angeblichen System, wenn der durch einen Beamten einem Dritten rechtswidrig zugefügte Schaden keine staatliche Ersatzleistung nach sich zieht? Ist die „Lücke" in dem angeblichen System nicht immer eine „Lücke"[105]? Diese Fragen können sinnvoll nicht beantwortet werden[106]. Kann aber nicht einmal der Umfang der „Lücke" näher umschrieben werden, so fällt auch die Fragestellung, wie diese „Lücke" auszufüllen sei, von vornherein in sich zusammen.

Die Frage nach der Entschädigung für rechtswidrige Eingriffe kann nur dahin gestellt werden, ob das geltende Recht neben der Amtshaftung noch eine weitere Form staatlicher Ersatzleistung für rechtswidrige Eingriffe in vermögenswerte Rechte kennt. Diese Fragestellung liegt der im folgenden § 8 abzuhandelnden Entschädigung aus enteignungsglei-

---

[103] *Stödter*, Öffentlichrechtliche Entschädigung, S. 45.

[104] Oben in und zu Anm. 7—14.

[105] Erstaunlicherweise hat niemand je behauptet, eine „Lücke" in dem angeblichen System staatlicher Ersatzleistungen liege (immer) dann vor, wenn die Amtspflichtverletzung eines Beamten unverschuldet sei; die „Lücke" im System sei also die „rechtswidrig-schuldlose Amtspflichtverletzung". Diese Behauptung wäre aber nicht mehr und nicht weniger folgerichtig gewesen als die einhellig aufgestellte Behauptung, die „Lücke" im angeblichen System sei (nur) der „rechtswidrig-schuldlose Eingriff" im Sinn des Aufopferungs- und Enteignungsrechts.

[106] Denn es kann schlechthin nicht begründet werden, ob der Umfang der „Lücke" vom Aufopferungs- und Enteignungsrecht oder vom Amtshaftungsrecht her bestimmt werden soll.

chem Eingriff zugrunde. Wie abwegig demgegenüber die der Entschädigung für rechtswidrig-schuldlose Eingriffe zugrunde liegende Fragestellung ist, kann freilich erst dann richtig beurteilt werden, wenn die Rechtsnatur der Entschädigung für rechtswidrige Eingriffe und deren Verhältnis zur Amtshaftung geklärt sind[107].

§ 8: Entschädigung aus enteignungsgleichem Eingriff

I. Einleitung

Die in der Weimarer Lehre und Rechtsprechung[1] und teilweise auch noch heute[2] vertretene Rechtsfigur der Entschädigung für rechtswidrig-schuldlose Eingriffe wird durch die von der Rechtsprechung des Bundesgerichtshofs seit BGHZ 6, 270 entwickelte Rechtsfigur der Entschädigung aus enteignungsgleichem Eingriff abgelöst. Die Entschädigung aus enteignungsgleichem Eingriff umfaßt nicht nur rechtswidrig-schuldlose, sondern nunmehr weitergehend auch rechtswidrig-schuldhafte Eingriffe in vermögenswerte Rechte.

Mit der Rechtsfigur der Entschädigung aus enteignungsgleichem Eingriff wird auch die bis dahin gültige Fragestellung, wie die in dem angeblichen System staatlicher Ersatzleistungen vermeintlich bestehende Lücke der rechtswidrig-schuldlosen Eingriffe ausgefüllt werden kann, verlassen. Die Entschädigung aus enteignungsgleichem Eingriff steht nicht mehr, wie die Entschädigung für rechtswidrig-schuldlose Eingriffe, „zwischen" Enteignung und Amtshaftung, sondern tritt als selbständige Rechtsfigur neben diese. Die Fragestellung geht nunmehr allein dahin, ob das geltende Recht neben der Amtshaftung noch eine weitere Form staatlicher Ersatzleistung für rechtswidrige Eingriffe — die Entschädigung aus enteignungsgleichem Eingriff — kennt, und wie sich deren Verhältnis zur Amtshaftung gestaltet.

---

[107] Unten §§ 13, 14.

[1] Nachweise zur Weimarer Lehre oben § 7 in und zu Anm. 7; zur Rechtsprechung des Reichsgerichts § 7 III.

[2] Nachweise zur heutigen Lehre oben § 7 in und zu Anm. 13; ferner unten § 8 in und zu Anm. 52.

II. Rechtsprechung und Lehre zur Entschädigung aus enteignungsgleichem Eingriff

1. *Rechtsprechung des Bundesgerichtshofs zur Entschädigung aus enteignungsgleichem Eingriff*[3]

Rechtsgrundlage der Entschädigung aus enteignungsgleichem Eingriff ist nach der Rechtsprechung des Bundesgerichtshofs Art. 14 Abs. 3 GG analog[4].

Der BGH hatte den Tatbestand des enteigungsgleichen Eingriffs zunächst auf solche rechtswidrigen[5] Eingriffe in vermögenswerte Rechte

---

[3] Eine zusammenfassende Übersicht über die Rechtsprechung des BGH zur Entschädigung aus enteignungsgleichem Eingriff findet sich allein bei *Kleinhoff*, DRiZ 58, 167; *Kröner*, Die Eigentumsgarantie in der Rechtsprechung des BGH, behandelt die Entschädigung aus Enteignung und enteignungsgleichem Eingriff nebeneinander.

Eine Zusammenstellung der im folgenden genannten Entscheidungen des BGH zur Entschädigung aus enteignungsgleichem Eingriff findet sich in einem Anhang. Die dort genannten Entscheidungen werden im folgenden nur mit jeweils einer Fundstelle genannt; und zwar in der Reihenfolge ihrer Veröffentlichungen in BGHZ, LM, NJW oder an anderem Ort.

[4] BGHZ 6, 270 (289 ff. unter IV), aaO., S. 291: „entsprechende Anwendung des Art. 153 WRV und des Art. 14 GG"; ferner BGHZ 10, 255 (262); 11, 248 (249), st. Rspr.

[5] Entgegen seinen eigenen wiederholten Aussagen (noch aus neuerer Zeit: BGHZ 32, 208 (210 ff.); LM Art. 14 GG Ce Nr. 24; LM § 839 BGB Fg Nr. 27 unter II), der enteignungsgleiche Eingriff unterscheide sich von der Enteignung (nur) durch seine Rechtswidrigkeit, der enteignungsgleiche Eingriff sei ein rechtswidriger, die Enteignung ein rechtmäßiger Eingriff, hat der BGH (fast unbemerkt) beginnend mit BGHZ 23, 157 = LM Art. 14 GG Nr. 63 = NJW 57, 630 *die Rechtsfigur des enteignungsgleichen Eingriffs mehrfach auf rechtmäßige Eingriffe angewandt*, so in den Entscheidungen BGHZ 28, 310 = LM Verwaltungsrecht — Allgemeines (Allgemeines Enteignungsrecht) Nr. 13 = NJW 59, 384; BGHZ 30, 241 = LM Art. 14 GG D Nr. 28 (LS) = NJW 59, 1776; BGHZ LM Art. 14 GG Cf Nr. 16 = NJW 60, 1995. Mit diesen Entscheidungen in engem Zusammenhang stehen folgende Entscheidungen, in denen der BGH bei rechtmäßigen Eingriffen in vermögenswerte Rechte die Rechtsfigur der Entschädigung aus enteignungsgleichem Eingriff jedoch nicht ausdrücklich nennt, sondern nur von Entschädigung wegen „enteignenden Eingriffs" (so BGHZ 37, 44 (46)) oder von „Entschädigung nach Enteignungsgrundsätzen" (so BGHZ LM Art. 14 GG Ba Nr. 25) spricht: BGHZ LM Art. 14 GG D Nr. 22 = NJW 59, 1916; BGHZ 37, 44 = LM Art. 14 GG Cb Nr. 10 = NJW 62, 1439; BGHZ LM Art. 14 GG Ba Nr. 25 = NJW 62, 1816. Zu der Entschädigung aus *rechtmäßigem* enteignungsgleichem Eingriff *Schack*, JZ 60, 625; *Wolff*, Verwaltungsrecht I, § 61 VII, S. 359.

Auf diese Entscheidungen zur Entschädigung aus rechtmäßigem enteignungsgleichem Eingriff kann hier nicht näher eingegangen werden. Ihnen liegen völlig andere Probleme zugrunde, als das hier abgehandelte Problem der Entschädigung aus rechtswidrigem enteignungsgleichem Eingriff. Dabei soll nicht verkannt werden, daß die Abgrenzung von rechtmäßigem und rechtswidrigem hoheitlichem Handeln gerade hier nicht immer einfach sein mag; darauf kann jedoch ebenfalls nicht eingegangen werden. Im folgenden werden nur diejenigen Entscheidungen des BGH behandelt, die sich auf — nach Ansicht des BGH — rechtswidrige Eingriffe in vermögenswerte Rechte beziehen.

beschränkt, die „sich für den Fall ihrer gesetzlichen Zulässigkeit sowohl nach ihrem Inhalt wie nach ihrer Wirkung als eine Enteignung darstellen würden“[6]. Diese anfängliche Beschränkung des Tatbestandes hat der BGH jedoch aufgegeben und sieht nunmehr jeden rechtswidrigen Eingriff in vermögenswerte Rechte — ungeachtet dessen, was er für den Fall seiner gesetzlichen Zulässigkeit darstellen würde — als enteignungsgleichen Eingriff an[7].

Der rechtswidrige Eingriff kann durch Gesetz[8], Rechtsverordnung[9], Verwaltungsakt[10] oder tatsächliches Handeln der Verwaltung[11] erfolgen; dabei ist unerheblich, ob sich der Eingriff als wirksam oder nichtig darstellt[12]. Ein „Eingriff“ liegt nur (und immer) dann vor, wenn hoheitliches Handeln die Beeinträchtigung eines vermögenswerten Rechts — „bereits vorhandener konkreter Werte“[13] — verursacht[14].

---

[6] BGHZ 6, 270 (290), dazu unten V.

[7] BGHZ 32, 208 (210 ff.), dazu unten VI; zur Entwicklung der Rechtsprechung des BGH von BGHZ 6, 270 zu BGHZ 32, 208 unten VI 1 a.

[8] Bislang ist noch keine Entscheidung des BGH zu einem enteignungsgleichen Eingriff durch verfassungswidriges Gesetz ergangen. Der BGH ist jedoch gezwungen, will er folgerichtig sein, entsprechend dem rechtmäßigen enteignenden Eingriff durch Gesetz (Art. 14 Abs. 3 Satz 2 GG) auch den enteignungsgleichen Eingriff durch verfassungswidriges Gesetz anzuerkennen. In BGHZ LM Art. 14 GG Nr. 71; WM 58, 847; WM 60, 408 hat der BGH offengelassen, ob der rechtswidrige Eingriff unmittelbar durch die wegen Verstoßes gegen die Junktimklausel des Art. 14 Abs. 3 Satz 2 GG verfassungswidrige Bestimmung des § 18 Berliner PlanungsG vom 22. 3. 1956 (VOBl 261), durch einen auf dieser Bestimmung beruhenden rechtswidrigen Verwaltungsakt oder durch ein auf diese Bestimmung sich gründendes tatsächliches rechtswidriges Handeln der Verwaltung erfolgt ist.

[9] Bislang ist auch noch keine Entscheidung des BGH zu einem enteignungsgleichen Eingriff durch verfassungs- oder gesetzwidrige Rechtsverordnung ergangen. Der BGH ist jedoch ebenfalls gezwungen, will er folgerichtig sein, entsprechend dem rechtmäßigen enteignenden Eingriff durch Rechtsverordnung aufgrund eines Gesetzes (Art. 14 Abs. 3 Satz 2 GG) auch den enteignungsgleichen Eingriff durch verfassungs- oder gesetzwidrige Rechtsverordnung aufgrund eines (verfassungsmäßigen oder verfassungswidrigen) Gesetzes anzuerkennen.

[10] BGHZ 6, 270, alle drei Vorlagefälle; 7, 296; 10, 255; 11, 248, st. Rspr. Aus den veröffentlichten Teilen der Entscheidungen geht nicht immer eindeutig hervor, ob der enteignungsgleiche Eingriff durch Verwaltungsakt oder durch tatsächliches Handeln der Verwaltung erfolgt ist.

[11] BGHZ LM Art. 14 GG Nr. 71 = WM 58, 359 (360); WM 58, 847 (850); LM Art. 14 GG C e Nr. 21.

[12] BGHZ 10, 255 (262); LM § 26 RLG Nr. 12; 13, 395 (397).

[13] BGHZ LM Art. 14 GG Nr. 40; LM Art. 14 GG Nr. 46; LM Art. 14 GG C e Nr. 21; 34, 188; LM Art. 14 GG C f Nr. 19; LM Art. 14 GG B b Nr. 30. Danach kann nur ein Eingriff in solche vermögenswerten Rechte, die der Eigentumsgarantie des Art. 14 Abs. 1 Satz 1 GG unterliegen, ein enteignungsgleicher Eingriff sein.

[14] Die Entscheidungen BGHZ 23, 235; 31, 1; LM Art. 14 GG C f Nr. 17, nach denen nur derjenige „einen Entschädigungsanspruch aus Enteignung oder enteignungsgleichem Eingriff hat, . . . gegen dessen ‚Eigentum‘ der Verwaltungsakt gerichtet ist, den also die Verwaltung als den Betroffenen, dem ein Sonderopfer abverlangt wird, im Auge hat, nicht auch der, auf den sich mittelbar

Ob der Eingriff auf dem Verschulden eines Beamten beruht, ist unerheblich; der Tatbestand des enteignungsgleichen Eingriffs umfaßt rechtswidrig-schuldlose und rechtswidrig-schuldhafte Eingriffe[15]. Unerheblich ist ferner, ob der Eingriff dem Wohl der Allgemeinheit dient[16]; entscheidend ist allein der „Effekt des behördlichen Verhaltens"[17]: die „Opferlage des Betroffenen"[18].

Der BGH sieht in der rechtswidrigen Versagung und dem rechtswidrigen Widerruf einer Baugenehmigung[19], in der rechtswidrigen Zuweisung eines Mieters in eine Wohnung oder eine Pension[20], in dem rechtswidrigen Abbruch einer Ruine[21] oder eines Hauses[22] und in der rechtswidrigen Entnahme von

---

ein gegen einen anderen gerichteter Verwaltungsakt nachteilig auswirkt" (so BGHZ 23, 235 (240)), sind vereinzelt geblieben und widersprechen der ganzen übrigen Rechtsprechung des BGH, vgl. die rechtmäßige Eingriffe betreffenden Entscheidungen BGHZ 23, 157; 30, 241; LM Art. 14 GG C f Nr. 16; 37, 44. BGHZ 37, 44 (46 f.) nennt diese Entscheidungen kennzeichnenderweise nicht. Wie *Leisner* (VVDStRL 20 (1961), 191 f. Anm. 31) richtig bemerkt, handelt es sich in den genannten Entscheidungen letztlich nicht darum, ob ein „finaler Eingriff" Voraussetzung eines Anspruchs auf Entschädigung aus Enteignung und enteignungsgleichem Eingriff ist, sondern erstens um den Umfang des geschützten Rechts und zweitens darum, ob das hoheitliche Handeln das geschützte Recht überhaupt beeinträchtigt. Steht aber einmal fest, wie der Umfang des geschützten Rechts zu ziehen ist und ob das hoheitliche Handeln dieses Recht beeinträchtigt hat — das wurde in den genannten Entscheidungen verneint —, so fragt der BGH nicht noch darüber hinaus, ob die Beeinträchtigung durch ein bestimmt geartetes („gezieltes", „finales") Handeln erfolgt ist; es genügt vielmehr, daß das hoheitliche Handeln die Beeinträchtigung verursacht hat (aA. *Leisner*, VVDStRL 20 (1961), 192 Anm. 31). Daher ist die Behauptung *Leisners*, VVDStRL 20 (1961), 189 ff., nach der Rechtsprechung des BGH liege ein enteignungsgleicher Eingriff nur bei einer „Schädigung durch primär und typisch hoheitsrechtliches, gezieltes und spezielles Handeln" vor, (aaO., S. 191), unrichtig. Zwar fordert der BGH als tatbestandliche Voraussetzung eines enteignungsgleichen Eingriffs einen „Eingriff"; der BGH versteht darunter aber nicht mehr als ein hoheitliches Handeln, das die Beeinträchtigung eines vermögenswerten Rechts verursacht. Das geht aus BGHZ 37, 44 (47) eindeutig hervor, wo zudem beispielhaft auf die oben genannten Entscheidungen verwiesen wird. *Leisner* nennt aaO. auch die Entscheidungen BGHZ LM Art. 14 GG C e Nr. 21; LM Art. 14 GG Nr. 71 = WM 58, 359 (360); WM 58, 847 (850) nicht, in denen der BGH ausdrücklich erklärt, daß jedes tatsächliche Handeln der Verwaltung („objektives Verwaltungshandeln"), das die Beeinträchtigung eines vermögenswerten Rechts verursacht, einen „Eingriff" darstellt. Der BGH verbindet mit dem Begriff des Eingriffs nicht die Vorstellung eines finalen Verwaltungshandelns, wie etwa *Janssen*, Der Anspruch auf Entschädigung, passim; *Forsthoff*, Verwaltungsrecht I, S. 304, 315; dazu ferner *Schack*, JZ 60, 625 und JZ 61, 373 mit weiteren Nachweisen.

[15] Erstmals BGHZ 7, 296, grundlegend BGHZ 13, 88 (91 ff.), st. Rspr.

[16] BGHZ 13, 88 (92 f.); 13, 395 (398), st. Rspr. abweichend von RGZ 140, 276 (283).

[17] BGHZ WM 58, 847 (850).

[18] BGHZ 13, 88 (92 f., 97, 103), und öfters.

[19] BGHZ 19, 1; 26, 10; LM Art. 14 GG Nr. 71; WM 58, 847; LM Art. 14 GG C e Nr. 21; WM 60, 408; LM § 253 ZPO Nr. 26; LM Art. 14 GG C e Nr. 24; 40, 49.

[20] BGHZ 6, 270, 1. und 2. Vorlagefall; 11, 248; 13, 371; 13, 395.

[21] BGHZ 13, 88; 14, 363.

[22] BGHZ WM 60, 410.

Baumaterialien aus einem Trümmergrundstück[23] einen enteignungsgleichen Eingriff in das Eigentum am Grundstück und/oder das Recht am Gewerbebetrieb; und zwar in der rechtswidrigen „Versagung" einer Baugenehmigung auch dann, wenn die Versagung nicht förmlich erfolgt, sondern sich aus dem tatsächlichen Verhalten der Verwaltung ergibt, daß sie einen Antrag auf Erteilung einer Baugenehmigung ablehnen würde[24]. Einen enteignungsgleichen Eingriff sieht der BGH ferner in der rechtswidrigen Anwendung eines verfassungsmäßigen Enteignungsgesetzes[25], in dem rechtswidrigen Entzug des vertraglichen Rechts eines Mieters auf den Gebrauch der Mietsache[26], in dem rechtswidrigen Entzug einer Apothekenpersonalkonzession[27], in der rechtswidrigen Bestellung eines zweiten Schornsteinfegermeisters für denselben Kehrbezirk[28], in einer rechtswidrigen Umlegung[29], in dem rechtswidrigen Verbot einer Verkaufsveranstaltung[30], in der rechtswidrigen Versagung einer Erlaubnis zu Sprengarbeiten in einem Steinbruch[31] und in der rechtswidrigen Untersagung eines Gewerbebetriebes[31a].

Dagegen hat der BGH das Vorliegen eines enteignungsgleichen Eingriffs verneint bei der rechtswidrigen Versagung der Bestellung zum Notar[32], der rechtswidrigen Versagung der Genehmigung zur Errichtung einer Rezeptsammelstelle für eine Apotheke[33], der rechtswidrigen Versagung einer Erlaubnis zum Kleinhandel mit unedlen Metallen[34] und der rechtswidrigen Versagung einer Apothekenkonzession[35], da das hoheitliche Handeln nicht in „bereits vorhandene konkrete Werte" eingegriffen habe[36]. Das Vorliegen eines enteignungsgleichen Eingriffs hat der BGH ferner — mit verschiedenen Begründungen — verneint bei der rechtswidrigen Eröffnung eines Konkursverfahrens[37], bei der rechtswidrigen Anordnung und Vollziehung eines Steuerarrestes[38], bei der rechtswidrigen Zustimmung zur Kündigung eines Schwerbeschädigten nach dem Schwerbeschädigtengesetz[38a] und bei rechtswidrigem Unterlassen der Verwaltung[39].

---

[23] BGHZ 10, 255; 13, 81; 13, 88.

[24] BGHZ LM Art. 14 GG Nr. 71 = WM 58, 359 (360); WM 60, 408; LM Art. 14 GG C e Nr. 21.

[25] BGHZ 13, 395 (397); LM § 26 RLG Nr. 12; LM LandbeschaffungsG Nr. 1.

[26] BGHZ 6, 270, 3. Vorlagefall = BGHZ 7, 296.

[27] BGHZ 15, 17.

[28] BGHZ LM SchornsteinfegerVO Nr. 1.

[29] BGHZ 31, 49.

[30] BGHZ 32, 208.

[31] BGHZ LM Art. 14 GG F b Nr. 10.

[31a] BGHZ VwRspr 13, 833; ähnlich BGHZ VersR 63, 677.

[32] BGHZ LM Art. 14 GG Nr. 46.

[33] BGHZ 34, 188.

[34] BGHZ LM Art. 14 GG C f Nr. 19.

[35] BGHZ LM Art. 14 GG B b Nr. 30.

[36] Weitere Entscheidung: BGHZ LM Art. 14 GG Nr. 40.

[37] BGHZ LM Art. 14 GG B b Nr. 21.

[38] BGHZ 30, 123.

[38a] BGHZ LM Art. 14 GG C e Nr. 12.

[39] BGHZ 12, 52 (56).

Enteignung und enteignungsgleicher Eingriff unterscheiden sich in den Rechtsfolgen nicht[40]. Der Umfang und die Höhe der Entschädigung[41], die Person des zur Entschädigung Verpflichteten[42], die Verjährung[43] und der Rechtsweg[44] für den Anspruch auf Entschädigung aus enteignungsgleichem Eingriff bestimmen sich nach den für die Entschädigung aus Enteignung geltenden Grundsätzen[45]. Infolgedessen kann dahingestellt bleiben, ob ein rechtmäßiger enteignender oder ein rechtswidriger enteignungsgleicher Eingriff vorliegt, da beide Eingriffe gleichermaßen zu entschädigen sind[46].

Die Entschädigung aus enteignungsgleichem Eingriff tritt neben die Amtshaftung des Art. 34 GG[47]; sie stellt keine anderweitige Ersatzmöglichkeit nach § 839 Abs. 1 Satz 2 BGB dar[48]. Erfüllt ein Eingriff sowohl die tatbestandlichen Voraussetzungen eines enteignungsgleichen Eingriffs als auch die einer schuldhaften Amtspflichtverletzung, so kann dahingestellt bleiben, worauf ein Ersatzanspruch beruht, soweit der Anspruch aus beiden Rechtsgrundlagen hergeleitet werden kann[49].

Weder die Entstehung noch die Geltendmachung eines Anspruchs auf Entschädigung aus enteignungsgleichem Eingriff hängt davon ab, ob der

---

[40] BGHZ 7, 296 (299): „Enteignungsgleiche Eingriffe sind grundsätzlich nicht anders zu behandeln als eine echte Enteignung"; 9, 209, st. Rspr.

[41] Ausnahme: „Der durch rechtswidrigen, enteignungsgleichen Eingriff Betroffene ist weder hinsichtlich der Person des Entschädigungspflichtigen, noch hinsichtlich der Art und des Umfangs der Entschädigung auf die Geltendmachung der Ansprüche beschränkt, die ihm bei rechtmäßigem Vorgehen ein Sondergesetz geben würde", so BGHZ 13, 395 (Leitsatz), ferner BGHZ LM § 26 RLG Nr. 12; LM LandbeschaffungsG Nr. 1; 40, 49 (54).

[42] Ausnahme: Für die Entschädigung aus enteignungsgleichem Eingriff haftet stets allein der Staat oder eine sonstige Körperschaft des öffentlichen Rechts, niemals ein durch den Eingriff begünstigter privater Dritter, BGHZ 26, 10 (12 ff.); LM Art. 14 GG F b Nr. 10; 40, 49 (53); ferner BGHZ 7, 296 (299); 10, 255 (262 ff.); 11, 248 (250 ff.); 13, 81; 13, 395 (399 f.); LM SchornsteinfegerVO Nr. 1; WM 60, 410 (412); LM § 253 ZPO Nr. 26.

[43] BGHZ 9, 209, 30 Jahre.

[44] BGHZ 7, 296 (298), ordentlicher Rechtsweg nach Art. 14 Abs. 3 Satz 4 GG analog.

[45] Umfassende Nachweise bei *Kröner*, Die Eigentumsgarantie in der Rechtsprechung des Bundesgerichtshofes, Abschnitt VI (S. 59 ff.), VII (S. 88 ff.), IX (S. 100 ff.).

[46] BGHZ 10, 255 (262); 14, 363; LM Art. 14 GG Nr. 71; LM Art. 14 GG Nr. 76; LM § 26 RLG Nr. 12; 25, 266; WM 58, 847; WM 60, 408; LM LandbeschaffungsG Nr. 1; zu diesen Entscheidungen ferner in und zu Anm. 149.

[47] BGHZ 7, 296 (297 f.); 13, 88 (90 ff. unter A), st. Rspr.

[48] BGHZ 13, 88 (101 ff .unter B), st. Rspr.

[49] BGHZ 7, 296 (297); 13, 88, st. Rspr. Eine Verurteilung aus wahlweisem Haftungsgrund ist nach BGHZ 14, 363 sogar hinsichtlich Enteignung, enteignungsgleichem Eingriff und Amtshaftung unter den dort genannten Voraussetzungen möglich.

Betroffene zuvor einen Anspruch auf Beseitigung der rechtswidrigen Beeinträchtigung geltend gemacht hat[50].

2. Lehre zur Entschädigung aus enteignungsgleichem Eingriff

Die Lehre ist der Rechtsprechung des BGH zur Entschädigung aus enteignungsgleichem Eingriff nach anfänglichem Widerspruch[51] im Ergebnis überwiegend gefolgt[52]. Die Rechtsgrundlage der Entschädigung für rechtswidrige Eingriffe sieht die Lehre — teilweise scheinbar abweichend von der Rechtsprechung des BGH — in § 75 EinlALR unmittelbar

---

[50] So ausdrücklich die Entscheidung vom 16. 10. 1952, die insoweit in BGHZ 7, 296 oder an anderer Stelle nicht veröffentlicht ist, auf Seite 14 einer vom Gericht beigezogenen Entscheidungsabschrift: „Die ordentlichen Gerichte sind . . . nicht gehindert, Körperschaften öffentlichen Rechts zur Zahlung einer Entschädigung zu verurteilen, obgleich die schädigende Amtshandlung selbst unanfechtbar ist und von dem Kläger hingenommen werden muß . . ., und es ist ihnen unbenommen, die Gesetzwidrigkeit eines Verwaltungsaktes festzustellen und daraus Schlüsse für die Haftung der Körperschaft zu ziehen, auch wenn der Verwaltungsakt selbst nicht mehr anfechtbar ist.“ Vgl. ferner BGHZ 13, 88 (97), wo der BGH ausführt, der Betroffene müsse beim Anspruch auf Entschädigung aus enteignungsgleichem Eingriff nicht wie bei der Amtshaftung nach § 839 III BGB zuvor einen Anspruch auf Beseitigung geltend machen; zurückhaltender BGHZ 31, 49 (59 f.).

In den folgenden Entscheidungen hat der Betroffene zuvor einen Anspruch auf Beseitigung geltend gemacht: BGHZ 6, 270, 1. Vorlagefall (erfolgreiche Anfechtungsklage); 19, 1 und 26, 10 (erfolgreiche Beschwerde); 32, 208 (erfolgreiche Anfechtungsklage), fraglich LM SchornsteinfegerVO Nr. 1. In folgenden Entscheidungen hat der Betroffene zuvor keinen Anspruch auf Beseitigung geltend gemacht: BGHZ 6, 270, 2. Vorlagefall (erfolglose Beschwerde); 7, 296 = 6, 270, 3. Vorlagefall; 10, 255; 11, 248; 13, 395; LM § 26 RLG Nr. 12; 15, 17; LM Art. 14 GG Nr. 71; WM 58, 847; LM Art. 14 GG C e Nr. 21; 31, 49; WM 60, 408; WM 60, 410; LM LandbeschaffungsG Nr. 1; LM Art. 14 GG F b Nr. 10; 40, 49. Aus den veröffentlichten Teilen mancher Entscheidungen geht überhaupt nicht hervor, ob der Betroffene zuvor einen Anspruch auf Beseitigung geltend gemacht hat oder nicht, z. B. BGHZ 13, 88 (!); 13, 371; 14, 363. Der BGH hat diese Frage eben nie als entscheidungserheblich angesehen. Kennzeichnend ist insoweit die Entscheidung des Großen Zivilsenats BGHZ 6, 270: im 1. Vorlagefall hat der Betroffene den Verwaltungsakt erfolgreich angefochten, im 2. Vorlagefall hat er erfolglos Beschwerde gegen denselben eingelegt und im 3. Vorlagefall hat er den Verwaltungsakt sogleich formell rechtskräftig werden lassen. Der BGH macht zwischen diesen drei Fallgestaltungen — und mehr sind gar nicht denkbar! — keinen Unterschied; er spricht in allen drei Vorlagefällen dem Kläger einen Anspruch auf Entschädigung aus enteignungsgleichem Eingriff zu.

[51] Der Rechtsprechung des BGH haben allein *Stödter*, DÖV 53, 139 ff. und *Dürig*, JZ 54, 5 mit Anm. 9 und JZ 55, 523 f. unter 3 und 4 grundsätzlich widersprochen.

[52] Abgesehen von mancher Kritik im einzelnen sind der Rechtsprechung des BGH hinsichtlich der oben genannten grundsätzlichen Ergebnisse weitgehend gefolgt: *Wolff*, Verwaltungsrecht I, § 66 II, S. 387, § 60 I c, S. 349 ff., § 60 III c, S. 353; *Forsthoff*, Verwaltungsrecht I, S. 310 ff.; *Bettermann*, GR III/2, S. 855 ff. unter II; *Fischer*, Verhandlungen des 41. deutschen Juristentages, Band II, Teil C. S. 47 ff.; *Schack*, JZ 56, 426 unter III und 427 f. unter IV 1; *ders.*, JZ 60, 625 ff.; *ders.*, BB 56, 409; *ders.*, DÖV 61, 728; *Scheuner*, Ge-

oder analog, in Art. 14 Abs. 3 GG analog oder in einem allgemeinen Rechtsgrundsatz der Entschädigung für ungleiche Belastungen[53].

III. Begründung der Entschädigung aus enteignungsgleichem Eingriff — Allgemeines

1. *Allgemeines*

Wurde die Entschädigung für rechtswidrig-schuldlose Eingriffe vorwiegend damit begründet, daß mit ihr eine Lücke in dem angeblichen System staatlicher Ersatzleistungen geschlossen werde[54], so vermag diese Begründung die Entschädigung aus enteignungsgleichem Eingriff nicht mehr zu tragen, da die Entschädigung aus enteignungsgleichem Eingriff nicht nur rechtswidrig-schuldlose, sondern darüber hinaus auch rechtswidrig-schuldhafte Eingriffe umfaßt. An die Stelle der Begründung aus dem System staatlicher Ersatzleistungen tritt die Begründung aus dem Enteignungs- und Aufopferungsrecht. Freilich ist das Aufopferungsrecht seit jeher — vor allem in der Rechtsprechung des Reichsgerichts[55] — dazu verwandt worden, eine Entschädigung für rechtswidrige Eingriffe zu begründen. Mit der Rechtsprechung des BGH und der ihr folgenden Lehre tritt jedoch die Begründung der Entschädigung für rechtswidrige Eingriffe aus dem Enteignungs- und Aufopferungsrecht in den Vordergrund[56].

---

dächtnisschrift für Jellinek, S. 340 f., JUS 61, 248 unter V 4; *Wilke*, Die Haftung des Staates, S. 36 ff., 46 ff.; *Janssen*, Der Anspruch auf Entschädigung, S. 116 ff., 124 ff.; 150 ff., 196 ff.; *Jaenicke*, VVDStRL 20 (1961), 151 f., 156 ff., 166 ff.; *Kreft*, DÖV 55, 520 rechts; *Reinhardt*, Verhandlungen des 41. deutschen Juristentages, Band I, 1. Halbbd., S. 259 ff. unter II—IV; *Jellinek*, JZ 55, 147 ff.; *Geiger*, DRiZ 55, 206 ff.; *Barkhau*, Öffentlichrechtliche Entschädigung, § 6, S. 76 ff.; *Bögner*, DVBl 53, 357 ff.; *Hamann*, Kommentar zum Grundgesetz, Art. 14, Erl. B 7, S. 168; *Kleinhoff*, DRiZ 58, 167 ff.; *Weitnauer*, Die Haftung aus Amtspflichtverletzungen, S. 23 f.; *Lerche*, JUS 61, 237 ff., 240 unter V; *Weimar*, DÖV 63, 607 ff.; *Wagner*, Festschrift für Jahrreiss, S. 441 ff.; *Schneider*, Enteignung und Aufopferung, § 2, 6 e, 7, 8, S. 10 ff. und § 5 II 3, S. 32 ff.

Verschiedene Autoren sind (anfangs) der Rechtsprechung des BGH nur insoweit gefolgt, als diese eine Entschädigung für rechtswidrig-schuldlose Eingriffe vertritt, und haben die Ausdehnung der Entschädigung auf rechtswidrig-schuldhafte Eingriffe abgelehnt, *Scheuner*, DÖV 54, 591 f.; *ders.*, DÖV 55, 547 ff. und in: Reinhardt-Scheuner, Verfassungsschutz des Eigentums, S. 106; *Huber*, Wirtschaftsverwaltungsrecht, Band II, S. 34, 37 f.; *Ipsen*, GR II, S. 131 Anm. 64; *Maunz*, Staatsrecht, § 19 IV, S. 149 f.; *Weber*, GR II, S. 385 f. mit Anm. 95; *Diester*, Enteignung und Entschädigung, S. 161.

[53] Dabei werden diese verschiedenen Rechtsgrundlagen bei den in der vorigen Anm. genannten Autoren oft auch nebeneinander genannt; von einer genauen Nachweisung wird hier abgesehen; unten im Text III 3 und 4.

[54] Oben § 7 II 1—3.

[55] Oben § 7 III.

[56] Nachweise über die noch heute vertretenen Begründungen aus dem angeblichen System staatlicher Ersatzleistungen und aus dem Rechtsstaatsprinzip, oben § 7 II 1, 2.

Infolge der raschen Verfestigung der Rechtsprechung des BGH zur Entschädigung aus enteignungsgleichem Eingriff hat sich die Lehre seit der Weimarer Zeit niemals mehr eingehender um die Begründung der Entschädigung für rechtswidrige Eingriffe bemüht. Sie hat vielmehr — wenn auch resignierend — die Rechtsprechung des BGH fast widerspruchslos hingenommen und versucht nur noch, sie darzustellen und das Verhältnis der Entschädigung aus enteignungsgleichem Eingriff zur Amtshaftung zu klären[57]. So sagt *Forsthoff*, die Entschädigung aus enteignungsgleichem Eingriff sei „zum festen Bestandteil des erweiterten Enteignungsrechts geworden“[58], und *Lerche* meint, „ein vollständiges Zurück wäre Illusion“[59]; beide verzichten deswegen weitgehend auf eine Begründung der Entschädigung für rechtswidrige Eingriffe. Aber auch dann, wenn es sich bei der Entschädigung aus enteignungsgleichem Eingriff — was vorerst dahinstehen mag — um Richterrecht handeln sollte[60], so bliebe dennoch zu fragen, auf welcher Grundlage dieses Richterrecht erwachsen ist. Denn einmal kann die Frage nach der Begründung der Entschädigung aus enteignungsgleichem Eingriff nicht mit dem Hinweis auf zwischenzeitlich entstandenes Richterrecht abgetan werden. Und zum anderen kann man Klarheit über die Rechtsnatur der Entschädigung aus enteignungsgleichem Eingriff und deren Verhältnis zur Amtshaftung nur dann gewinnen, wenn man zunächst der ihr von Rechtsprechung und Lehre gegebenen Begründung nachgeht.

2. *Entschädigung aus Enteigung und Aufopferung*

Die Entschädigung aus Enteignung und Aufopferung beruht auf den Rechtsgrundsätzen der Eigentumsgarantie, der Lastengleichheit und der persönlichen Freiheit.

Die Eigentumsgarantie verwandelt sich bei Enteignung und Aufopferung in eine Eigentumswertgarantie[61]. An die Stelle des enteigneten oder aufgeopferten Rechts tritt dessen Wert, beides wird „gewissermaßen gegeneinander ausgetauscht“[62]. Nur das Recht selbst, nicht auch des-

---

[57] Beispielhaft aus neuerer Zeit: *Lerche*, JUS 61, 237 ff.; *Scheuner*, JUS 61, 243 ff.

[58] Verwaltungsrecht I, S. 310.

[59] *Lerche*, JUS 61, 240 unter V 1.

[60] So *Lerche*, JUS 61, 238 unter III und 240 unter V; *Scheuner*, Gedächtnisschrift für W. Jellinek, S. 341; *ders.*, JUS 61, 246 f. unter IV. Dazu ferner im Vierten Kapitel, insbesondere § 15.

[61] Statt aller: *Martin Wolff*, Festgabe für Kahl, S. 13: „Die Schutznorm über die Entschädigungspflicht bewirkt, daß im Enteignungsfall die Eigentumsgarantie in eine Eigentumswertgarantie umgedeutet wird“; *Kutscher*, Die Enteignung, S. 45 ff.; *Weber*, GR II, S. 350, 368, 383, 389 f.; *Ipsen*, VVDStRL 10 (1952), 86; *Scheuner*, in: Reinhardt-Scheuner, Verfassungsschutz des Eigentums, S. 125; *Fischer*, Verhandlungen des 41. deutschen Juristentages, Band II, Teil C, S. 38 f.

[62] RGZ 102, 193 (195).

sen Wert, unterliegt dem staatlichen Zugriff. Eigentum und Eigentumswert werden einander gleichgeachtet; die Eigentumswertgarantie bestätigt die Eigentumsgarantie.

Daneben beruht die Entschädigung aus Enteignung und Aufopferung auf der naturrechtlichen Lehre von der Lastengleichheit aller Staatsbürger, wonach jedermann in gleichem Umfang die Lasten der Allgemeinheit mit zu tragen hat[63]. Nur dann, wenn dem einzelnen ein Opfer auferlegt wird, das ihn „im Vergleich zu anderen ungleich, besonders trifft und . . . zu einem besonderen, den übrigen nicht zugemuteten Opfer für die Allgemeinheit zwingt“[64], soll er entschädigt werden. Die Entschädigung für die Auferlegung besonderer Opfer soll die Lastengleichheit wiederherstellen: „die Entschädigung ist die Form, um eine ungleiche Belastung in eine gleiche zu verwandlen“[65, 66].

Seit jeher ist die Eigentumsgarantie mit der Garantie der persönlichen Freiheit eng verbunden; die Eigentumsgarantie wurde stets als ein Teil der Freiheitsgarantie angesehen. So beruht die Entschädigung aus Enteignung und Aufopferung nicht zuletzt auf der Garantie der persön-

---

[63] Statt aller: umfassend *Stödter*, Öffentlichrechtliche Entschädigung, § 8, S. 78 ff., S. 176 ff., § 14, S. 190 ff.; *Otto Mayer*, Deutsches Verwaltungsrecht, Band II, 2. Aufl., 1917, S. 526 ff. mit Anm. 17 ff.; *Kutscher*, Die Enteignung, S. 45 f.; *Scheuner*, in: Reinhardt-Scheuner, Verfassungsschutz des Eigentums, S. 67 ff., insbes. 72 ff., 124 ff.; *Fischer*, Verhandlungen des 41. deutschen Juristentages, Band II, Teil C, S. 38 f.

[64] BGHZ 6, 270 (280).

[65] *Otto Mayer*, Deutsches Verwaltungsrecht, Band II, 1. Aufl., 1896, S. 347.

[66] Bei der Lehre vom besonderen Opfer ist zweierlei scharf voneinander zu scheiden: einmal macht die Lehre vom besonderen Opfer eine Aussage über den Rechtsgrund der Entschädigung — allein in dieser Bedeutung ist sie hier genannt — und zum anderen macht sie eine Aussage über die Abgrenzung der entschädigungslosen (allgemeinen) von den entschädigungspflichtigen (besonderen) Opfern. Beide Bedeutungen der Lehre vom besonderen Opfer werden meist nicht geschieden, sind aber notwendig voneinander zu scheiden: sieht man den Rechtsgrund der Entschädigung aus Enteignung und Aufopferung nicht nur in der Eigentumsgarantie, sondern daneben auch in der Lehre vom besonderen Opfer, so muß man der Abgrenzung von allgemeinen und besonderen Opfern (Eigentumsbindung-Enteignung) nicht auch den formalen Gegensatz von allgemeiner und besonderer Belastung (etwa die Einzelakttheorie) zugrunde legen, sondern kann diese Abgrenzung ebensogut nach materialen Merkmalen vornehmen (etwa nach der Schwere und Tiefe des Eingriffs). Die Ablehnung einer formalen Abgrenzung von allgemeinen und besonderen Opfern besagt nichts über die Lehre vom besonderen Opfer in ihrer Aussage über den Rechtsgrund der Entschädigung. Der nie enden wollende leidige Streit über die Abgrenzung von allgemeinen und besonderen Opfern (Eigentumsbindung — Enteignung) und die Frage nach dem Rechtsgrund der Entschädigung sind also voneinander unabhängig. Das hat *Stödter* aaO. (Anm. 63) eingehend dargetan; *Stödter* lehnt die formale Abgrenzung von allgemeinen und besonderen Opfern ab, sieht den Rechtsgrund der Entschädigung aber dennoch vorwiegend in der Lehre vom besonderen Opfer.

lichen Freiheit[67], denn „der einzelne bedarf, um unter seinesgleichen als Person, d. h. frei und selbstverantwortlich leben zu können, und um nicht zum bloßen Objekt einer übermächtigen Staatsgewalt zu werden, also um seiner Freiheit und Würde willen einer rechtlich streng gesicherten Sphäre des Eigentums"[68].

3. Verhältnis von Enteignung und Aufopferung

In Rechtsprechung und Lehre ist umstritten, ob die Entschädigung für rechtswidrige Eingriffe ihre Rechtsgrundlage im Enteignungs- oder Aufopferungsrecht findet. Wie dargelegt, sieht der BGH — entgegen dem Reichsgericht[69] — die Rechtsgrundlage der Entschädigung für rechtswidrige Eingriffe in Art. 14 Abs. 3 GG analog[70], wohingegen die überwiegende Lehre die Rechtsgrundlage in § 75 EinlALR unmittelbar oder analog erblickt[71].

Diese Abweichung beruht auf dem bis heute umstrittenen Verhältnis von Enteignung und Aufopferung. Während der BGH annimmt, die Aufopferung sei in der Enteignung aufgegangen und jeder Eingriff in vermögenswerte Rechte unterliege allein Art. 14 GG[72], hält die überwiegende Lehre nach wie vor an einem Nebeneinander von Enteignung und Aufopferung fest[73].

Das umstrittene Verhältnis von Enteignung und Aufopferung kann jedoch dahingestellt bleiben. Enteignung und Aufopferung beruhen — wie soeben dargelegt — auf denselben Rechtsgrundsätzen der Eigentumsgarantie, der Lastengleichheit und der persönlichen Freiheit. Als mög-

---

[67] Statt aller: *Stödter,* Öffentlichrechtliche Entschädigung, S. 229 ff.; *Dürig,* ZgesStW 109 (1953), 326 ff.; *Scheuner,* in: Reinhardt-Scheuner, Verfassungsschutz des Eigentums, S. 72; *Fischer,* Verhandlungen des 41. deutschen Juristentages, Band II, Teil C, S. 38.

[68] BGHZ 6, 270 (276).

[69] Oben § 7 III.

[70] Oben in und zu Anm. 4.

[71] Oben in und zu Anm. 52, 53.

[72] Seit BGHZ 13, 88 (90 f.) wendet der BGH als Rechtsgrundlage der Entschädigung für rechtmäßige und rechtswidrige Eingriffe in vermögenswerte Rechte nur noch (unmittelbar oder analog) Art. 14 Abs. 3 GG an; aaO., S. 91: „Soweit . . . ein hoheitsrechtlicher Eingriff in vermögenswerte Rechte im weitesten Sinne vorliegt, wird der allgemeine Aufopferungsgrundsatz durch die Sonderregelung, die die Enteignung gefunden hat, verdrängt. Dies muß auch dann gelten, wenn dem Eingriff die Rechtmäßigkeitsvoraussetzungen für eine Enteignung fehlen . . ." Bis dahin hatte der BGH geschwankt und bei rechtmäßigen und rechtswidrigen Eingriffen in vermögenswerte Rechte verschiedentlich auch § 75 EinlALR angewandt. Ferner unten in Anm. 74.

[73] Statt aller: *Wolff,* Verwaltungsrecht I, § 61, S. 354 ff.; *Schack,* JZ 56, 425 ff. und öfters; *Jaenicke,* VVDStRL 20 (1961), 154 ff.; *Janssen,* Der Anspruch auf Entschädigung, S. 119 ff., 121 Anm. 582—584 mit umfassenden Nachweisen. Ferner oben § 7 in und zu Anm. 4 und unten Anm. 74.

liche Rechtsgrundlage einer Entschädigung für rechtswidrige Eingriffe stehen Enteignung und Aufopferung daher einander gleich. Was für eine Begründung der Entschädigung für rechtswidrige Eingriffe aus dem Enteignungsrecht gilt, gilt ebenso für eine Begründung derselben aus dem Aufopferungsrecht und umgekehrt[74].

4. Lehre vom besonderen Opfer

Zudem stimmen die Begründungen der Entschädigung für rechtswidrige Eingriffe aus dem Enteignungs- und Aufopferungsrecht inhaltlich weitgehend miteinander überein. Denn Rechtsprechung und Lehre begründen die Entschädigung für rechtswidrige Eingriffe — ungeachtet dessen, auf welche Rechtsgrundlage sie im einzelnen verweisen — stets mit der Lehre vom besonderen Opfer. Die naturrechtliche Lehre vom besonderen Opfer, welche — wie dargelegt — der Entschädigung aus Enteignung und Aufopferung gleichermaßen zugrunde liegt, wird auf rechtswidrige Eingriffe übertragen. Dabei erscheint es nebensächlich, ob man annimmt, die Lehre vom besonderen Opfer umfasse von vornherein rechtmäßige und rechtswidrige Eingriffe oder ob man davon ausgeht, die Lehre vom besonderen Opfer umfasse zunächst nur rechtmäßige Eingriffe, könne (und müsse) aber auf rechtswidrige Eingriffe übertragen werden. Denn immer geht es allein darum, ob die Lehre vom besonderen Opfer auf rechtswidrige ebenso wie auf rechtmäßige Eingriffe angewandt werden kann, ob rechtswidrige ebenso wie rechtmäßige Eingriffe besondere Opfer darstellen, kurzum: ob die Verursachung eines besonderen Opfers im Sinne dieser Lehre von der Rechtmäßigkeit oder Rechtswidrigkeit des Eingriffs unabhängig ist.

Da die Lehre vom besonderen Opfer herkömmlich vorwiegend auf rechtmäßige Eingriffe beschränkt wurde, wird im folgenden untersucht, ob die Lehre vom besonderen Opfer auf rechtswidrige Eingriffe übertragen werden kann.

Die Übertragung der Lehre vom besonderen Opfer auf rechtswidrige Eingriffe wird in Rechtsprechung und Lehre verschieden begründet. Im folgenden werden drei voneinander abweichende Begründungen abgehandelt, die in Rechtsprechung und Lehre zwar verwirrend durcheinandergehen, aber deutlich unterschieden werden können und müssen (unten IV, V. VI). Daran anschließend wird der Begriff des besonderen Opfers gewürdigt (unten VII).

---

[74] So schon *Fischer*, Verhandlungen des 41. deutschen Juristentages, Band II, Teil C, S. 48 Anm. 37. — Unstreitig ist in Rechtsprechung und Lehre heute, daß die Aufopferung des § 75 EinlALR die Rechtsgrundlage der Entschädigung für rechtmäßige und rechtswidrige Eingriffe in nichtvermögenswerte Rechte bildet. Darauf ist hier nicht einzugehen.

IV. Übertragung der Lehre vom besonderen Opfer auf rechtswidrige Eingriffe — Erste Begründung

1. Angebliche Gleichheit der Opferlagen des Betroffenen

Der Große Senat für Zivilsachen des Bundesgerichtshofs sieht „den tragenden Grundgedanken, der zu einer entschädigungsrechtlichen Gleichbehandlung von rechtmäßigen und rechtswidrigen Eingriffen . . . zwingt, darin . . . daß beide Eingriffe den Betroffenen in ganz der gleichen Weise mit einem Sonderopfer belasten“[75]. Die „Opferlage des Betroffenen“, die „allein für den Entschädigungsanspruch maßgebend sein kann“, ist nach Ansicht des BGH von der Rechtmäßigkeit oder Rechtswidrigkeit des Eingriffs unabhängig[76]. Ist aber, so folgert der BGH, „der entscheidende Grundgedanke für die Zubilligung eines Entschädigungsanspruchs“ — die Auferlegung eines besonderen Opfers — „bei einem unrechtmäßigen Staatseingriff, der in seiner Wirkung für den Betroffenen einer Enteignung gleichsteht, mindestens in dem gleichen Maße gegeben, wie bei einer rechtmäßigen . . . Enteignung“[77], dann ist die Übertragung der Lehre vom besonderen Opfer auf rechtswidrige Eingriffe möglich und geboten.

Damit übereinstimmend führt *Bettermann* aus, „die Rechtswidrigkeit oder Rechtmäßigkeit des Eingriffs ist irrelevant; erheblich sind nur sein Inhalt und seine Wirkung: daß er dem Bürger ein Sonderopfer auferlegt“[78]. Und *Robert Fischer* behauptet, „die Rechtmäßigkeit oder die Rechtswidrigkeit des staatlichen Eingriffs (sind) . . . ohne jede Bedeutung“, denn „für die Wirkung des Eingriffs ist es ohne Belang, ob der Eingriff rechtmäßig oder rechtswidrig ist“[79]. Entscheidend ist allein, ob der rechtswidrige Eingriff „die gleiche Wirkung wie der rechtmäßige Eingriff“[79] hat, denn „jeder staatliche Eingriff, der einem einzelnen . . . ein Sonderopfer . . . auferlegt, begründet allein um dieses Sachverhalts

[75] BGHZ 13, 88 (92).

[76] BGHZ 13, 88 (92 f.).

[77] BGHZ 6, 270 (290).

Die erste und zweite Begründung, mit welcher der BGH die Lehre vom besonderen Opfer auf rechtswidrige Eingriffe zu übertragen versucht und die hier unter IV und V nacheinander abgehandelt werden, sind in BGHZ 6, 270 und BGHZ 13, 88, beides Entscheidungen des Großen Zivilsenats, nicht klar voneinander geschieden. Das Gleiche gilt für die erste und die dritte Begründung (hier IV und VI), die in BGHZ 6, 270 und BGHZ 32, 208 durcheinandergehen, dazu unten VI 1.

[78] GR III/2, S. 857 unter II 3.

[79] Verhandlungen des 41. deutschen Juistentages, Band II, Teil C, S. 50.

willen die Entschädigungspflicht des Staates, ganz gleichgültig, ob der Eingriff rechtmäßig oder rechtswidrig ist"[80,81].

Daraus ergibt sich: Rechtsprechung und Lehre gehen von der bei rechtmäßigen und rechtswidrigen Eingriffen angeblich gleichen „Opferlage des Betroffenen"[82] aus und unterscheiden bei rechtswidrigen ebenso wie bei rechtmäßigen Eingriffen zwischen der Auferlegung allgemeiner und besonderer Opfer. Aus der Gegenüberstellung angeblich gleicher Opferlagen des von einem rechtmäßigen und rechtswidrigen Eingriff Betroffenen entnehmen Rechtsprechung und Lehre dann, ob der rechtswidrige Eingriff dem Betroffenen ein allgemeines oder besonderes Opfer auferlegt. Legt ein rechtswidriger ebenso wie ein rechtmäßiger Eingriff dem Betroffenen ein besonderes Opfer auf, so kann und muß der rechtswidrige Eingriff nach Ansicht von Rechtsprechung und Lehre wegen der „Gleichheit der Opferlage des Betroffenen"[83] analog dem rechtmäßigen Eingriff entschädigt werden.

Die Übertragung der Lehre vom besonderen Opfer auf rechtswidrige Eingriffe scheint damit einfach und überzeugend begründet. Beispiel: Der rechtmäßige und rechtswidrige Abbruch einer Ruine (BGHZ 13, 88) legt dem Betroffenen „in ganz der gleichen Weise"[84] ein Opfer auf; die Opferlage des von dem rechtmäßigen und dem rechtswidrigen Abbruch Betroffenen ist gleich. Stellt der rechtmäßige Abbruch ein besonderes Opfer dar, so kann aus der Gegenüberstellung der gleichen Opferlagen des von dem rechtmäßigen und dem rechtswidrigen Abbruch Betroffenen entnommen werden, daß auch der rechtswidrige Abbruch ein besonderes Opfer darstellt. Da auch der rechtswidrige Abbruch dem Betroffenen ein besonderes Opfer auferlegt, kann und muß der rechtswidrige Abbruch wegen der „Gleichheit der Opferlage des Betroffenen" analog dem rechtmäßigen Abbruch entschädigt werden.

---

[80] AaO. (Anm. 79), S. 54.

[81] Ebenso etwa *Wilke,* Die Haftung des Staates, S. 49: „Allein entscheidend ist, ob der Betroffene mit einem Sonderopfer belastet wurde. Jedes durch einen Eingriff abverlangte Sonderopfer stellt einen Verstoß gegen den Gleichheitsgrundsatz dar. Dieser Gleichheitsgrundsatz aber läßt es als unerheblich erscheinen, ob das Sonderopfer auf rechtmäßige oder rechtswidrige Weise herbeigeführt worden ist"; *Weimar,* DÖV 63, 608: „Es ist belanglos, ob der Eingriff rechtmäßig oder schuldlos, bzw. schuldhaft-rechtswidrig war, weil dadurch das essentielle Grundgefüge dieser Haftung nicht berührt wird". — Dabei soll nicht verkannt werden, daß *Bettermann* (Anm. 78) und *Fischer* (Anm. 79 f.) wohl mehr der zweiten Begründung (unten V), *Wilke* und *Weimar* wohl mehr der dritten Begründung (unten VI) zuneigen. Die verschiedenen Begründungen gehen bei diesen Autoren, ebenso wie in der Rechtsprechung des BGH, durcheinander; so vertritt BGHZ 13, 88 vorwiegend die erste, BGHZ 6, 270 vorwiegend die zweite, BGHZ 32, 208 die dritte Begründung, so wie die Begründungen hier unterschieden werden.

[82] Ausdruck von BGHZ 13, 88 (92, 97, 99). — Der zugegebenermaßen unscharfe Begriff der „Opferlage" wird im folgenden ohne nähere Kritik als der in Rechtsprechung und Lehre übliche Begriff übernommen.

[83] Ausdruck von BGHZ 13, 88 (97).

[84] Ausdruck von BGHZ 13, 88 (92). Auf die Fundstellen der zu Anm. 82—84 genannten Ausdrücke des BGH wird im folgenden nicht mehr besonders hingewiesen.

2. *Tatsächliche Ungleichheit der Opferlage des Betroffenen*

Die Annahme einer „Gleichheit der Opferlage des Betroffenen" ist jedoch unhaltbar.

Die grundlegende Ungleichheit in der Opferlage des von einem rechtmäßigen und des von einem rechtswidrigen Eingriff Betroffenen besteht darin, daß der von einem rechtmäßigen Eingriff Betroffene diesen — entschädigungslos oder entschädigungspflichtig — hinzunehmen hat, wohingegen dem von einem rechtswidrigen Eingriff Betroffenen ein Anspruch auf Beseitigung der rechtswidrigen Beeinträchtigung erwächst[85]. Diese grundlegende — und man sollte meinen: selbstverständliche — Ungleichheit wird immer wieder übergangen, wenn behauptet wird, bei rechtmäßigen und rechtswidrigen Eingriffen handle es sich gleichermaßen um „Schädigungen, die der einzelne im öffentlichen Interesse hinnehmen muß"[86] oder „zu deren Hinnahme er infolge seines Unterworfenseins unter die Staatsgewalt . . . genötigt ist"[87]. Vollends verkannt wird die Ungleichheit, wenn der BGH sagt, der Betroffene sei gezwungen, einen Eingriff „auch bei Rechtswidrigkeit zu dulden, ohne daß ihm die Abwehrmöglichkeiten des Privatrechts zur Seite stehen"[88]! Aber auch die häufige Behauptung, „dem rechtmäßigen Eingriff . . . (sei) der unrechtmäßige solange gleich zu achten . . ., als er vom Betroffenen hingenommen werden muß, dieser also gezwungen ist, etwas von seinem Vermögen . . . zu opfern"[89], ist nicht haltbar, da ein rechtswidriger Eingriff vom Betroffenen eben niemals „hingenommen werden muß"[90].

Es ist daher unrichtig, daß rechtmäßige und rechtswidrige Eingriffe „den Betroffenen in ganz der gleichen Weise mit einem Sonderopfer belasten"[91], und daß nicht nur bei einem rechtmäßigen, sondern auch bei einem rechtswidrigen Eingriff „der Betroffene der übermächtigen Staatsgewalt hilflos gegenübersteht"[92]. Wenn Rechtsprechung und Lehre von einer „Gleichheit der Opferlage des Betroffenen" ausgehen, dann übersehen sie, daß die Opferlagen des von einem rechtmäßigen und des von einem rechtswidrigen Eingriff Betroffenen insofern immer ungleich sind,

---

[85] Über den dem einzelnen aus der rechtswidrigen Beeinträchtigung seiner Rechte erwachsenden Anspruch auf Beseitigung der Beeinträchtigung unten § 10.

[86] *Schack*, Verhandlungen des 41. deutschen Juristentages, Band I, 1. Halbbd., S. 18, ferner S. 25 f.; zustimmend *Wilke*, Die Haftung des Staates, S. 79.

[87] BGHZ 13, 88 (92).

[88] BGHZ 13, 88 (93); des Privatrechts?!

[89] *Janssen*, Der Anspruch auf Entschädigung, S. 123; ebenso *Reinhardt*, Verhandlungen des 41. deutschen Juristentages, Band I, 1. Halbbd., S. 260; ebenso schon RGZ 140, 276 (283); ähnlich *Lerche*, JUS 61, 240 unter V 1.

[90] Sieht man von der sofortigen Vollziehung eines Verwaltungsaktes ab.

[91] BGHZ 13, 88 (92).

[92] *Wohlfahrt*, JurRdsch 35, 78 f.

als der eine den Eingriff hinzunehmen hat, wohingegen dem anderen ein Anspruch auf Beseitigung der Beeinträchtigung erwächst[93].

Die Ungleichheit der Opferlagen des von einem rechtmäßigen und des von einem rechtswidrigen Eingriff Betroffenen besteht daher vor allem darin, daß zwar das Ausmaß der Opferlage des von einem rechtmäßigen, nicht aber das Ausmaß der Opferlage des von einem rechtswidrigen Eingriff Betroffenen von vornherein festliegt. Denn die Opferlage des von einem rechtswidrigen Eingriff Betroffenen hängt entscheidend davon ab, ob dieser seinen Anspruch auf Beseitigung der Beeinträchtigung geltend gemacht hat, und ob und inwieweit die Beeinträchtigung beseitigt worden ist.

Hat der Betroffene das ihm rechtswidrig auferlegte Bauverbot angefochten und ist dieses aufgehoben worden, so ist seine Opferlage eine völlig andere, als wenn er die Anfechtung unterlassen hat, und das Bauverbot formell rechtskräftig geworden ist. Im ersten Fall hat der Betroffene nur den Schaden erlitten, der durch die Aufhebung des Bauverbots nicht beseitigt werden konnte, so in RGZ 140, 276: Vermögensschaden infolge entgangener günstiger Verkaufsmöglichkeiten. Im zweiten Fall hat der Betroffene hingegen den Schaden erlitten, welcher durch die Auferlegung des Bauverbots entstanden ist, so in BGHZ LM Art. 14 GG Nr. 71: Vermögensschaden infolge endgültiger Unbebaubarkeit.

Können die Opferlagen des von einem rechtswidrigen Eingriff Betroffe-

---

[93] Ferner ist noch auf die Ansicht *W. Jellineks*, Verwaltungsrecht, S. 330, hinzuweisen, der von einem rechtswidrigen Eingriff Betroffene könne einen Anspruch auf Entschädigung geltend machen, „sofern er sich auf den Boden der Tatsachen stellt, also die Rechtmäßigkeit des Verwaltungsaktes nicht in Zweifel zieht"; ähnlich schon *Schelcher*, FischersZ 52 (1921), 98. Diese Ansicht *Jellineks* und *Schelchers* ist zu Recht abgelehnt worden, *Katzenstein*, Entschädigungspflicht des Staates, S. 11; *Stödter*, Öffentlichrechtliche Entschädigung, S. 25; *Fahrenkrug*, Die Entschädigung für rechtswidrig-schuldlose Verwaltungsakte, S. 41, 60; ablehnend auch RGZ 140, 276 (284 f.); *Krause*, Die öffentlichrechtliche Entschädigung, S. 22; auch *Fischer*, Verhandlungen des 41. deutschen Juristentages, Band II, Teil C, S. 45 Anm. 26; zustimmend dagegen *Lerche*, JUS 61, 242 zu Anm. 42. Damit wird das Problem der Entschädigung für rechtswidrige Eingriffe verwischt und nicht gelöst. Abgesehen davon ist es nur schwer vorstellbar, wie es möglich sein soll, die Rechtmäßigkeit eines rechtswidrigen Verwaltungsaktes nicht in Zweifel zu ziehen!

Der Hinweis *Lerches* (JUS 61, 243 zu Anm. 42) auf den von *Otto Mayer* geprägten Satz „dulde und liquidiere" erscheint bedenklich. Liest man das Zitat ganz, so sieht man sofort, daß dieser Satz lediglich den Rechtszustand des Polizeistaats kennzeichnen soll und infolgedessen der heutigen verfassungsrechtlichen Lage (Art. 19 Abs. 4 GG) in vollem Umfang widerspricht. *Otto Mayer* sagt nämlich (Deutsches Verwaltungsrecht, Band I, 3. Aufl., S. 53 Anm. 27): „Da man gegen den Staat (sc. Polizeistaat) selbst nichts ausrichtet und der Fiskus nicht mehr tun kann als zahlen, so läuft alle Garantie der bürgerlichen Freiheit im Polizeistaate auf den Satz hinaus: „dulde und liquidiere". Den Satz „dulde und liquidiere" sollte man daher angesichts des geltenden Rechts meiden. Dabei soll freilich nicht verkannt werden, daß die Rechtsprechung des BGH weitgehend auf ein (freiwilliges!) „dulde und liquidiere" hinausläuft, dazu oben in und zu Anm. 50. Aber gerade das erscheint bedenklich, unten § 15 in Anm. 22.

nen aber schon untereinander derart verschieden sein, so ist die Annahme, rechtmäßige und rechtswidrige Eingriffe belasteten den Betroffenen „in ganz der gleichen Weise“, vollends unhaltbar.

Stellt man die Opferlagen des von einem rechtmäßigen und des von einem rechtswidrigen Eingriff Betroffenen einander gegenüber, so kann man folgende Fallgruppen bilden:

Der von einem rechtswidrigen Eingriff Betroffene hat seinen Anspruch auf Beseitigung der Beeinträchtigung geltend gemacht; die Beeinträchtigung wurde beseitigt. — In diesem Fall stehen sich die rechtmäßig auferlegte Beeinträchtigung einerseits und der trotz Beseitigung der rechtswidrigen Beeinträchtigung verbleibende Schaden andererseits einander gegenüber. Diese beiden Opferlagen sind ungleich.

Der von einem rechtswidrigen Eingriff Betroffene hat seinen Anspruch auf Beseitigung der Beeinträchtigung geltend gemacht, die Beeinträchtigung konnte aber nicht mehr beseitigt werden[94]. In diesem Fall stehen sich die rechtmäßig auferlegte Beeinträchtigung einerseits und die rechtswidrig auferlegte, aber nicht mehr zu beseitigende Beeinträchtigung andererseits einander gegenüber. Diese beiden Opferlagen sind tatsächlich gleich. Ist ein Mieter rechtswidrig zugewiesen[95], eine Sache rechtswidrig weggenommen[96], eine Umlegung rechtswidrig durchgeführt[97] oder eine Verkaufsveranstaltung rechtswidrig verboten worden[98] und konnte die rechtswidrige Beeinträchtigung nicht mehr beseitigt werden[99] — durch Ausweisung des Mieters, Rückgabe der Sache, Rückgän-

---

[94] Dem steht es gleich, wenn der Betroffene es deswegen unterlassen hat, seinen Anspruch auf Beseitigung der rechtswidrigen Beeinträchtigung geltend zu machen, weil es von vornherein feststand, daß dieselbe nicht mehr beseitigt werden konnte.

[95] BGHZ 6, 270, 1. und 2. Vorlagefall, weitere Nachweise oben Anm. 20.

[96] Bei der Entnahme von Baumaterialien aus Trümmergrundstücken, BGHZ 10, 255; 13, 81; 13, 88.

[97] BGHZ 31, 49.

[98] BGHZ 32, 208.

[99] Angesichts der aufschiebenden Wirkung von Widerspruch und Anfechtungsklage nach § 80 Abs. 1 VwGO, sowie der einstweiligen Anordnung nach § 123 VwGO wird es dem Betroffenen im allgemeinen jedoch möglich sein, den Eintritt der rechtswidrigen Beeinträchtigung zu verhindern oder doch die sofortige Beseitigung derselben zu erreichen. — Nach BVerwGE 16, 289 (292 ff.) hat der einzelne aus Art. 19 Abs. 4 GG ein subjektives öffentliches Recht darauf, daß es ihm tatsächlich ermöglicht wird, rechtzeitig den erforderlichen Rechtsschutz suchen zu können. Die Verwaltung verstößt daher gegen Art. 19 Abs. 4 GG, wenn sie eine Maßnahme so rasch vollzieht, daß es dem Betroffenen nicht möglich ist, noch rechtzeitig ein Rechtsmittel einzulegen. Ebenso BVerwGE 17, 83 (85).

Ob die Betroffenen in den Fällen, die den genannten Entscheidungen des BGH (Anm. 95—98) zugrundeliegen, den Eintritt der rechtswidrigen Beeinträchtigung verhindern oder die sofortige Beseitigung derselben hätten erreichen können, geht aus den veröffentlichten Teilen der Entscheidungen nicht hervor. Der BGH hat dies eben nie als entscheidungserheblich und deshalb auch nie als erwähnenswert angesehen; dazu ferner oben in und zu Anm. 50.

gigmachung der Umlegung, Aufhebung des Verbots —, so sind die Opferlagen des von dem rechtswidrigen und des von einem entsprechenden rechtmäßigen Eingriff Betroffenen tatsächlich gleich.

Der von einem rechtswidrigen Eingriff Betroffene hat es unterlassen, seinen Anspruch auf Beseitigung der Beeinträchtigung geltend zu machen, obwohl dieselbe hätte beseitigt werden können. — Auch in diesem Fall sind die Opferlagen des von dem rechtswidrigen und des von einem entsprechenden rechtmäßigen Eingriff Betroffenen tatsächlich gleich, sieht man davon ab, daß der von dem rechtswidrigen Eingriff Betroffene einen Anspruch auf Beseitigung der Beeinträchtigung erfolgreich hätte geltend machen können.

Die Opferlagen des von einem rechtmäßigen und des von einem rechtswidrigen Eingriff Betroffenen sind danach — entgegen der Ansicht von Rechtsprechung und Lehre — grundsätzlich ungleich. Sie sind ausnahmsweise nur dann tatsächlich gleich, wenn die rechtswidrige Beeinträchtigung nicht mehr beseitigt werden konnte oder der Betroffene es unterlassen hat, seinen Anspruch auf Beseitigung derselben geltend zu machen.

3. Unvergleichbarkeit tatsächlich gleicher Opferlagen des Betroffenen

Aber auch wenn die Opferlagen des von einem rechtmäßigen und des von einem rechtswidrigen Eingriff Betroffenen ausnahmsweise tatsächlich gleich sind, so sind sie dennoch grundsätzlich nicht auch miteinander vergleichbar. Denn die Opferlagen der Betroffenen sind nur dann miteinander vergleichbar, wenn der rechtmäßige und der rechtswidrige Eingriff die tatsächlich gleiche Opferlage auch in einem gleichen Fall verursacht haben.

Ist im einen Fall die Ruine polizeiwidrig und ihr Abbruch im Wege der Ersatzvornahme rechtmäßig[100] und ist im anderen Fall die Ruine nicht polizeiwidrig und ihr Abbruch im Wege der Ersatzvornahme gerade deshalb rechtswidrig, so sind die Opferlagen des von dem rechtmäßigen und rechtswidrigen Abbruch Betroffenen in beiden Fällen zwar tatsächlich gleich, aber dennoch nicht miteinander vergleichbar. Der rechtmäßige Abbruch einer polizeiwidrigen Ruine und der rechtswidrige Abbruch einer polizeigemäßen Ruine sind völlig verschiedene Fälle. Deshalb sind auch die Opferlagen des von dem rechtmäßigen und rechtswidrigen Abbruch Betroffenen nicht miteinander vergleichbar, geschweige denn gleich.

Die Opferlagen wären hingegen vergleichbar, wenn es sich in beiden Fällen um den Abbruch einer polizeiwidrigen Ruine im Wege der Ersatzvornahme handeln würde, der im einen Fall rechtmäßig, im anderen Fall hingegen — etwa wegen verletzter Zuständigkeitsvorschriften — rechtswidrig wäre.

Ein rechtmäßiger und ein rechtswidriger Eingriff, die eine tatsächlich gleiche Opferlage verursachen, treffen aber grundsätzlich nicht auch einen gleichen Fall. Einem rechtmäßigen und einem rechtswidrigen Ein-

---

[100] Nach §§ 7, 8 baden-württembergisches Polizeigesetz vom 21. 11. 1955 (GBl 249) oder den entsprechenden Vorschriften anderer Länder.

griff liegen vielmehr grundsätzlich verschiedene Fälle zugrunde; gerade daraus folgt meistens die Rechtmäßigkeit oder Rechtswidrigkeit des Eingriffs. Ein rechtmäßiges und ein rechtswidriges Bauverbot verursachen zwar möglicherweise eine tatsächlich gleiche Opferlage der Betroffenen. Dem rechtmäßigen und dem rechtswidrigen Bauverbot liegen aber grundsätzlich keine gleichen Fälle zugrunde; anderenfalls wären beide Bauverbote entweder rechtmäßig oder rechtswidrig. Ist ein Eingriff rechtswidrig, so ist ein rechtmäßiger Eingriff in einem gleichen Fall — das erscheint eigentlich selbstverständlich — grundsätzlich eben gerade nicht möglich.

Ist das Verbot einer Verkaufsveranstaltung rechtswidrig, weil die gesetzlichen Voraussetzungen desselben nicht vorliegen (BGHZ 32, 208), so ist ein rechtmäßiges Verbot in einem gleichen Fall eben nicht möglich. Da ein rechtmäßiges und ein rechtswidriges Verbot danach grundsätzlich nicht auch einen gleichen Fall treffen, sind die Opferlagen des von einem rechtmäßigen und des von einem rechtswidrigen Verbot Betroffenen auch dann, wenn sie tatsächlich gleich sind, nicht miteinander vergleichbar. — Ist die Bestellung eines zweiten Schornsteinfegermeisters für denselben Kehrbezirk rechtswidrig, da § 1 SchornsteinfegerVO dem entgegensteht (BGHZ LM SchornsteinfegerVO Nr. 1), so ist die rechtmäßige Bestellung eines zweiten Schornsteinfegermeisters eben schlechthin unzulässig. Womit soll die Opferlage des von dem rechtswidrigen Eingriff Betroffenen aber verglichen werden, wenn es einen dem rechtswidrigen Eingriff vergleichbaren rechtmäßigen Eingriff nach geltendem Recht überhaupt nicht geben kann?

Treffen danach ein rechtmäßiger und ein rechtswidriger Eingriff grundsätzlich nicht auch einen gleichen Fall, so sind die Opferlagen des von einem rechtmäßigen und des von einem rechtswidrigen Eingriff Betroffenen auch dann, wenn sie ausnahmsweise tatsächlich gleich sind, grundsätzlich dennoch nicht miteinander vergleichbar. Die Annahme einer Gleichheit der Opferlage des von einem rechtmäßigen und des von einem rechtswidrigen Eingriff Betroffenen ist daher grundsätzlich unhaltbar.

4. Ergebnis

Ist die Annahme einer Gleichheit der Opferlage des Betroffenen aber unhaltbar, dann kann es auch keine Gegenüberstellung gleicher Opferlagen des von einem rechtmäßigen und des von einem rechtswidrigen Eingriff Betroffenen geben, aus der entnommen werden könnte, ob ein rechtswidriger Eingriff dem Betroffenen ein allgemeines oder besonderes Opfer auferlegt. Kann aber dergestalt nicht festgestellt werden, ob ein rechtswidriger Eingriff ein allgemeines oder besonderes Opfer darstellt, dann ist die vorliegende erste Begründung, mit der Rechtsprechung und Lehre die Lehre vom besonderen Opfer auf rechtswidrige Eingriffe zu übertragen versuchen, abzulehnen.

V. Übertragung der Lehre vom besonderen Opfer auf rechtswidrige Eingriffe — Zweite Begründung

Die zweite Begründung, mit der die Lehre vom besonderen Opfer auf rechtswidrige Eingriffe übertragen wird, findet sich vornehmlich in BGHZ GrSZ 6, 270; ihr hat die Lehre vielfach zugestimmt[101].

1. *Enteignungsgleicher Eingriff nach BGHZ 6, 270*

Der Große Senat für Zivilsachen des Bundesgerichtshofs hat in BGHZ 6, 270 dargelegt, daß „unrechtmäßige Eingriffe der Staatsgewalt . . . dann wie eine Enteignung zu behandeln (sind), wenn sie sich für den Fall ihrer gesetzlichen Zulässigkeit sowohl nach ihrem Inhalt wie nach ihrer Wirkung als eine Enteignung darstellen würden und wenn sie in ihrer tatsächlichen Wirkung dem Betroffenen ein besonderes Opfer auferlegt haben“[102]. Ein rechtswidriger Eingriff, der „für den Fall seiner Rechtmäßigkeit eine Enteignung sein würde“[103] und daher „in seiner Wirkung für den Betroffenen einer Enteignung gleichsteht“[104], stellt nach Ansicht des BGH einen „enteignungsgleichen Tatbestand“[105] dar und ist analog einem enteignenden Eingriff zu entschädigen[106].

---

[101] *Fischer*, Verhandlungen des 41. deutschen Juristentages, Band II, Teil C, S. 47 ff., 52 ff.; *Bettermann*, GR III/2, S. 855 ff. unter II 1 und 3, ihm zustimmend *Lerche*, JUS 61, 240 Anm. 24; *Wilke*, Die Haftung des Staates, S. 48 ff.; *Janssen*, Der Anspruch auf Entschädigung, S. 150 ff., auch S. 116 ff., 196 ff.; OLG Celle DVBl 58, 549 ff. mit Anm. *Schrödter* aaO. 551 ff., dazu ferner *Menger* VA 50 (1959), 83 ff.; ferner *Geiger*, DRiZ 55, 206 unter I 3; *Forsthoff*, Verwaltungsrecht I, S. 310; *Wolff*, Verwaltungsrecht I, § 60 I c, S. 349 ff.; *Jaenicke*, VVDStRL 20 (1961), 152 mit Anm. 41, unklar 157 mit Anm. 52; *Scheuner*, JUS 61, 245, 248 unter V 4. Alle anderen Autoren, die sich auf BGHZ 6, 270 beziehen, gehen auf die dort enthaltene Begründung der Übertragung der Lehre vom besonderen Opfer auf rechtswidrige Eingriffe — die Begründung der Entschädigung aus enteignungsgleichem Eingriff — nicht näher ein. Erstaunlicherweise geht auch keine der Anmerkungen zu BGHZ 6, 270 auf die Begründung der Entschädigung aus enteignungsgleichem Eingriff näher ein, *Hamann*, NJW 52, 1176 f.; *Forsthoff*, JZ 52, 627; *Pagenkopf*, NJW 52, 1193; *Haas*, MDR 52, 649 (unter II 2).

[102] BGHZ 6, 270 (290). Der letzte Halbsatz ist so zu verstehen, daß immer dann, wenn der rechtswidrige Eingriff, wäre er rechtmäßig, eine Enteignung darstellen würde, er dem Betroffenen gleichzeitig auch ein besonderes Opfer auferlegt; die erste und zweite vom BGH hier aufgestellte Voraussetzung — enteignungsgleich und besonderes Opfer — sind danach identisch.

[103] BGHZ 6, 270 (292).

[104] BGHZ 6, 270 (290).

[105] BGHZ 6, 270 (291).

Die Begründung, mit der BGHZ 6, 270 die Lehre vom besonderen Opfer auf rechtswidrige Eingriffe überträgt, unterscheidet sich von der oben unter IV abgehandelten Begründung nur wenig. Beidesmal wird bei rechtswidrigen ebenso wie bei rechtmäßigen Eingriffen zwischen der Auferlegung allgemeiner und besonderer Opfer zu unterscheiden versucht und beidesmal wird versucht festzustellen, wann ein rechtswidriger Eingriff dem Betroffenen ein allgemeines oder besonderes Opfer auferlegt. Geschah dies oben durch die Gegenüberstellung angeblich gleicher Opferlagen des von einem rechtmäßigen und des von einem rechtswidrigen Eingriff Betroffenen, so geschieht es hier durch die Feststellung, was der rechtswidrige Eingriff selbst für den Fall seiner Rechtmäßigkeit darstellen würde.

2. *Kritik der Entscheidung BGHZ 6, 270*

Der BGH hat in BGHZ 6, 270 den dort erstmals aufgestellten Tatbestand des enteignungsgleichen Eingriffs[107] selbst nicht folgerichtig angewandt.

Der Entscheidung BGHZ 6, 270 liegen drei Vorlagefälle zugrunde[108]. Im ersten und zweiten Vorlagefall wurden in Wohnräume, die im Eigentum der Kläger standen, Mieter rechtswidrig zugewiesen. Im ersten Vorlagefall erlitt der Kläger einen Mietausfall, da die Wohnräume bis zur verwaltungsgerichtlichen Aufhebung der Zuweisungsverfügung leer standen. Im zweiten Vorlagefall erlitt der Kläger einen Mietausfall, da der zugewiesene Mieter zahlungsunfähig war. Im dritten Vorlagefall wurde in Wohnräume, die vom Kläger gemietet, aber noch nicht bezogen waren, ein anderer Mieter rechtswidrig zugewiesen. Dem Kläger entstanden Mehraufwendungen infolge einer notwendig gewordenen getrennten Haushaltsführung. Im zweiten und dritten Vorlagefall sind die Zuweisungsverfügungen formell rechtskräftig geworden.

Der BGH gelangt nach eingehenden Ausführungen zur Abgrenzung von Eigentumsbindung und Enteignung[109] zu dem Ergebnis[110], daß die rechtmäßige Zuweisung eines zahlungsfähigen und zahlungswilligen Mieters[111] keine

---

[106] Der Hinweis von BGHZ 6, 270 (290) auf „die überzeugenden Ausführungen des RG in RGZ 140, 276 (283)" ist nicht haltbar. Einerseits fragt RGZ 140, 276 entgegen BGHZ 6, 270 nicht danach, ob der rechtswidrige Eingriff „für den Fall seiner Rechtmäßigkeit" ein allgemeines oder besonderes Opfer darstellen würde. Andererseits fragt BGHZ 6, 270 entgegen RGZ 140, 276 (283) nicht danach, ob der Staat durch den Eingriff einen Vorteil erlangt hat, sondern stellt allein auf die Opferlage des Betroffenen ab, BGHZ 13, 88 (92 f.); derselbe unhaltbare Hinweis auf RGZ 140, 276 (283) findet sich in BGHZ 13, 88 (92). Zu RGZ 140, 276 oben § 7 II 3 und III.

[107] BGHZ 6, 270 (289 ff. unter IV 1, insbes. S. 290).

[108] AaO., S. 272 f.

[109] AaO., unter II, III, S. 276—289.

[110] AaO., S. 289.

[111] Nach dem KontrollratsG Nr. 18 (WohnungsG).

Enteignung, sondern nur eine Eigentumsbindung darstellt; ob die rechtmäßige Zuweisung eines zahlungs*un*fähigen Mieters ebenfalls nur eine Eigentumsbindung darstellt, bleibt offen[112]. Der BGH sieht in allen drei Vorlagefällen in der rechtswidrigen Zuweisung des Mieters einen enteignungsgleichen Eingriff und spricht den Klägern in den ersten beiden Vorlagefällen den erlittenen Mietausfall, im dritten Vorlagefall die infolge der getrennten Haushaltsführung entstandenen Mehraufwendungen als Entschädigung aus enteignungsgleichem Eingriff zu[113].

Der BGH hat in keinem der drei Vorlagefälle entsprechend dem von ihm aufgestellten Tatbestand des enteignungsgleichen Eingriffs festgestellt, ob der rechtswidrige Eingriff, wäre er rechtmäßig — „für den Fall seiner gesetzlichen Zulässigkeit" — eine Eigentumsbindung oder Enteignung darstellen würde.

So hat der BGH im *ersten* Vorlagefall nicht untersucht, ob das durch die rechtswidrige Zuweisung des Mieters verursachte Leerstehen der Wohnung und der dadurch verursachte Mietausfall, wären sie durch einen rechtmäßigen Eingriff verursacht worden, eine Eigentumsbindung oder Enteignung darstellen würden. Der BGH hat vielmehr lediglich festgestellt, daß die rechtmäßige Zuweisung eines zahlungsfähigen und zahlungswilligen Mieters eine Eigentumsbindung darstellt[114]; worin der Zusammenhang zwischen dieser Feststellung und der Begründung der Entschädigung im ersten Vorlagefall bestehen soll, legt man den Tatbestand des enteignungsgleichen Eingriffs zugrunde, bleibt unklar. — Wie wenig folgerichtig der BGH in BGHZ 6, 270 vorgegangen ist, zeigt sich aber vor allem am *zweiten* Vorlagefall. Der BGH hat der rechtswidrigen Zuweisung des zahlungs*un*fähigen Mieters auch hier nur die rechtmäßige Zuweisung eines zahlungsfähigen Mieters gegenübergestellt und ausdrücklich offengelassen, ob die rechtmäßige Zuweisung eines zahlungs*un*fähigen Mieters eine Eigentumsbindung oder Enteignung darstellt[115]. Gerade diese Frage hätte der BGH aber, wäre er folgerichtig gewesen, entscheiden müssen. — Im *dritten* Vorlagefall endlich ist die Frage, ob der rechtswidrige Eingriff, wäre er rechtmäßig, eine Eigentumsbindung oder Enteignung darstellen würde, vom BGH ebenfalls nicht untersucht worden. Die Ausführungen des BGH beziehen sich allein darauf, ob für den Eigentümer einer Wohnung die rechtmäßige Zuweisung eines Mieters eine Eigentumsbindung oder Enteignung darstellt[114]. Die ganz andere Frage, ob für den Mieter einer Wohnung die rechtmäßige Zuweisung eines anderen Mieters in die von ihm gemietete, aber noch nicht bezogene Wohnung, einen eigentumsbindenden oder enteignenden Eingriff in sein vertragliches Recht als Mieter auf den Gebrauch der Mietsache darstellt, ist vom BGH gar nicht aufgeworfen wor-

---

[112] AaO., S. 289.
[113] AaO., S. 294.
[114] AaO., unter II, III, S. 276—289, Ergebnis S. 289.

den. — Nach alledem stehen die Ausführungen des BGH zu der Frage, ob die rechtmäßige Zuweisung eines zahlungsfähigen und zahlungswilligen Mieters eine Eigentumsbindung oder Enteignung darstellt[114], in keinem der drei Vorlagefälle in irgendeinem Zusammenhang mit der Begründung der Entschädigung aus enteignungsgleichem Eingriff, legt man den dort aufgestellten Tatbestand des enteignungsgleichen Eingriffs[116] zugrunde[117].

Ist der BGH aber schon in BGHZ 6, 270 selbst von dem dort aufgestellten Tatbestand des enteignungsgleichen Eingriffs abgewichen, so erscheint es zweifelhaft, ob der Tatbestand des enteignungsgleichen Eingriffs und damit die auf ihm aufbauende Übertragung der Lehre vom besonderen Opfer auf rechtswidrige Eingriffe überhaupt haltbar sind.

3. *Kritik am Tatbestand des enteignungsgleichen Eingriffs nach BGHZ 6, 270*[118]

Die Frage, ob ein rechtswidriger Eingriff in vermögenswerte Rechte, wäre er rechtmäßig — „für den Fall seiner gesetzlichen Zulässigkeit" — eine Eigentumsbindung oder Enteignung darstellen würde, kann meistens weder richtig gestellt noch beantwortet werden.

Das kann nur dann geschehen, wenn der rechtswidrig vorgenommene Eingriff in dem betreffenden Fall nach geltendem Recht auch rechtmäßig vorgenommen werden könnte. So in RGZ 102, 390: die Nutzung eines Patents durch das Reich war ohne die erforderliche Zustimmung des Reichskanzlers[119] und daher rechtswidrig erfolgt. Wäre die Nutzung mit Zustimmung des Reichskanzlers und daher rechtmäßig erfolgt, hätte sie eine Enteignung dargestellt[120]. Beruht die Rechtswidrigkeit des Eingriffs

---

[115] AaO., S. 289. Unverständlicherweise fehlt gerade der diesbezügliche Satz (der letzte Satz vor IV) in LM Art. 14 GG Nr. 7 und NJW 52, 972.

[116] Oben Anm. 107.

[117] Die grundlegende Bedeutung, die diese Entscheidung seit nunmehr über zehn Jahren in Rechtsprechung und Lehre zum Enteignungsrecht einnimmt, steht in einem krassen Mißverhältnis zu ihrer völligen inneren Unausgewogenheit.

[118] *Wilke*, Die Haftung des Staates, S. 49, hat den in BGHZ 6, 270 (290) aufgestellten Tatbestand des enteignungsgleichen Eingriffs als „den Schlüssel zum Verständnis der Rechtsprechung des BGH" bezeichnet. Aber weder *Wilke* noch die übrige Lehre haben sich bislang darum bemüht, den von BGHZ 6, 270 (290) aufgestellten Tatbestand des enteignungsgleichen Eingriffs näher zu untersuchen. Allein *Fischer* (Verhandlungen des 41. deutschen Juristentages, Band II, Teil C, S. 52 f.), *Bettermann* (GR III/2, S. 856 f. unter II 3), *Schrödter* (DVBl 58, 551) und *Menger* (VA 50 (1959), 83) sind auf BGHZ 6, 270 insoweit näher eingegangen; sie haben dem dort aufgestellten Tatbestand des enteignungsgleichen Eingriffs zugestimmt, allein *Bettermann* hat BGHZ 6, 270 im Ergebnis (folgerichtig!) abgelehnt.

[119] Heute § 8 Abs. 1 PatentG in der Fassung vom 9. 5. 1961 (BGBl I 550).

[120] Nach den enteignungsrechtlichen Sonderbestimmungen des PatentG, heute § 8 Abs. 3 PatentG.

aber gerade darauf, daß in dem betreffenden Fall ein rechtmäßiger Eingriff nach geltendem Recht nicht vorgenommen werden kann — und das ist die Regel —, so kann auch nicht danach gefragt werden, ob der rechtswidrige Eingriff, wäre er rechtmäßig, eine Eigentumsbindung oder Enteigung darstellen würde.

Die Frage könnte allenfalls etwas umständlich dahin gestellt werden — und so sind der *Bundesgerichtshof*, *Robert Fischer*[121] und *Bettermann*[122] zu verstehen —, ob der rechtswidrige Eingriff, würde das geltende Recht ihn zulassen und wäre er daher rechtmäßig, eine Eigentumsbindung oder Enteignung darstellen würde[123]. Aber auch diese umständliche Frage kann meistens weder richtig gestellt noch beantwortet werden. Dies wäre allenfalls dann möglich, wenn der rechtswidrige Eingriff den Vollentzug eines vermögenswerten Rechts beinhaltet, da der rechtmäßige Vollentzug eines vermögenswerten Rechts — gleichgültig auf welcher gesetzlichen Grundlage er erfolgt — stets eine Enteignung darstellt[124]. In allen übrigen Fällen aber — und das sind die Fälle, mit denen sich Rechtsprechung und Lehre überwiegend beschäftigen — kann die Frage entweder nicht richtig gestellt oder nicht eindeutig beantwortet werden.

So kann die Frage dann nicht richtig gestellt werden, wenn der rechtswidrige Eingriff, wäre er rechtmäßig, weder eine Eigentumsbindung

---

[121] Verhandlungen des 41. deutschen Juristentages, Band II, Teil C, S. 52f.

[122] GR III/2, S. 856f. unter II 3.

[123] AA. *Menger*, VA 50 (1959), 83ff. *Menger* will die Frage im Sinne von BGHZ 6, 270 dahin stellen, ob der rechtswidrige Eingriff, „wäre er als solcher, nämlich als Einzeleingriff . . . im Gesetz vorgesehen, eine Enteignung darstellen würde“ (aaO., S. 84), und wendet sich dagegen, dem gedachten rechtmäßigen Eingriff ein allgemeines und daher (meist nur) eigentumsbindendes Gesetz zugrundezulegen. Abgesehen davon, daß die Frage dergestalt kaum sinnvoll gestellt werden könnte (etwa in BGHZ 6, 270, erster Vorlagefall: Individualgesetz, das das unbezahlte Leerstehen der Wohnung vorsieht? BGHZ 32, 208: Individualgesetz, das die Verkaufsveranstaltung verbietet?), wäre dann *jeder* rechtswidrige Eingriff — letztlich *weil* er rechtswidrig ist, wie *Menger* aaO., S. 85, selbst einräumt — enteignungsgleich im Sinne von BGHZ 6, 270. Damit wäre aber die Absicht von BGHZ 6, 270 — und *Menger* interpretiert allein diese Entscheidung —, bei rechtswidrigen ebenso wie bei rechtmäßigen Eingriffen zwischen der Auferlegung allgemeiner und besonderer Opfer zu unterscheiden, verkannt. *Menger* interpretiert BGHZ 6,270 bereits im Sinne von BGHZ 32,208 (unten VI). Er hält diese beiden Tatbestände des enteignungsgleichen Eingriffs — die beide schon in BGHZ 6, 270 enthalten sind, unten zu Anm. 140 — nicht auseinander (aaO., S. 84). Insofern ist auch seine Kritik an *Schrödter* (DVBl 58, 551) und dem OLG Celle (DVBl 58, 549) nicht berechtigt, denn diese wollen beide BGHZ 6, 270 verwirklichen, wenngleich sie dabei zu einem voneinander abweichenden Ergebnis gelangen.

[124] Allgemeine Ansicht, statt aller: *von Mangoldt-Klein*, Grundgesetz, Art. 14, Anm. VII 2 b, S. 441.

noch eine Enteignung darstellen würde. Würde in BGHZ LM SchornsteinfegerVO Nr. 1 eine gedachte Rechtsverordnung die Bestellung eines zweiten Schornsteinfegermeisters für denselben Kehrbezirk vorsehen, dann hätte das Recht am Gewerbebetrieb eines Schornsteinfegermeisters von vornherein einen ganz anderen Inhalt; die Bestellung eines zweiten Schornsteinfegermeisters würde dann weder einen eigentumsbindenden noch einen enteignenden Eingriff in das Recht am Gewerbebetrieb des ersten Schornsteinfegermeisters darstellen.

Die Frage kann ferner dann nicht richtig gestellt werden, wenn der rechtswidrige Eingriff rechtmäßig gar nicht gedacht werden kann, weil der Eingriff verfassungswidrig ist, etwa gegen den Grundsatz der Verhältnismäßigkeit verstößt oder sonst willkürlich ist (Art. 3 Abs. 1 GG)[125], vom Wohl der Allgemeinheit nicht gefordert wird (Art. 14 Abs. 3 Satz 1 GG) oder sogar schlechthin unzulässig ist (Art. 140 GG, Art. 138 Abs. 2 WRV).

Aber auch dann, wenn die Frage richtig gestellt werden kann, so kann sie doch niemals eindeutig beantwortet werden. Denn die Beantwortung der Frage, ob ein rechtswidriger Eingriff, würde das geltende Recht ihn zulassen und wäre er daher rechtmäßig, eine Eigentumsbindung oder Enteignung darstellen würde, hängt ganz von der Ausgestaltung der gedachten gesetzlichen Grundlage ab.

So könnte eine gesetzliche Grundlage, welche die rechtswidrige Ablehnung der Baugenehmigung in BGHZ LM Art. 14 GG C e Nr. 21, das rechtswidrige Verbot der Verkaufsveranstaltung in BGHZ 32, 208 oder die rechtswidrige Ablehnung der Erlaubnis zu Sprengarbeiten in einem Steinbruch in BGHZ LM Art. 14 GG F b Nr. 10 zulassen würde, sehr verschieden ausgestaltet gedacht werden. Je nach Ausgestaltung der gedachten gesetzlichen Grundlage — und das ist entscheidend — würde aber die rechtmäßige Ablehnung der Baugenehmigung, das rechtmäßige Verbot der Verkaufsveranstaltung oder die rechtmäßige Ablehnung der Erlaubnis zu Sprengarbeiten in einem Steinbruch eine Eigentumsbindung oder Enteignung darstellen. Es ist daher unhaltbar, wenn BGHZ 13, 88 (90) behauptet, es könne „keinem Zweifel unterliegen, daß . . . durch den Abbruch des Lagerhauses der Klägerin und der Wegnahme der noch brauchbaren Baumaterialien ein Tatbestand verwirklicht worden ist, der im Falle seiner Zulässigkeit nach Inhalt und Wirkung eine Enteignung darstellen würde". Der rechtmäßige Abbruch eines Lagerhauses und die rechtmäßige Entnahme von Baumaterialien aus einem Trüm-

[125] Das verkennt *Schrödter*, DVBl 58, 551 unter 3. Ist eine polizeiliche Verfügung rechtswidrig, da sie gegen den Grundsatz der Verhältnismäßigkeit verstößt (Art. 3 Abs. 1 GG), dann kann in dem betreffenden Fall eine rechtmäßige polizeiliche Verfügung schlechterdings nicht gedacht werden, es sei denn, man ändert den Sachverhalt, dazu unten Anm. 128.

mergrundstück müssen nicht stets als eine Enteignung, sondern können ebensogut auch als eine Eigentumsbindung zu werten sein, unabhängig davon, ob man Eigentumsbindung oder Enteignung — was hier dahinstehen mag — material oder formal voneinander abgrenzt. Das hängt ganz von den Umständen des Einzelfalls und der Ausgestaltung der gedachten gesetzlichen Grundlage des Eingriffs ab.

Die Frage, ob ein rechtswidriger Eingriff, würde das geltende Recht ihn zulassen und wäre er daher rechtmäßig, eine Eigentumsbindung oder Enteignung darstellen würde, kann ferner dann nicht richtig gestellt und beantwortet werden, wenn der rechtswidrige Eingriff — etwa durch verwaltungsgerichtliche Aufhebung oder Rücknahme eines Verwaltungsakts — beseitigt worden ist. Es wäre unrichtig, wollte man feststellen — vorausgesetzt, es wäre möglich —, ob der beseitigte rechtswidrige Eingriff, hätte das geltende Recht ihn zugelassen und wäre er daher rechtmäßig gewesen, eine Eigentumsbindung oder Enteignung dargestellt hätte, um daraus zu entnehmen, ob der rechtswidrige Eingriff enteignungsgleich im Sinne von BGHZ 6, 270 ist. Man müßte vielmehr — will man dem BGH folgen — feststellen, ob der durch den rechtswidrigen Eingriff verursachte, aber nicht beseitigte Schaden eine Eigentumsbindung oder Enteignung darstellen würde, wenn er durch einen rechtmäßigen Eingriff verursacht worden wäre. Ist ein rechtswidrig auferlegtes dreijähriges Bauverbot nach einem Jahr verwaltungsgerichtlich aufgehoben worden, so müßte man feststellen, ob das durch den rechtswidrigen Eingriff tatsächlich auferlegte einjährige Bauverbot, wäre es rechtmäßig auferlegt worden, eine Eigentumsbindung oder Enteignung darstellen würde. Die Ansicht *Fischers*[126], der vorübergehende rechtswidrige Entzug einer Sache — etwa bis zur Nichtigerklärung eines Gesetzes, Aufhebung eines Verwaltungsakts — sei deshalb enteignungsgleich im Sinne von BGHZ 6, 270, weil der beabsichtigte endgültige Entzug derselben eine Enteignung dargestellt hätte, ist daher schon in sich unrichtig. Von dem vorübergehenden rechtswidrigen Entzug einer Sache kann mit dieser Begründung jedenfalls nicht behauptet werden, er gehöre zu den Tatbeständen, „die bei Rechtmäßigkeit des Eingriffs den Tatbestand der Enteignung oder der Aufopferung bilden würden“[127].

Die überaus umständliche Frage, ob der durch einen rechtswidrigen Eingriff verursachte Schaden, der nicht beseitigt werden konnte, wäre er durch einen rechtmäßigen Eingriff verursacht worden, eine Eigentumsbindung oder Enteignung darstellen würde, führt sich jedoch von selbst ad absurdum. In BGHZ 6, 270 — erster Vorlagefall — ist die

---

[126] Verhandlungen des 41. deutschen Juristentages, Band II, Teil C, S. 53 in und zu Anm. 47.

[127] *Fischer*, aaO. (Anm. 126), S. 52.

rechtswidrige Zuweisung eines Mieters in eine Wohnung verwaltungsgerichtlich aufgehoben worden und dem Vermieter ein Mietausfall entstanden, da die Wohnung während des verwaltungsgerichtlichen Verfahrens leer stand. Die Frage — und so hätte sie der BGH stellen müssen — ob das vorübergehende Leerstehen der Wohnung und der dadurch verursachte Mietausfall, wären sie durch einen rechtmäßigen Eingriff verursacht worden, eine Eigentumsbindung oder Enteignung darstellen würden, ist nicht gerade sehr sinnvoll und könnte wohl auch kaum sinnvoll beantwortet werden. Daher ist es nicht verwunderlich, daß weder der BGH noch die Lehre diese Frage dergestalt jemals gestellt, geschweige denn beantwortet haben[128].

4. *Ergebnis*

Die Annahme, bei einem rechtswidrigen Eingriff könne stets festgestellt werden, ob sich der Eingriff „für den Fall seiner gesetzlichen Zulässigkeit" als Eigentumsbindung oder Enteignung darstellen würde, ist danach unhaltbar. Es ist nicht möglich, dergestalt bei rechtswidrigen ebenso wie bei rechtmäßigen Eingriffen zwischen der Auferlegung allgemeiner und besonderer Opfer zu unterscheiden. Deshalb ist auch die zweite Begründung, mit der Rechtsprechung und Lehre die Lehre vom besonderen Opfer auf rechtswidrige Eingriffe zu übertragen versuchen, abzulehnen.

VI. Übertragung der Lehre vom besonderen Opfer auf rechtswidrige Eingriffe — Dritte Begründung

Die dritte Begründung, mit der die Lehre vom besonderen Opfer auf rechtswidrige Eingriffe übertragen wird, findet sich vornehmlich in BGHZ 32, 208; ihr hat die Lehre vereinzelt widersprochen[129].

---

[128] *Schrödter,* (DVBl 58, 551) hat gegenüber dem OLG Celle (DVBl 58, 549) zu Recht darauf hingewiesen, daß die Frage, ob ein rechtswidriger Eingriff, wäre er rechtmäßig, eine Eigentumsbindung oder Enteignung darstellen würde, natürlich nicht dadurch beantwortet werden darf, daß man dem gedachten rechtmäßigen Eingriff einfach einen anderen Fall unterschiebt. Es ist danach in sich unrichtig, wenn der BGH (Anm. 25) und *Fischer* (Anm. 126) annehmen, die rechtswidrige Anwendung eines verfassungsmäßigen Enteignungsgesetzes sei stets enteignungsgleich im Sinne von BGHZ 6, 270, da die rechtmäßige Anwendung eines Enteignungsgesetzes stets eine Enteignung darstellen würde. Denn damit wird dem gedachten rechtmäßigen Eingriff ein anderer Fall unterschoben; dazu entsprechend oben IV 3.

[129] *Lerche,* JUS 61, 240 Anm. 24 unter Hinweis auf *Bettermann,* GR III/2, S. 856 unter II 3; *Jaenicke,* VVDStRL 20 (1961), 152 mit Anm. 41, unklar 157 mit Anm. 52; *Leisner,* VVDStRL 20 (1961), 196; auch *Scheuner,* JUS 61, 245 rechts. — Die überwiegende Lehre hat dieser dritten Begründung der Übertragung der Lehre vom besonderen Opfer auf rechtswidrige Eingriffe wohl von Anfang an zugestimmt, ohne dies allerdings ausdrücklich zu bekennen, unten in und zu Anm. 158. — Die Entscheidung BGHZ 32, 208 stammt vom III. Zivilsenat des BGH, dazu unten in Anm. 141a.

1. *Entwicklung der Rechtsprechung des Bundesgerichtshofs von BGHZ 6, 270 zu BGHZ 32, 208*[130]

Der BGH hat den in BGHZ 6, 270 aufgestellten Tatbestand des enteignungsgleichen Eingriffs auch im weiteren Verlauf seiner Rechtsprechung niemals folgerichtig angewandt. In mehreren Entscheidungen weist der BGH zwar auf den in BGHZ 6, 270 aufgestellten Tatbestand des enteignungsgleichen Eingriffs hin[131], fragt im einzelnen aber nicht danach, ob der rechtswidrige Eingriff, wäre er rechtmäßig, eine Eigentumsbindung oder Enteignung darstellen würde. In BGHZ 13, 395 hat der BGH das Vorliegen eines enteignungsgleichen Eingriffs damit begründet, daß der rechtswidrige Eingriff nur einen einzelnen und nicht alle in gleicher Weise betroffen habe[132]. Später hat sich der BGH mit der Feststellung begnügt, daß ein „rechtswidriger Eingriff"[133] oder ein „Einzeleingriff in ein vermögenswertes Recht"[134] vorliegt. Der BGH hat auch niemals einen Anspruch auf Entschädigung aus enteignungsgleichem Eingriff mit der Begründung abgelehnt, der rechtswidrige Eingriff sei „für den Fall seiner gesetzlichen Zulässigkeit" nur eine Eigentumsbindung[135].

In BGHZ 32, 208 gibt der BGH den in BGHZ 6, 270 aufgestellten Tatbestand des enteignungsgleichen Eingriffs ausdrücklich auf. Nach BGHZ 32, 208 darf der rechtswidrige mit dem rechtmäßigen Eingriff — ganz im Gegensatz zu BGHZ 6, 270 — nicht „derart verglichen werden, daß allein auf die Rechtswidrigkeit und Rechtmäßigkeit abgehoben und gefragt wird, ob der rechtswidrige Akt auch dann eine enteignende, dem Betroffenen ein Sonderopfer auferlegende Maßnahme gewesen wäre, wenn er rechtmäßig ergangen wäre"[136]. Denn „die Rechtmäßigkeit des Eingriffs kann gerade umgekehrt dazu führen, daß der Eingriff nur als die dem Betroffenen ein Sonderopfer nicht abverlangende Verwirklichung einer allgemein getroffenen gesetzlichen Regelung erscheint"[137].

---

[130] Auf die Entwicklung der Rechtsprechung des BGH von BGHZ 6, 270 zu BGHZ 32, 208 und auf die in BGHZ 32, 208 enthaltene Abkehr von BGHZ 6, 270 haben hingewiesen: *Scheuner*, JUS 61, 245 unter III; *Lerche*, JUS 61, 240 Anm. 24; *Leisner*, VVDStRL 20 (1961), 196.

[131] BGHZ 10, 255 (262); 13, 88 (90); WM 60, 410; 30, 123 (125 f.); ferner in Fällen, in denen der BGH es offengelassen hat, ob ein rechtmäßiger oder rechtswidriger Eingriff vorlag, BGHZ LM Art. 14 GG Nr. 71; WM 58, 847; WM 60, 408. — Aus den veröffentlichten Teilen der meisten Entscheidungen ergibt sich zur Feststellung des Tatbestandes des enteigungsgleichen Eingriffs nichts, vgl. BGHZ 11, 248; 13, 81; 13, 371; 26. 10.

[132] AaO., S. 399.

[133] BGHZ 15, 17 (22).

[134] BGHZ LM SchornsteinfegerVO Nr. 1.

[135] Dies hat allein das OLG Celle, DVBl 58, 549 getan, dazu die abl. Anm. von *Schrödter*, DVBl 58, 551; dazu ferner *Menger*, VA 50 (1959), 83.

[136] AaO., S. 211.

[137] AaO., S. 212.

Nach BGHZ 32, 208 steht bereits „mit der Feststellung, daß ein Eingriff rechtswidrig ist“[138] fest, daß der Eingriff ein besonderes Opfer darstellt. Danach erfüllt jeder rechtswidrige Eingriff — nicht nur derjenige, der „für den Fall seiner Rechtmäßigkeit eine Enteignung sein würde“ — den Tatbestand des enteignungsgleichen Eingriffs.

An dem in BGHZ 32, 208 aufgestellten neuen Tatbestand des enteignungsgleichen Eingriffs hat der BGH bislang festgehalten. So sieht BGHZ LM Art. 14 GG C e Nr. 24 ein rechtswidriges Bauverbot ausdrücklich auch dann als enteignungsgleichen Eingriff an, wenn dasselbe Bauverbot, wäre es rechtmäßig, nur eine Eigentumsbindung darstellen würde, und nach BGHZ NJW 63, 1915 (1916) legt ein rechtswidriger Eingriff „dem Kläger ein Sonderopfer schon um deswillen auf, weil (er) rechtswidrig (ist)“[139].

Dabei soll jedoch nicht verkannt werden, daß sich die beiden Tatbestände des enteignungsgleichen Eingriffs in BGHZ 6, 270 und BGHZ 32, 208 keineswegs so klar und eindeutig gegenüberstehen, wie es hiernach erscheinen könnte. Die Aussagen des BGH zum Tatbestand des enteignungsgleichen Eingriffs gehen in den genannten Entscheidungen — vor allem in BGHZ 6, 270[140] — verwirrend durcheinander; die Entwicklung der Rechtsprechung ist daher auch nicht geradlinig verlaufen. Ansätze von BGHZ 32, 208 finden sich vielmehr schon in BGHZ 6, 270; vor allem beruht BGHZ 6, 270 im Ergebnis — wie oben angedeutet — nicht auf dem dort aufgestellten Tatbestand des enteignungsgleichen Eingriffs, sondern legt bereits den von BGHZ 32, 208 aufgestellten Tatbestand zugrunde. Dennoch ist es irreführend, wenn sich BGHZ 32, 208 lediglich als Klarstellung zu BGHZ 6, 270 bezeichnet, denn BGHZ 32, 208 gibt den von BGHZ 6, 270 aufgestellten Tatbestand des enteignungsgleichen Eingriffs endgültig auf, mag dieser auch nie folgerichtig angewandt worden sein[141].

2. Enteignungsgleicher Eingriff nach BGHZ 32, 208

Nach BGHZ 32, 208 steht — wie angedeutet — „mit der Feststellung, daß ein Eingriff rechtswidrig ist, . . . gerade das dem enteignungsglei-

---

[138] AaO., S. 211.

[139] Diese Stelle ist in BGHZ 40, 49 und in LM Art. 14 GG F a Nr. 10 nicht abgedruckt. Ferner BGHZ LM § 839 BGB F g Nr. 27 unter II; hier wird klar gegenübergestellt: war das polizeiliche Handeln rechtmäßig, war es eine Eigentumsbindung, war es rechtswidrig, war es ein enteignungsgleicher Eingriff.

[140] AaO., S. 289 ff. unter IV.

[141] Da der III. Zivilsenat in BGHZ 32, 208 sonach von der Entscheidung des Großen Zivilsenats in BGHZ 6, 270 (und BGHZ 13, 88!) abweicht, hat er es versäumt, nach § 136 Abs. 1 GVG die Sache dem Großen Zivilsenat vorzulegen.

chen Eingriff Eigentümliche fest, daß das dem einzelnen durch den Eingriff auferlegte Opfer jenseits der gesetzlichen allgemeinen Opfergrenze liegt und damit ein . . . Sonderopfer darstellt"[141a]. Danach beinhaltet jeder rechtswidrige Eingriff ein entschädigungspflichtiges besonderes Opfer.

Die Begründung, mit der BGHZ 32, 208 die Lehre vom besonderen Opfer auf rechtswidrige Eingriffe überträgt, weicht von den oben unter IV und V abgehandelten Begründungen grundlegend ab. Wurde bislang — wenngleich vergeblich — versucht, bei rechtswidrigen ebenso wie bei rechtmäßigen Eingriffen zwischen der Auferlegung allgemeiner und besonderer Opfer zu unterscheiden, so gibt BGHZ 32, 208 die Unterscheidung zwischen allgemeinen und besonderen Opfern bei rechtswidrigen Eingriffen auf. Ein rechtswidriger Eingriff legt nach BGHZ 32, 208 dem Betroffenen stets ein besonders — und niemals ein allgemeines — Opfer auf. Mit BGHZ 32, 208 läßt der BGH endgültig die vergeblichen Versuche fallen, aus einer Gegenüberstellung angeblich gleicher Opferlagen des von einem rechtmäßigen und rechtswidrigen Eingriff Betroffenen (oben IV) oder aus einer Feststellung, was der rechtswidrige Eingriff für den Fall seiner Rechtmäßigkeit darstellen würde (oben V), zu entnehmen, ob ein rechtswidriger Eingriff ein allgemeines oder besonderes Opfer darstellt.

3. Kritik am Tatbestand des enteignungsgleichen Eingriffs nach BGHZ 32, 208

BGHZ 32, 208 begründet den neuen Tatbestand des enteignungsgleichen Eingriffs vor allem damit, daß jeder rechtswidrige Eingriff „jenseits der gesetzlichen allgemeinen Opfergrenze liegt und damit ein . . . Sonderopfer darstellt"[142]. Der BGH hatte schon in BGHZ 6, 270 ausgeführt — insoweit BGHZ 32, 208 vorwegnehmend —, ein rechtswidriger Eingriff sei „nicht mehr die Verwirklichung einer allgemein getroffenen gesetzlichen Regelung, sondern ein selbständiger Einzeleingriff, der . . . dem Betroffenen ein besonderes, ihn im Verhältnis zu den Übrigen ungleich treffendes Sonderopfer auferlegt". Daraus folgt nach Ansicht des BGH, „daß ein solcher rechtswidriger Eingriff . . . seinem Inhalt und seiner Wirkung nach einer Enteignung gleichkommt"[143]. Diese Begründung ist jedoch unhaltbar. Sie besagt zunächst, ein rechtswidriger Ein-

[141a] AaO., S. 211 f.

[142] AaO., S. 212.

[143] AaO., S. 290.

griff stelle keine rechtmäßige Eigentumsbindung dar („nicht mehr die Verwirklichung einer allgemein getroffenen gesetzlichen Regelung“). Das ist sicher richtig. Daraus kann aber schlechterdings nicht gefolgert werden, der rechtswidrige Eingriff stelle deshalb (!) ein besonderes Opfer dar und komme daher (!) „seinem Inhalt und seiner Wirkung nach einer Enteignung (gleich)“. Aus dem Umstand, daß weder der rechtswidrige Eingriff noch der rechtmäßige enteignende Eingriff eine rechtmäßige Eigentumsbindung darstellen, kann nicht gefolgert werden, daß der rechtswidrige Eingriff „enteignungsgleich“ ist. Diese Folgerung ist unlogisch und verwirrend.

Der rechtswidrige Eingriff stellt nach BGHZ 32, 208 vielmehr allein deshalb, *weil* er rechtswidrig ist, ein besonderes Opfer dar. Allein die Rechtswidrigkeit des Eingriffs bedingt die Besonderheit des Opfers, und nicht der Vergleich eines rechtswidrigen mit einem rechtmäßigen Eingriff und die daraus gewonnene Feststellung, daß der rechtswidrige Eingriff „in seiner Wirkung für den Betroffenen einer Enteignung gleichkommt“. Ein rechtswidriger Eingriff ist nach BGHZ 32, 208 ein besonderes Opfer, *weil,* nicht — wie nach BGHZ 6, 270 — *obwohl* er rechtswidrig ist[144]. So sagt BGHZ NJW 63, 1915 (1916) unter Hinweis auf BGHZ 32, 208, der rechtswidrige Eingriff lege dem Betroffenen „ein Sonderopfer schon um deswillen auf, weil (er) rechtswidrig (ist)“.

Damit beruht aber — und das ist entscheidend — die von BGHZ 32, 208 vorgenommene Übertragung der Lehre vom besonderen Opfer auf rechtswidrige Eingriffe auf einer bei rechtmäßigen und rechtswidrigen Eingriffen inhaltlich je verschiedenen Definition des Begriffs des besonderen Opfers. Der BGH definiert den Begriff des besonderen Opfers einmal als die über eine allgemeine Belastung aller hinausgehende besondere Belastung eines einzelnen und zum andern als die rechtswidrige Beeinträchtigung. Einen rechtmäßige und rechtswidrige Eingriffe umfassenden Begriff des besonderen Opfers kennt der BGH in Wahrheit gar nicht; der vom BGH verwandte Begriff des besonderen Opfers hat vielmehr (spätestens) seit BGHZ 32, 208 den genannten doppelten Inhalt. Der BGH begründet in BGHZ 32, 208 auch nicht mehr, weshalb jeder rechtswidrige Eingriff ebenso wie ein rechtmäßiger enteignender Eingriff ein besonderes Opfer darstellt, sondern stellt einfach fest, jeder rechtswidrige Eingriff *sei* ein besonderes Opfer, weil er rechtswidrig sei. Darin liegt einmal ein schlichter circulus vitiosus; und zum anderen wird der Begriff des „besonderen“ Opfers sinnlos, da eben *jeder* rechtswidrige Eingriff ein besonderes — und niemals ein allgemeines — Opfer darstellt. Kurzum: die Übertragung der Lehre vom besonderen Opfer auf

[144] Nach einer Formulierung von *Bettermann,* GR III/2, S. 857 unter II 3.

rechtswidrige Eingriffe durch BGHZ 32, 208 beruht auf einer willkürlichen inhaltlichen Verdoppelung des Sonderopferbegriffs[145].

4. *Ergebnis*

Beruht die Annahme, jeder rechtswidrige Eingriff stelle ein besonderes Opfer dar, aber lediglich auf einer nicht weiter begründeten und auch nicht weiter begründbaren inhaltlichen Verdoppelung des Sonderopferbegriffs, so ist auch die dritte Begründung, mit der Rechtsprechung und Lehre die Lehre vom besonderen Opfer auf rechtswidrige Eingriffe zu übertragen versuchen, abzulehnen.

VII. Begriff des besonderen Opfers

Im Mittelpunkt der drei Begründungen, mit denen Rechtsprechung und Lehre — wenngleich vergeblich — die Lehre vom besonderen Opfer auf rechtswidrige Eingriffe zu übertragen versuchen, steht der Begriff des besonderen Opfers und dessen inhaltliche Umgestaltung.

---

[145] Der BGH und die Lehre berufen sich zur Begründung der Entschädigung für rechtswidrige Eingriffe auch auf den allgemeinen Gleichheitssatz des Art. 3 Abs. 1 GG; vor allem BGHZ 32, 208 (211 f.) und BGHZ 13, 88 (96), wohingegen BGHZ 6, 270 zwar bei der Begründung der Entschädigung aus Enteignung (aaO., S. 276 ff. unter II), nicht aber bei der Begründung der Entschädigung aus enteignungsgleichem Eingriff (aaO., S. 289 ff. unter IV) sich auf den allgemeinen Gleichheitssatz beruft; aus der Lehre: *Fischer*, Verhandlungen des 41. deutschen Juristentages, Band II, Teil C, S. 52, 39; *Wilke*, Die Haftung des Staates, S. 49; *Scheuner*, JUS 61, 248 unter V 4.

Sieht man die positive Rechtsgrundlage der Lehre vom besonderen Opfer nicht in Art. 14 Abs. 3 GG, § 75 EinlALR, sondern im allgemeinen Gleichheitssatz, so liegt in der Berufung auf denselben lediglich der Hinweis auf die Rechtsgrundlage der Lehre vom besonderen Opfer. Sieht man dagegen die Rechtsgrundlage der Lehre vom besonderen Opfer bereits in Art. 14 Abs. 3 GG, § 75 EinlALR, so kann die Berufung auf den allgemeinen Gleichheitssatz nur dahin verstanden werden, daß damit die Notwendigkeit einer Übertragung der Lehre vom besonderen Opfer auf rechtswidrige Eingriffe unterstrichen oder sogar verfassungsrechtlich gefordert wird. Kann jedoch die Übertragung der Lehre vom besonderen Opfer auf rechtswidrige Eingriffe — wie unter IV, V, VI dargetan — nicht begründet werden, so kann dies unter Berufung auf den allgemeinen Gleichheitssatz nicht dennoch geschehen. Neben der Lehre vom besonderen Opfer kommt der Berufung auf den allgemeinen Gleichheitssatz bei der Begründung der Entschädigung für rechtswidrige Eingriffe keine selbständige Bedeutung zu.

Unrichtig wäre es, wollte man die Entschädigung für rechtswidrige Eingriffe unmittelbar aus dem allgemeinen Gleichheitssatz begründen. Das wäre schlechterdings unmöglich. Zwar beinhaltet der allgemeine Gleichheitssatz ein subjektives öffentliches Recht auf Gleichbehandlung. Aus dessen rechtswidriger Beeinträchtigung — wobei dahinstehen mag, worin diese hier überhaupt gesehen werden könnte — erwächst dem Betroffenen jedoch kein Anspruch auf Entschädigung, sondern (allenfalls) ein Anspruch auf Beseitigung der rechtswidrigen Beeinträchtigung.

1. Verselbständigung des Sonderopferbegriffs

Nach der überkommenen Lehre vom besonderen Opfer[146] stellt nur ein rechtmäßiger Eingriff, der den einzelnen „im Vergleich zu anderen ungleich besonders trifft“, ein besonderes Opfer dar. Rechtsprechung und Lehre haben den Begriff des besonderen Opfers — wie oben zu IV—VI dargelegt — jedoch nach und nach zu einem rechtmäßige und rechtswidrige Eingriffe umfassenden Begriff verselbständigt und sehen heute jeden Eingriff, der „die Auferlegung einer dem Betroffenen vom Staat . . . abverlangten besonderen, außergewöhnlichen Belastung (beinhaltet), welche gegen den Gedanken der gleichmäßigen Belastung aller verstößt“[147], als ein besonderes Opfer an, unabhängig davon, ob der Eingriff rechtmäßig oder rechtswidrig ist. „Denn ein ungleicher Eingriff zwingt dem von ihm Betroffenen stets ein besonderes Opfer auf, ganz unabhängig davon, ob er der Rechtsordnung entspricht oder von ihr mißbilligt wird“[148].

Der in Rechtsprechung und Lehre dergestalt von der Rechtmäßigkeit oder Rechtswidrigkeit des Eingriffs losgelöste und angeblich rechtmäßige und rechtswidrige Eingriffe umfassende Begriff des besonderen Opfers ist jedoch völlig inhaltsleer. Denn „das besondere Opfer“ schlechthin gibt es nicht. Welcher Eingriff dem einzelnen ein allgemeines und welcher ein besonderes Opfer auferlegt, kann — wie oben unter IV—VI eingehend dargelegt — für rechtmäßige und rechtswidrige Eingriffe nicht einheitlich und daher auch nicht unabhängig von der Rechtmäßigkeit oder Rechtswidrigkeit des Eingriffs bestimmt werden.

2. Verdoppelung des Sonderopferbegriffs

Rechtsprechung und Lehre haben infolgedessen den angeblich umfassenden Sonderopferbegriff auch nie anzuwenden vermocht, ohne letztlich doch auf die Rechtmäßigkeit oder Rechtswidrigkeit des Eingriffs abzustellen. Unter dem angeblich umfassenden, aber inhaltsleeren Sonderopferbegriff verbergen sich — wie im Hinblick auf BGHZ 32, 208 bereits dargelegt — in Wirklichkeit zwei voneinander abweichende Sonderopferbegriffe, von denen sich der eine auf rechtmäßige und der andere auf rechtswidrige Eingriffe bezieht. Die Verselbständigung des Sonderopferbegriffs hat sonach nicht zu einem rechtmäßige und rechtswidrige Eingriffe umfassenden Sonderopferbegriff, sondern zu einer inhaltlichen Verdoppelung desselben geführt.

---

[146] Oben in und zu Anm. 63 und die dort genannten Autoren.

[147] *Wilke*, Die Haftung des Staates, S. 178 Leitsatz 8.

[148] *Wolff*, Verwaltungsrecht I, § 66 II b, S. 387.

Wäre der Begriff des besonderen Opfers von der Rechtmäßigkeit oder Rechtswidrigkeit des Eingriffs wirklich unabhängig, dann hätte der BGH es stets dahingestellt sein lassen können, ob der Eingriff rechtmäßig oder rechtswidrig war, sofern nur „das dem einzelnen durch den Eingriff auferlegte Opfer jenseits der gesetzlichen allgemeinen Opfergrenze liegt und damit ein . . . Sonderopfer darstellt"[149].

Der BGH hat jedoch nur in wenigen Entscheidungen das Vorliegen eines besonderen Opfers bejaht und zugleich offengelassen, ob der Eingriff rechtmäßig oder rechtswidrig war[150]. Aber auch in diesen wenigen Entscheidungen trifft der BGH die Feststellung, ob ein Sonderopfer vorliegt, nicht unabhängig von der Rechtmäßigkeit oder Rechtswidrigkeit des Eingriffs. Er untersucht vielmehr zunächst, ob der Eingriff eine rechtmäßige Eigentumsbindung darstellt. Erst wenn er dies verneint hat, bejaht er das Vorliegen eines Sonderopfers und läßt dahingestellt, ob der Eingriff rechtmäßig oder rechtswidrig ist[151]. Die Rechtmäßigkeit oder Rechtswidrigkeit des Eingriffs bleibt in diesen Entscheidungen danach nicht deshalb dahingestellt, weil ihre Feststellung entbehrlich wäre, sondern allein deshalb, weil der (rechtmäßige oder rechtswidrige) Eingriff zugleich die Voraussetzungen beider vom BGH nebeneinander vertretenen Sonderopferbegriffe erfüllt: ist der Eingriff rechtmäßig, dann geht er über eine Eigentumsbindung hinaus und stellt eine rechtmäßige Enteignung, ist er hingegen rechtswidrig, dann stellt er (weil er rechtswidrig ist) einen enteignungsgleichen Eingriff dar.

Die Lehre ist auf den von ihr vertretenen angeblich rechtmäßige und rechtswidrige Eingriffe umfassenden Begriff des besonderen Opfers niemals näher eingegangen und hat auch niemals näher dargelegt, was sie unter einem „rechtswidrig verursachten Sonderopfer"[152] versteht. Dadurch hat sie — bewußt oder unbewußt — die Verdoppelung des Sonderopferbegriffs verschleiert und — bis heute unangefochten — die

---

[149] BGHZ 32, 208 (211 f.).

[150] BGHZ 10, 255 (262); 14 363; ferner BGHZ LM Art. 14 GG Nr. 76; LM § 26 RLG Nr. 12; LM LandbeschaffungsG Nr. 1.

In den Entscheidungen BGHZ LM Art. 14 GG Nr. 71 = WM 58, 359; WM 58, 847; WM 60, 408 bleibt die Rechtmäßigkeit oder Rechtswidrigkeit des Eingriffs — entgegen der eigenen Ansicht des BGH — nicht dahingestellt. Die Bausperren beruhen — unmittelbar oder mittelbar — auf der nachkonstitutionellen Vorschrift des § 18 Berliner PlanungsG vom 22. 3. 1956 (VOBl 261); diese Vorschrift enthält keine Junktimklausel. Da nach Ansicht des BGH die Bausperren über eine Eigentumsbindung hinausgehen, sind sie notwendig rechtswidrig: Entweder ist § 18 Berliner PlanungsG wegen Verstoßes gegen Art. 14 Abs. 3 Satz 2 GG (Junktimklausel; vgl. BVerfGE 4, 219) nichtig oder ist diese Bestimmung verfassungskonform dahingehend auszulegen, daß sie nur zu eigentumsbindenden Eingriffen ermächtigt.

[151] So etwa BGHZ 10, 255 (260 ff. unter IV 2 a).

[152] *Wolff*, Verwaltungsrecht I, § 60 I c 2, S. 350.

Illusion aufrechterhalten, der Begriff des besonderen Opfers sei von der Rechtmäßigkeit oder Rechtswidrigkeit des Eingriffs unabhängig.

So spricht *Wolff* von „Sonderopfern, die durch rechtswidriges Handeln hervorgerufen"[153] und von „ungleichen Belastungen . . ., die . . . rechtswidrig auferlegt werden"[154], ohne näher darzulegen, was er dabei unter einem Sonderopfer und einer ungleichen Belastung versteht. Auch *Janssen* verwendet bei rechtmäßigen und rechtswidrigen Eingriffen den Begriff des „ungleichen Sonderopfers"[155], ohne diesen Begriff näher zu definieren. Und wenn *Scheuner* den enteignungsgleichen Eingriff dahin umschreibt, es seien darunter „solche schädigenden Staatseingriffe zu verstehen, die . . . rechtswidrig sind und für den Betroffenen ein Sonderopfer begründen"[156], so bleibt dabei der Begriff des besonderen Opfers ebenso unklar, wie wenn *Schack* von den „dem einzelnen ein Sonderopfer auferlegenden rechtswidrigen Schadenszufügungen"[157] spricht.

Daher bleibt auch weitgehend unklar, ob die Lehre jeden[158] oder nur bestimmte[159, 160] rechtswidrige Eingriffe als besondere Opfer angesehen wissen will[161].

---

[153] Verwaltungsrecht I, § 60 I c 1, S. 350.

[154] Verwaltungsrecht I, § 66 II b, S. 387.

[155] *Janssen*, Der Anspruch auf Entschädigung, S. 124 ff., und öfters. Die (eingehende) Begründung, mit der *Janssen* die Lehre vom besonderen Opfer auf rechtswidrige Eingriffe zu übertragen versucht, ist erstaunlich begriffsjuristisch. *Janssen* argumentiert aaO., S. 118, folgendermaßen: „zu den begrifflichen Merkmalen (sc. der Aufopferung) zählt nur, daß der Schaden durch Hoheitsakt zugefügt worden ist". Da aber — so folgert *Janssen* — „Hoheitsakt . . . auch die rechtswidrige Verwaltungsmaßnahme" (im Original gesperrt!) sei, umfase die Lehre vom besonderen Opfer auch rechtswidrige Eingriffe; der „Begriff" der Aufopferung sei von der Rechtmäßigkeit oder Rechtswidrigkeit des Hoheitsaktes unabhängig!

[156] JUS 61, 248 unter V 4.

[157] JZ 56, 427 unter IV.

[158] Ohne daß dies letztlich völlig eindeutig festgestellt werden könnte, sehen wohl folgende Autoren im Sinne von BGHZ 32, 208 jeden rechtswidrigen Eingriff als besonderes Opfer an: *Schack*, Verhandlungen des 41. deutschen Juristentages, Band I, 1. Halbbd., S. 14 ff., 18 ff.; *ders.*, JZ 56, 427 unter IV 1; *ders.*, BB 56, 409, *Schack* hat die Frage, ob jeder oder nur ein bestimmter rechtswidriger Eingriff ein besonderes Opfer darstellt, ausdrücklich allerdings nie erörtert; *Wolff*, Verwaltungsrecht I, § 60 I c, S. 349 ff., § 66 II, S. 387 f., *Wolff* zitiert zwar aaO., S. 350, BGHZ 6, 270 (290), folgert daraus aber wohl nichts; *Janssen*, Der Anspruch auf Entschädigung, S. 116 ff. zur rechtswidrigen Aufoperung, 150 ff. zur rechtswidrigen Enteignung, ob *Janssen* die Frage bei Aufopferung und Enteignung, falls sie durch rechtswidrigen Hoheitsakt verursacht worden sind, verschieden beantwortet wissen will, bleibt unklar; *Scheuner*, JUS 61, 245 rechts, 248 unter V 4; *Weimar*, DÖV 63, 607 f.; *Wagner*, Festschrift für Jahrreiss, insbes. S. 463.

[159] Hingegen sehen folgende Autoren im Sinne von BGHZ 6, 270 nur einen bestimmten rechtswidrigen Eingriff — nämlich einen solchen, der für den Fall seiner gesetzlichen Zulässigkeit eine Enteignung darstellen würde — als besonderes Opfer an: *Bettermann*, GR III/2, S. 856 f. unter

3. *Ergebnis*

Daraus ergibt sich: Der von Lehre und Rechtsprechung vertretene angeblich rechtmäßige und rechtswidrige Eingriffe umfassende Begriff des besonderen Opfers ist unhaltbar; unter ihm verbergen sich zwei voneinander verschiedene Begriffe des besonderen Opfers, von denen sich der eine auf rechtmäßige, der andere auf rechtswidrige Eingriffe bezieht. Die Verselbständigung des Sonderopferbegriffs hat nicht zu einem rechtmäßige und rechtswidrige Eingriffe umfassenden Sonderopferbegriff, sondern zu einer inhaltlichen Verdoppelung desselben geführt, die niemals stichhaltig begründet worden ist und auch nicht begründet werden kann.

VIII. Ergebnis

Kann die Lehre vom besonderen Opfer auf rechtswidrige Eingriffe nicht übertragen werden, so scheitert die Begründung der Entschädigung für rechtswidrige Eingriffe aus Art. 14 Abs. 3 GG, § 75 EinlALR.

Es wäre nunmehr eigentlich darauf einzugehen, worin der Unterschied zwischen der Entschädigung aus Enteignung und Aufopferung einerseits und der Entschädigung aus enteignungsgleichem Eingriff andererseits besteht, und weshalb jeder Versuch, die Entschädigung für rechtswidrige Eingriffe aus dem Enteignungs- und Aufopferungsrecht herzuleiten, notwendig scheitern muß. Dieser Nachweis soll jedoch nicht durch eine Gegenüberstellung der Entschädigung für rechtmäßige und rechtswidrige Eingriffe erbracht werden. Vielmehr soll zunächst noch untersucht werden, ob die Entschädigung für rechtswidrige Eingriffe in der Folgenbeseitigung oder Wiedergutmachung rechtswidriger Eingriffe eine Grundlage finden kann und welche öffentlichrechtlichen Ansprüche dem einzelnen aus der rechtswidrigen Beeinträchtigung seiner Rechte erwachsen (§§ 9—11). Ist dies geschehen, so soll die wahre Rechtsnatur der Ent-

---

II 3; *Fischer*, Verhandlungen des 41. deutschen Juristentages, Band II, Teil C, S. 47 ff., 52 ff.; *Schrödter*, DVBl 58, 551 ff.; *Menger*, VA 50 (1959), 83 ff.; *Leisner*, VVDStRL 20 (1961), 196.

[160] Unklar bleibt hingegen vor allem die Stellungnahme von: *Forsthoff*, Verwaltungsrecht I, S. 310 ff.; *Jaenicke*, VVDStRL 20 (1961), 152 mit Anm. 41: *Jaenicke* lehnt hier BGHZ 32, 208 ab, läßt aber die Frage aaO., S. 157 mit Anm. 52, im unklaren; *Lerche*, JUS 61, 240 Anm. 24 stimmt zwar *Bettermann* zu, es wird jedoch nicht klar, ob *Lerche* daraus etwas folgert; unklar ferner *Dagtoglou*, Ersatzpflicht des Staates bei legislativem Unrecht?, S. 58, 27 ff.

[161] Die Verdoppelung des Sonderopferbegriffs ist neuerdings von *Wagner*, Festschrift für Jahrreiss, S. 463, offen ausgesprochen worden. *Wagner* sagt aaO.: „Ein Sonderopfer liegt vor: 1. bei rechtswidrigen Maßnahmen immer; 2. bei rechtmäßigen Maßnahmen, falls die bloße Eigentumsbindung überschritten ist."

schädigung für rechtswidrige Eingriffe geklärt und dadurch der Nachweis erbracht werden, daß die Entschädigung für rechtswidrige Eingriffe aus dem Enteignungs- und Aufopferungsrecht nicht hergeleitet werden kann (Viertes Kapitel).

§ 9: Anspruch auf Folgenbeseitigung und Wiedergutmachung

I. Einleitung

Unabhängig von der Rechtsfigur der Entschädigung für rechtswidrige Eingriffe haben Lehre und Rechtsprechung die Rechtsfiguren der Folgenbeseitigung und der Wiedergutmachung rechtswidriger Eingriffe geschaffen. Wenngleich die Rechtsfiguren der Entschädigung, Folgenbeseitigung und Wiedergutmachung rechtswidriger Eingriffe aus verschiedenen Rechtsgrundlagen heraus erwachsen sind, scheinen sie doch sachlich eng miteinander verwandt: sie enthalten materielle öffentlichrechtliche Ansprüche gegen den Staat, die dem einzelnen aus der rechtswidrigen Beeinträchtigung seiner Rechte erwachsen. Im folgenden soll daher untersucht werden, wie sich Entschädigung, Folgenbeseitigung und Wiedergutmachung rechtswidriger Eingriffe zueinander verhalten, und ob die Entschädigung für rechtswidrige Eingriffe in der Folgenbeseitigung oder Wiedergutmachung eine Grundlage finden kann. Hat *Bachof* einst danach gefragt, ob die Entschädigung für rechtswidrige Eingriffe „als Grundlage einer verwaltungsgerichtlichen Klage auf Beseitigung der Folgen eines aufgehobenen Verwaltungsaktes dienen (kann)“[1], so soll nunmehr umgekehrt danach gefragt werden, ob die Folgenbeseitigung oder Wiedergutmachung als Grundlage eines Anspruchs auf Entschädigung für rechtswidrige Eingriffe zu dienen vermag.

II. Anspruch auf Folgenbeseitigung

1. *Bachofs Lehre vom Folgenbeseitigungsanspruch*[2]

Bachof entnimmt aus dem Grundsatz der Gesetzmäßigkeit der Verwaltung — Art. 20 Abs. 3 GG — einen Anspruch auf Beseitigung der Folgen eines verwaltungsgerichtlich aufgehobenen, zuvor aber bereits vollzoge-

---

[1] Die verwaltungsgerichtliche Klage auf Vornahme einer Amtshandlung — im folgenden: Vornahmeklage —, S. 125, 117 ff.

[2] Vornahmeklage, Zweiter Teil, §§ 8—13, S. 98—148.

nen rechtswidrigen Verwaltungsaktes (Folgenbeseitigungsanspruch)[3]. Dem Recht des Staates, einen noch nicht formell rechtskräftigen Verwaltungsakt auch auf die Gefahr seiner Rechtswidrigkeit hin zu vollziehen, entspricht nach Ansicht *Bachofs* notwendig dessen Pflicht, die tatsächlich erfolgte Vollziehung dann wieder rückgängig zu machen, wenn sich später die Rechtswidrigkeit des vollzogenen Verwaltungsaktes herausstellt und der Verwaltungsakt verwaltungsgerichtlich aufgehoben worden ist[4].

Der Folgenbeseitigungsanspruch umfaßt den Anspruch auf Beseitigung der trotz Aufhebung eines Verwaltungsaktes noch fortbestehenden rechtswidrigen Beeinträchtigung (Beseitigungsanspruch) und darüber hinaus den Anspruch auf Wiederherstellung des Zustandes, der ohne die sofortige Vollziehung des rechtswidrigen Verwaltungsaktes bestünde (Schadensersatzanspruch); kann eine Wiederherstellung nicht erfolgen, so geht der Folgenbeseitigungsanspruch statt auf Wiederherstellung auf Ersatz in Geld[5, 6].

---

[3] Vornahmeklage, S. 128. *Bachof* verweist zur Begründung des Folgenbeseitigungsanspruchs aaO., S. 128 f., ferner auf die zivilprozessualen Vorschriften der §§ 302 Abs. 4, 600 Abs. 2, 717 Abs. 2, 945 ZPO, welche nach RGZ 108, 253 (256) den allgemeinen Rechtsgrundsatz beinhalten, „daß die Vollstreckung aus einem noch nicht endgültigen Vollstreckungstitel auf Gefahr des Gläubigers erfolge". *Bettermann*, DÖV 55, 531 ff. unter II 2, hat jedoch eingehend dargelegt, daß eine Analogie zu den genannten zivilprozessualen Vorschriften nicht möglich ist und den Folgenbeseitigungsanspruch *Bachofs* nicht zu begründen vermag. Hierauf soll nicht näher eingegangen werden. — Im übrigen ist jedoch darauf hinzuweisen, daß *Bachof* den Folgenbeseitigungsanspruch vornehmlich aus der Natur des Instituts der sofortigen Vollziehung eines Verwaltungsaktes und der damit für die Verwaltung gegebenen Möglichkeiten der (rechtmäßigen) Vollziehung eines möglicherweise rechtswidrigen Verwaltungsaktes heraus entwickelt und begründet (aaO., S. 98 ff., 106 ff., insbes. 126 ff.). Die „positivrechtliche Grundlage für diese Deduktion" (aaO., S. 128) aus Art. 20 Abs. 3 GG und den genannten zivilprozessualen Vorschriften hat *Bachof* dagegen wohl nicht als entscheidend angesehen.

[4] Vornahmeklage, S. 126 ff. *Bachof* kennzeichnet daher den Folgenbeseitigungsanspruch als „Entschädigungsanspruch wegen Inkaufnehmens der Rechtswidrigkeit seitens der vollziehenden Behörde" (Kapitelüberschrift, S. 126).

[5] Hinsichtlich des Inhalts des Folgenbeseitigungsanspruchs verweist *Bachof* aaO., S. 129 ff., auf die Vorschriften der §§ 249 ff. BGB analog. Der Grundsatz der Naturalrestitution des § 249 BGB „wird auch auf Entschädigungsansprüche aus rechtswidriger Handhabung der Staatsgewalt anzuwenden sein, und zwar hier umso mehr, als der Rechtsweg gegen Verletzungen durch die öffentliche Gewalt dem Schutze der Freiheit des einzelnen dient, weshalb im Vordergrund weniger der Gedanke eines vermögensrechtlichen Ausgleichs als vielmehr einer unmittelbaren Abwehr und Beseitigung der Beeinträchtigung dieser Freiheit steht", aaO., S. 129 f. *Bachof* unterscheidet daher nicht ausdrücklich zwischen dem negatorischen Anspruch auf Beseitigung rechtswidriger Beeinträchtigungen und dem Anspruch auf Wiederherstellung des Zustandes, der ohne die sofortige Vollziehung des rechtswidrigen Verwaltungsaktes bestünde, d. h. zwischen Be-

Die überwiegende Lehre und Rechtsprechung ist *Bachof* gefolgt und anerkennt einen Anspruch auf Beseitigung der Folgen eines verwaltungsgerichtlich aufgehobenen, zuvor aber bereits vollzogenen rechtswidrigen Verwaltungsaktes[7]; die Rechtsprechung beschränkt den Folgen-

---

seitigungs- und Schadenersatzanspruch; der Folgenbeseitigungsanspruch umfaßt beide Ansprüche. Der Unterscheidung zwischen Beseitigungs- und Schadenersatzanspruch kommt jedoch — wie noch darzulegen sein wird — entscheidende Bedeutung zu.

[6] Welcher materielle Anspruch der Anfechtungsklage selbst zugrundeliegt und ob dem Betroffenen auch dann ein Anspruch auf Folgenbeseitigung erwächst, wenn die rechtswidrige Beeinträchtigung seiner Rechte nicht durch rechtswidrigen Verwaltungsakt, sondern durch sonstiges rechtswidriges hoheitliches Handeln erfolgt, wird von *Bachof* nicht erörtert.

[7] *Wolff*, Verwaltungsrecht I, § 54 II, S. 313 f.; *Forsthoff*, Verwaltungsrecht I, S. 239; *Eyermann-Fröhler*, VwGO, § 80 RNr. 54 ff., § 42 RNr. 18 ff.; *Klinger*, VwGO § 80 F, S. 402 ff.; *Koehler*, VwGO, § 113 C, S. 877 ff.; *Schunck-De-Clerck*, VwGO, § 42, Anm. 4 d, S. 194; *Obermayer*, JUS 63, 110 (113 ff.) unter III 2—4; im Ergebnis wohl auch *Turegg-Kraus*, Verwaltungsrecht, S. 210 f.; *Götz*, ZBR 61, 135 ff., der den Folgenbeseitigungsanspruch jedoch als ein „rein prozessuales Recht" ansieht, aaO., S. 138 unter V. Abweichend hingegen: *Bettermann*, DÖV 55, 528 ff. und MDR 57, 137 ff., dazu unten § 10 II; *Bettermann* folgen: *Scheuner*, DÖV 55, 549 f.; *Ringe*, DVBl 58, 834 f.; *Theune*, Bay VBl 63, 103 ff.; *Siehoff*, Zur Lehre vom Folgenbeseitigungsanspruch im Verwaltungsrecht, insbes. S. 94 ff. Ferner unten II.

Die Lehre hält zwar an der Begründung des Folgenbeseitigungsanspruchs aus dem Gesetzmäßigkeitsgrundsatz fest (so etwa: *Obermayer*, JUS 63, 113 unter III 2 a; *Eyermann-Fröhler*, VwGO, § 80 RNr. 55), die Ausführungen zur Begründung des Folgenbeseitigungsanspruchs sind aber oft reichlich unklar: nach *Klinger*, VwGO, § 80 F 1, S. 403, ist der Folgenbeseitigungsanspruch „nach der Aufhebung des Verwaltungsaktes ... ohne weiteres gegeben", und *Koehler*, VwGO, § 113 C II 2, S. 879, meint, „die gerichtliche Entscheidung, die einen Verwaltungsakt aufhebt, gewährt dem Kläger den vollstreckbaren Anspruch, so gestellt zu werden, wie wenn die ihn belastende Anordnung nicht ergangen wäre". Beides ist abzulehnen. *Wolff* aaO., *Forsthoff* aaO. und *Schunck-De-Clerck* aaO. nennen überhaupt keine Rechtsgrundlage!

Auch der Umfang des Folgenbeseitigungsanspruchs wird meist nur wenig klar umschrieben, da zwischen negatorischem Beseitigungsanspruch und Schadenersatzanspruch nicht geschieden wird. Die Frage, ob der Folgenbeseitigungsanspruch sowohl den Beseitigungs- als auch den Schadenersatzanspruch umfaßt (so im Anschluß an *Bachof*, Vornahmeklage, S. 129 ff., eingehend *Eyermann-Fröhler*, VwGO, § 80 RNr. 56 ff., § 42 RNr. 18 ff.) oder auf den negatorischen Beseitigungsanspruch beschränkt ist, wird daher oft nicht deutlich; unklar z. B. *Obermayer*, JUS 63, 113 unter III 2 c, 114 unter 2 d (2): „Wiederherstellung des früheren Zustandes", aber niemals Geldersatz; *Wolff*, Verwaltungsrecht I, § 54 II a, S. 314: „ist möglichst der frühere Zustand wiederherzustellen"; ähnlich *Koehler*, VwGO, § 113 C II 2, S. 879; *Schunck-De-Clerck*, VwGO, § 42 Anm. 4 d, S. 194; *Klinger*, VwGO § 80 F 1, S. 402.

Der Tatbestand des Folgenbeseitigungsanspruchs wird vielfach auf die Rücknahme eines rechtswidrigen Verwaltungsaktes ausgedehnt, z. B. *Wolff*, Verwaltungsrecht I, § 54 II, S. 314; *Forsthoff*, Verwaltungsrecht I, S. 239; *Eyermann-Fröhler*, VwGO, § 80 RNr. 54, § 42 RNr. 18; *Klinger*, VwGO, § 80 F 1, S. 402. Weitergehend nimmt *Obermayer*, JUS 63, 113 unter III 2 d (2) einen Folgenbeseitigungsanspruch bei jedem rechtswidrigen hoheitlichen Handeln an; das führt ihn bereits in die Nähe eines allgemeinen Anspruchs auf Beseitigung rechtswidriger Beeinträchtigungen, dazu unten § 10.

beseitigungsanspruch jedoch inhaltlich auf die Beseitigung rechtswidriger Beeinträchtigungen und lehnt einen Anspruch auf Schadensersatz als Folgenbeseitigungsanspruch ab[8].

2. Verhältnis von Entschädigung für rechtswidrige Eingriffe und Folgenbeseitigung

Vergleicht man den Anspruch auf Entschädigung für rechtswidrige Eingriffe[9] mit dem Anspruch auf Folgenbeseitigung[9a] nach Tatbestand und Inhalt, so ergibt sich: Während der Anspruch auf Folgenbeseitigung nur bei verwaltungsgerichtlicher Aufhebung eines sofort vollzogenen rechtswidrigen Verwaltungsaktes entsteht, entsteht der Anspruch auf Entschädigung bei jedem rechtswidrigen Eingriff, unabhängig davon, ob

---

[8] Wird die rechtswidrige Ablehnung einer Einstellung nach dem G 131 verwaltungsgerichtlich aufgehoben, so hat der Betroffene nach BVerwG BayVBl 60, 88 keinen Anspruch darauf, so gestellt zu werden, wie er bei einer rechtmäßigen Einstellung stehen würde, denn „die Folgenbeseitigung kann lediglich auf die Wiederherstellung des ursprünglichen Zustandes mit hoheitlichen Mitteln gerichtet sein; sie darf jedoch mangels entsprechender Rechtsgrundlage keinesfalls zu einer Erfolgshaftung der Subjekte des öffentlichen Rechts auf dem Umwege über Folgenbeseitigungsansprüche führen"; ebenso BVerwG BayVBl 62, 183. — Ist durch ein rechtswidriges Verkaufsverbot Endiviensalat verdorben, so hat der Betroffene nach Bad.-Württ. VGH DÖV 57, 217 keinen Anspruch auf Wertersatz, da der Folgenbeseitigungsanspruch nur auf die Beseitigung der durch einen rechtswidrigen Verwaltungsakt verursachten unmittelbaren Beeinträchtigung gerichtet sei, der Betroffene aber „Ersatz des Schadens" verlange. — Auch die Entscheidungen des VG Frankfurt DVBl 60, 653 (Anspruch auf Herausgabe eines Kindes), des VG Hannover DVBl 62, 454 (Anspruch auf Widerruf einer durch Aushang bekannt gemachten rechtswidrigen Verfügung ebenfalls durch Aushang), des OVG Lüneburg DVBl 62, 418 (Anspruch auf Erlaß einer Abbruchverfügung hinsichtlich eines rechtswidrig genehmigten und Nachbarrechte verletzenden Bauwerks) und des Hess. VGH DÖV 63, 389 (Anspruch auf Herausgabe eines rechtswidrig eingezogenen Führerscheins) gehen über einen Anspruch auf Beseitigung rechtswidriger Beeinträchtigungen nicht hinaus. Vgl. ferner OVG Hamburg, DVBl 58, 832, BVerwG DVBl 60, 255 und DVBl 60, 854 (kein Anspruch auf Erstattung der im Vorverfahren entstandenen Anwaltskosten), BVerwG DVBl 62, 413 (kein Anspruch auf Verzugszinsen) und OVG Münster NJW 64, 1872 (kein Anspruch auf Erstattung der durch Eintragung und Löschung einer Zwangshypothek entstandenen Kosten). — Das Gleiche gilt von den zahlreichen Entscheidungen, die nach verwaltungsgerichtlicher Aufhebung oder Rücknahme der rechtswidrigen Zuweisung eines Mieters einen Anspruch auf Entfernung (Umquartierung) desselben anerkennen. — Eine Ausnahme scheint lediglich die von *Bachof* (Vornahmeklage, S. 107 in und zu Anm. 6) genannte Entscheidung des Württ.-Bad. VGH VerwRspr 1, 342 (Anspruch auf Wiederaufrichtung eines rechtswidrig abgebrochenen Gartenzaunes) zu machen. — Die meisten Entscheidungen zum Folgenbeseitigungsanspruch sind in Wahrheit Entscheidungen zum öffentlichrechtlichen Erstattungsanspruch, dazu unten in Anm. 36.

[9] Wie er durch die Rechtsprechung des BGH geschaffen wurde, oben § 8 II 1.

[9a] Wie er von *Bachof* umschrieben wurde, oben in und zu Anm. 2—6.

der Eingriff durch Verwaltungsakt oder durch sonstiges hoheitliches Handeln vorgenommen wurde und unabhängig davon, ob der Eingriff, falls er durch Verwaltungsakt erfolgt ist, sofort vollzogen und später verwaltungsgerichtlich aufgehoben wurde oder nicht. Andererseits entsteht der Anspruch auf Folgenbeseitigung immer dann, wenn ein sofort vollzogener Verwaltungsakt verwaltungsgerichtlich aufgehoben wird, wohingegen der Anspruch auf Entschädigung einen Eingriff in ein vorhandenes vermögenswertes Recht voraussetzt. Der Anspruch auf Entschädigung geht allein auf eine angemessene Entschädigung, der Anspruch auf Folgenbeseitigung hingegen auf Beseitigung der rechtswidrigen Beeinträchtigung und auf Schadensersatz. Beide Ansprüche sind öffentlichrechtlich, richten sich unmittelbar gegen den Staat und stehen unabhängig neben der Amtshaftung[10].

Der Anspruch auf Entschädigung ist demzufolge nach Tatbestand und Inhalt teils enger, teils weiter als der Anspruch auf Folgenbeseitigung; beide Ansprüche überschneiden sich.

Ist ein Fahrzeug — um ein Beispiel *Bachofs*[11] zu gebrauchen — rechtswidrig beschlagnahmt und sofort weggenommen worden und ist das Fahrzeug noch vor der verwaltungsgerichtlichen Aufhebung der Beschlagnahmeverfügung untergegangen, so entsteht sowohl ein Anspruch auf Entschädigung als auch ein Anspruch auf Folgenbeseitigung; beide Ansprüche gehen auf Ersatz des gemeinen Werts des Fahrzeugs.

Das Verhältnis beider Ansprüche gestaltet sich jedoch wesentlich anders, wenn man den Anspruch auf Folgenbeseitigung — entgegen *Bachof*[12] — inhaltlich enger faßt. Beschränkt man den Folgenbeseitigungsanspruch auf die Beseitigung rechtswidriger Beeinträchtigungen und lehnt man einen weitergehenden Anspruch auf Schadensersatz ab[13], so überschneiden sich die Ansprüche auf Entschädigung für rechtswidrige Eingriffe und auf Folgenbeseitigung nicht mehr.

Ist das Fahrzeug — um das Beispiel *Bachofs*[11] wiederaufzunehmen — vor der verwaltungsgerichtlichen Aufhebung der Beschlagnahmeverfügung untergegangen, so entsteht danach lediglich ein Anspruch auf Entschädigung. Ein Anspruch auf Folgenbeseitigung entsteht hingegen nicht, da die rechtswidrige Beeinträchtigung nicht mehr beseitigt werden kann.

Das dogmatische Verhältnis der Ansprüche auf Entschädigung für rechtswidrige Eingriffe und auf Folgenbeseitigung bleibt jedoch weit-

---

[10] Die Ansprüche aus Folgenbeseitigung und Amtshaftung stehen nach *Bachofs* Ansicht unabhängig nebeneinander, Vornahmeklage, S. 137 f.

[11] Vornahmeklage, S. 130 f.; wobei der Folgenbeseitigungsanspruch nach *Bachof* noch weitergehend den Anspruch auf Lieferung eines gleichwertigen Wagens — Naturalrestitution — umfaßt.

[12] Oben in und zu Anm. 5.

[13] So die Rechtsprechung der Verwaltungsgerichte, oben in und zu Anm. 8; ferner die Rechtsprechung des BGH, unten in und zu Anm. 21. Zum Beseitigungsanspruch *Bettermanns* unten § 10 II, zu dem hier vertretenen Anspruch auf Beseitigung rechtswidriger Beeinträchtigungen unten § 10 III.

gehend unklar. *Bachof* sieht den Folgenbeseitigungsanspruch als „Ausfluß des Entschädigungsrechts“[14] und als „Haftung für . . . rechtswidrige Handhabung der Staatsgewalt“[15] an, und *Eyermann-Fröhler* bezeichnen ihn als „Unterfall des allgemeinen Aufopferungsanspruches“[16], obwohl die Beseitigung rechtswidriger Beinträchtigungen doch niemals Inhalt der Entschädigung aus Enteignung oder Aufopferung war[17].

Ein dogmatisch klareres Verhältnis beider Ansprüche scheint demgegenüber die Rechtsprechung der Verwaltungsgerichte[18] und des Bundesgerichtshofs[19] anzustreben, die — vor allem um die verschiedenen Rechtswege voneinander abzugrenzen[20] — den Folgenbeseitigungsanspruch auf die Beseitigung rechtswidriger Beeinträchtigungen beschränkt. So stellt die Entscheidung Bad.-Württ. VGH DÖV 57, 217 den Folgenbeseitigungsanspruch als „Anspruch auf Beseitigung der durch einen rechtswidrigen Verwaltungsakt verursachten unmittelbaren Beeinträchtigung“ dem Entschädigungsanspruch als Anspruch auf Ersatz des durch die rechtswidrige Beeinträchtigung verursachten Schadens gegenüber. Entsprechend versucht die Entscheidung BGHZ LM Art. 14 GG B b Nr. 30 das Verhältnis von Folgenbeseitigungs- und Entschädigungsanspruch dahin zu umschreiben, der Folgenbeseitigungsanspruch sei auf „Rückgängigmachung eines Verwaltungshandelns“ und der Entschädigungsanspruch auf „Ausgleich für . . . unrichtiges und pflichtwidriges Verwaltungshandeln“ gerichtet[21]. Diesen Entscheidungen scheint der auch von *Obermayer*[22] und *Götz*[23] angedeutete Gedanke zugrundezuliegen, zwischen einem negatorischen Anspruch auf Beseitigung rechtswidriger Beeinträchtigungen und einem darüber hinausgehenden Ersatzanspruch zu unterscheiden: einem negatorischen Anspruch auf Beseitigung rechtswidriger Beeinträchtigungen, der als Folgenbeseitigungsanspruch im Verwaltungsrechtsweg (§ 40 Abs. 1 VwGO), und einem darüber hinaus-

---

[14] Vornahmeklage, S. 114.

[15] Vornahmeklage, S. 129; wobei *Bachof* den Folgenbeseitigungsanspruch zu Unrecht als „Haftung für schuldlos-rechtswidrige Handhabung der Staatsgewalt“ bezeichnet, denn der Folgenbeseitigungsanspruch *Bachofs* ist vom Verschulden eines handelnden Beamten unabhängig.

[16] VwGO, § 80 RNr. 55.

[17] Zum Verhältnis beider Ansprüche zueinander ferner *Obermayer*, JUS 63, 115 unter III 3 b.

[18] Oben in und zu Anm. 8.

[19] Unten in und zu Anm. 21.

[20] Der Folgenbeseitigungsanspruch ist im Verwaltungsrechtsweg geltend zu machen, statt aller: *Bachof*, Vornahmeklage, S. 137; *Wolff*, Verwaltungsrecht I, § 54 II b 3, S. 314; *Klinger*, VwGO, § 80 F 2, S. 403; der Entschädigungsanspruch ist hingegen im ordentlichen Rechtsweg geltend zu machen, oben § 8 II 1 in und zu Anm. 44.

[21] Ferner BGHZ LM Verwaltungsrecht — Allgemeines (Folgenbeseitigungsanspruch) Nr. 1 und 2.

[22] JUS 63, 113 ff.

[23] ZBR 61, 136 unter I, 137 unter IV.

gehenden Ersatzanspruch, der als Entschädigungsanspruch im ordentlichen Rechtsweg (Art. 14 Abs. 3 Satz 4 GG analog) geltend zu machen ist[24].

3. Herleitung der Entschädigung für rechtswidrige Eingriffe aus der Folgenbeseitigung

Während *Bachof* noch annahm, der Folgenbeseitigungsanspruch könne aus dem Entschädigungsanspruch hergeleitet werden, falls ein solcher allgemein anerkannt wurde[25], sehen Lehre und Rechtsprechung zwischen der Entschädigung für rechtswidrige Eingriffe und der Folgenbeseitigung heute keinen Zusammenhang mehr. Weder leiten sie den Folgenbeseitigungsanspruch aus dem seit BGHZ 6, 270 allgemein anerkannten Anspruch auf Entschädigung für rechtswidrige Eingriffe ab, noch begründen sie den Entschädigungsanspruch aus dem ebenfalls vielfach anerkannten Anspruch auf Folgenbeseitigung.

Die Ansprüche auf Entschädigung für rechtswidrige Eingriffe und auf Folgenbeseitigung können sich — wie dargelegt — überschneiden. Der Folgenbeseitigungsanspruch umfaßt aber den Entschädigungsanspruch nach Tatbestand und Inhalt nicht vollständig, unabhängig davon, ob man den Folgenbeseitigungsanspruch auf die Beseitigung rechtswidriger Beeinträchtigungen beschränkt oder nicht. Schon deshalb scheidet eine Herleitung des Entschädigungsanspruchs aus dem Folgenbeseitigungsanspruch aus; ebenso wäre freilich umgekehrt eine Herleitung des Folgenbeseitigungsanspruchs aus dem Entschädigungsanspruch ausgeschlossen.

Eine Herleitung des Entschädigungsanspruchs aus dem Folgenbeseitigungsanspruch ist aber vor allem deshalb nicht möglich, weil der Grundsatz der Gesetzmäßigkeit der Verwaltung weder den Folgenbeseitigungsanspruch selbst noch (mittelbar) den Entschädigungsanspruch zu tragen vermag. Der Grundsatz der Gesetzmäßigkeit der Verwaltung besagt allein, daß hoheitliche Eingriffe in Freiheit und Eigentum nur auf gesetzlicher Grundlage erfolgen dürfen, besagt aber nichts über die Folgen

---

[24] Das entspricht im Ergebnis dem Beseitigungsanspruch *Bettermanns* dazu § 10 II, und dem hier vertretenen Anspruch auf Beseitigung rechtswidriger Beeinträchtigungen, dazu § 10 III.

[25] Vornahmeklage, S. 117 ff.; freilich hat *Bachof* aaO., S. 125 einschränkend darauf hingewiesen, daß der vom Reichsgericht und von der Lehre aus § 75 EinlALR entnommene und im ordentlichen Rechtsweg geltend zu machende Anspruch auf Entschädigung für rechtswidrig-schuldlose Eingriffe — *Bachofs* Schrift liegt vor der Rechtsprechung des BGH zur Entschädigung aus enteignungsgleichem Eingriff — in seiner „noch stark mit zivilistischen Elementen behafteten Gestalt“ nicht weiter führe und daher wohl auch nicht „als Grundlage einer verwaltungsgerichtlichen Verpflichtungsklage zu dienen“ vermöge. Dennoch sieht *Bachof* durchgehend einen Zusammenhang zwischen Entschädigung für rechtswidrige Eingriffe und Folgenbeseitigung.

einer Verletzung dieses Grundsatzes durch die Verwaltung[26]. „Der Folgenbeseitigungsanspruch ist ... eine Sanktion gegen rechtswidriges Verwaltungshandeln und damit gegen die Verletzung des Grundsatzes der Gesetzmäßigkeit der Verwaltung. Aber damit, daß dieser Grundsatz geltendes Recht ist, kann nicht bewiesen werden, daß er nach geltendem Recht durch den Folgenbeseitigungsanspruch sanktioniert (ist)“[27]. Zwar mag der Grundsatz der Gesetzmäßigkeit der Verwaltung die „tiefere Rechtfertigung für Wiedergutmachungsansprüche bei rechtswidrigem Verwaltungshandeln bilden“[28], da zum Inhalt eines material verstandenen Rechtsstaates unbestreitbar auch eine umfassende Haftung des Staates für den durch seinen Beamten einem Dritten rechtswidrig zugefügten Schaden gehört[29]. „Unmittelbar und allein aus Art. 20 Abs. 3 GG“[30] können aber die Folgen rechtswidrigen hoheitlichen Handelns nicht entnommen werden[31].

Gerade die bunte Vielfalt der Rechtsfolgen rechtswidrigen hoheitlichen Handelns, die von *Furler* und *Tschaksch* bis *Bachof* und BGHZ 13, 88 aus dem Grundsatz der Gesetzmäßigkeit der Verwaltung hergeleitet worden sind, zeigt deutlich, daß aus dem Gesetzmäßigkeitsgrundsatz über die Folgen rechtswidrigen hoheitlichen Handelns letztlich nichts entnommen werden kann.

Bachof begründet den Anspruch auf Folgenbeseitigung jedoch weniger mit dem Hinweis auf den Grundsatz der Gesetzmäßigkeit der Verwal-

---

[26] Das wurde in § 7 II schon gegenüber *Furler* und *Tschaksch* dargetan.

[27] *Bettermann*, DÖV 55, 531 unter II 1. — Auch das BVerwG entnimmt den Folgenbeseitigungsanspruch nicht aus dem Gesetzmäßigkeitsgrundsatz, sondern aus allgemeinen Grundsätzen des Verwaltungsrechts, BVerwG DVBl 59, 580; 60, 255 und 854; Bay VBl 60, 88. Der Folgenbeseitigungsanspruch ist daher nach der Rechtsprechung des BVerwG (BVerwGE 2, 22, st. Rspr., dazu *Bachof*, Verfassungsrecht, Verwaltungsrecht, Verfahrensrecht, Teil II B 64 f, S. 197 ff.) nur insoweit revisibel, als er Bundesrecht ergänzt; würde das BVerwG die Rechtsgrundlage des Folgenbeseitigungsanspruchs in Art. 20 Abs. 3 GG sehen, dann wäre dieser stets revisibel, § 137 Abs. 1 VwGO.

[28] BVerwG DVBl 60, 255 (256).

[29] Oben § 7 II 2, in und zu Anm. 47—49.

[30] BVerwG DVBl 60, 255 (256).

[31] Im übrigen könnte der Folgenbeseitigungsanspruch, sieht man seine Rechtsgrundlage in Art. 20 Abs. 3 GG, nicht als „spezieller Entschädigungsanspruch“ (*Bachof*, Vornahmeklage, S. 126) auf den Fall der verwaltungsgerichtlichen Aufhebung eines vollzogenen rechtswidrigen Verwaltungsaktes beschränkt werden. Wäre es möglich, aus dem Gesetzmäßigkeitsgrundsatz die Folgen rechtswidrigen hoheitlichen Handelns abzuleiten, so müßten sich diese Folgen ausnahmslos an jedes rechtswidrige hoheitliche Handeln knüpfen. Das würde aber — wie *Bettermann* (DÖV 55, 532 f.) und das BVerwG (BayVBl 60, 88; 62, 183) richtig gesehen haben — unaufhaltsam zu einer allgemeinen „Erfolgshaftung der Subjekte des öffentlichen Rechts auf dem Umweg über Folgenbeseitigungsansprüche führen“ (so das BVerwG aaO.). Dafür bietet das geltende Recht aber keine Anhaltspunkte.

tung als mit der Erwägung, daß dem Recht des Staates, einen noch nicht formell rechtskräftigen Verwaltungsakt auch auf die Gefahr seiner Rechtswidrigkeit hin zu vollziehen, notwendig dessen Pflicht entsprechen müsse, die tatsächlich erfolgte Vollziehung dann wieder rückgängig zu machen, wenn sich später die Rechtswidrigkeit des vollzogenen Verwaltungsaktes herausgestellt hat und der Verwaltungsakt verwaltungsgerichtlich aufgehoben worden ist[32]. Aber auch diese Erwägung — die vielleicht den Anspruch auf Folgenbeseitigung zu tragen vermag — kann (mittelbar) den Anspruch auf Entschädigung für rechtswidrige Eingriffe nicht begründen. Denn der Anspruch auf Entschädigung für rechtswidrige Eingriffe ist — entgegen dem Anspruch auf Folgenbeseitigung — nicht davon abhängig, ob der rechtswidrige Eingriff durch Verwaltungsakt oder sonstiges hoheitliches Handeln vorgenommen wurde, und ob dann, wenn der Eingriff durch Verwaltungsakt erfolgt ist, der Verwaltungsakt vollzogen und später verwaltungsgerichtlich aufgehoben worden ist oder nicht[33].

Kann der Anspruch auf Entschädigung für rechtswidrige Eingriffe danach aus dem Anspruch auf Folgenbeseitigung nicht hergeleitet werden, so ist damit noch nicht entschieden, ob und inwieweit der Folgenbeseitigungsanspruch selbst — auch wenn er aus dem Gesetzmäßigkeitsgrundsatz nicht hergeleitet werden kann — im geltenden Recht eine Grundlage findet. Darauf wird zurückzukommen sein[34, 35, 36].

---

[32] Oben in und zu Anm. 4.

[33] Oben § 8 II 1 in und zu Anm. 8—14, 50.

[34] Unten § 10 IV.

[35] Wenngleich die Vorschrift des § 113 Abs. 1 Satz 2 und 3 VwGO den Folgenbeseitigungsanspruch voraussetzt und ihn damit anerkennt, so besagt diese Vorschrift dennoch nichts über Rechtsgrund und Inhalt eines materiellen Anspruchs. Diese Vorschrift ist vielmehr verfahrensrechtlicher Natur und setzt einen bestehenden materiellen Anspruch voraus, so auch *Obermayer*, JUS 63, 113 unter III 2 a; *Redeker-von Oertzen*, VwGO, § 113 RNr. 7; aA *Götz*, ZBR 61, 138 unter V, der den Folgenbeseitigungsanspruch als „Annex des Anfechtungsklagerechts und damit als rein prozessuales Recht" unmittelbar aus § 113 Abs. 1 Satz 2 und 3 VwGO entnimmt.

[36] Entgegen *Bachof* (Vornahmeklage, S. 100 ff.) und der herrschenden Lehre (statt aller: *Wolff*, Verwaltungsrecht I, § 54 II b 2, S. 314; *Eyermann-Fröhler*, VwGO, § 42 RNr. 18 f.) kann der öffentlichrechtliche Erstattungsanspruch nicht als ein Unterfall des Folgenbeseitigungsanspruchs angesehen werden, so *Obermayer*, JUS 63, 114 f. unter III 3 a; im Ergebnis wohl auch *Bettermann*, DÖV 55, 534 unter III. Der Erstattungsanspruch geht, wie seit *Lassar* (Der Erstattungsanspruch im Verwaltungs- und Finanzrecht, dazu oben § 7 in Anm. 57) und *Bachof* (aaO.) allgemein anerkannt ist, auf Rückgewähr öffentlichrechtlicher Leistungen, die ohne Rechtsgrund erbracht worden sind oder deren Rechtsgrund später weggefallen ist; der Erstattungsanspruch ist die „Kehrseite des Anspruchs auf die Leistung" (BVerwGE 4, 215 (219) und beinhaltet die Rückabwicklung fehlerhafter öffentlichrechtlicher Leistungsverhältnisse. Beseitigung rechtswidriger Beeinträchtigungen und Schadensersatz einerseits und Rückgewähr rechtsgrundlos erbrachter Leistungen andererseits sind voneinander verschiedene

III. Anspruch auf Wiedergutmachung

1. Mengers und Haas' Lehre vom Wiedergutmachungsanspruch

Menger[37] sieht der Anfechtungsklage, der Entschädigung für rechtswidrige Eingriffe[38] und der Amtshaftung eine gemeinsame und umfassende „materielle Grundnorm auf Wiedergutmachung" zugrundeliegen[39]. Diese umfaßt nach Ansicht *Mengers* den Anspruch auf Beseitigung rechtswidriger Beeinträchtigungen (Beseitigungsanspruch) und den Anspruch auf Wiederherstellung des Zustandes, der ohne die rechtswidrige Beeinträchtigung bestünde (Schadensersatzanspruch); ist eine Wiederherstellung nicht möglich, so geht der Wiedergutmachungsanspruch statt auf Wiederherstellung auf Ersatz in Geld. Der Wiedergutmachungsanspruch ist nach Ansicht *Mengers* ungeschriebenen Rechts, hat aber in Art. 34 GG „eine teilweise materiellrechtliche Positivierung"[40] und in den verwaltungsprozessualen Vorschriften über die nachträglichen Verwaltungsstreitsachen[41] „eine weitere, allerdings nur prozessual ausgedrückte Teilpositivierung"[42] gefunden. Den öffentlichrechtlichen Wiedergutmachungsanspruch sieht *Menger* „in dogmatischer Parallele zu den zivilrechtlichen Windergutmachungsansprüchen mit ihren verschiedenen Ausprägungen, etwa der actio negatoria oder des deliktischen Schadensersatzanspruchs"[42]. *Menger* hält es für möglich und geboten, diese seiner Ansicht nach offensichtlichen Parallelen nutzbar zu machen und die Grundzüge des bürgerlichen Rechts insoweit ins öffentliche Recht zu übertragen[43].

Anspruchsinhalte, die auf je verschiedenen Rechtsgedanken und Rechtsgrundlagen beruhen. Der öffentlichrechtliche Erstattungsanspruch ist daher kein Unterfall des Folgenbeseitigungsanspruchs. Näher kann hierauf nicht eingegangen werden. Zum Erstattungsanspruch ferner: *Forsthoff*, Verwaltungsrecht I, S. 160 f.; *Bettermann*, DÖV 55, 534 unter III; ferner die Übersichten bei *Soergel-Siebert-Mühl*, Bürgerliches Gesetzbuch, vor § 812, Anm. V, S. 941 ff.; *Ermann-Seiler*, Handkommentar zum bürgerlichen Gesetzbuch, Band I, vor § 812, Anm. 2 c, S. 1444 ff. Zur Rspr. des BVerwG *Bachof*, Verfassungsrecht, Verwaltungsrecht, Verfahrensrecht, Teil II, C 45 f., S. 275 f.; ferner Württ.-Bad. VGH ESVGH 1, 68 (82 f.); 2, 10 (13 f.); 3, 183 (188); OVG Münster OVGE 16, 60; DÖV 61, 469; OVG Hamburg, DVBl 51, 472 = DÖV 51, 502.

[37] Gedächtnisschrift für Jellinek, S. 347 ff.; *ders.*, GR III/2, S. 733, 749 f.; *ders.*, DÖV 55, 591.

[38] *Menger* spricht von „Quasiaufopferungsanspruch wegen schuldlos rechtswidriger Eingriffe und wegen Gefährdungshaftung", Gedächtnisschrift für Walter Jellinek, S. 355.

[39] AaO. (Anm. 38) S. 350; eine Zusammenfassung der Grundnorm des öffentlichrechtlichen Wiedergutmachungsanspruchs findet sich aaO. auf S. 358 f.

[40] AaO. (Anm. 38), S. 350.

[41] Über diesen Begriff *Mengers*, siehe *Menger*, System des verwaltungsgerichtlichen Rechtsschutzes, S. 137 ff.

[42] AaO. (Anm. 38), S. 350.

[43] AaO. (Anm. 38), S. 351 ff. unter II 2 und 3.

In ähnlicher Weise hat *Haas*[44] — anknüpfend vor allem an *Bachof*[45] — aus Art. 19 Abs. 4 und Art. 34 GG[46] einen umfassenden Wiedergutmachungsanspruch herzuleiten versucht, der „die bisherige Amtshaftung, die bisherige Aufopferungsentschädigung (soweit sie für rechtswidrige Eingriffe zu gewähren war) und die Folgenbeseitigung, also drei Institute aus verschiedenen Entwicklungsschichten des Rechts und mit verschiedener Begrenzung" in sich vereinigt[47]. Der von *Haas* vertretene Wiedergutmachungsanspruch stimmt in Tatbestand und Inhalt im wesentlichen mit dem Wiedergutmachungsanspruch *Mengers* überein.

2. *Kritik des Wiedergutmachungsanspruchs*

Die von *Menger* und *Haas* vertretene Ansicht, der Anfechtungsklage, der Entschädigung für rechtswidrige Eingriffe und der Amtshaftung liege derselbe materielle Anspruch — ein umfassender öffentlichrechtlicher Wiedergutmachungsanspruch — zugrunde, ist unhaltbar[48]. Der Rechtsgrund der Anfechtungsklage und der Amtshaftung ist eben gerade nicht identisch, und ebensowenig liegt der Entschädigung für rechtswidrige Eingriffe und der Amtshaftung derselbe materielle Anspruch zugrunde. Die Amtshaftung beruht — wie in § 3 dargelegt — auf der gegen den Beamten persönlich gerichteten privatrechtlichen Forderung, die auf den Staat übertragen wird, wohingegen der materielle Anspruch, der der Anfechtungsklage und der Entschädigung für rechtswidrige Eingriffe zugrundeliegt — soviel ist ohne weiteres ersichtlich — öffentlichrechtlich ist und sich nicht gegen den Beamten persönlich, sondern unmittelbar gegen den Staat richtet. Wenn *Menger* und *Haas* eine Identität des Rechtsgrundes der Entschädigung für rechtswidrige Eingriffe und der Amtshaftung behaupten und den identischen Rechtsgrund in einen öffentlichrechtlichen Wiedergutmachungsanspruch erblicken, der sich unmittelbar gegen den Staat richtet und auf Beseitigung und Schadensersatz geht, dann übergehen sie damit, was *Haas* auch unumwunden zugibt[49], den Aufbau der Amtshaftung — die Übertragung der gegen den Beamten gerichteten privatrechtlichen Forderung auf den Staat — und setzen an die Stelle der Amtshaftung eine ganz andere Form der Haftung des Staates. Dafür bietet das geltende Recht aber keinerlei Anhalts-

---

[44] System der öffentlichrechtlichen Entschädigungspflichten, Teil C, S. 54 ff.

[45] AaO. (Anm. 44), S. 63 ff.; die Behauptung *Haas', Bachof* leite den Folgenbeseitigungsanspruch aus Art. 19 Abs. 4 GG ab, aaO., S. 64, ist jedoch unrichtig, oben in und zu Anm. 3—4.

[46] AaO. (Anm. 44), S. 59 ff., 65 f.; sowie ergänzend aus Art. 20 Abs. 1 und 3 und aus Art. 28 GG, aaO., S. 59.

[47] AaO. (Anm. 44), S. 64.

[48] Ablehnend auch *Bettermann*, DÖV 55, 536 unter V; *Scheuner*, DÖV 55, 547 f.; *ders.*, JUS 61, 246 Anm. 30; ferner *Jaenicke*, VVDStRL 20 (1961), 156 f.

[49] System der öffentlichrechtlichen Entschädigungspflichten, S. 65.

punkte — mindestens kann aus Art. 34 GG eine derartige Haftung des Staates nicht hergeleitet werden.

Die Frage, ob neben der Amtshaftung ein Anspruch auf Entschädigung für rechtswidrige Eingriffe anzuerkennen ist und ob derselbe eine Grundlage im geltenden Recht findet, kann jedenfalls de lege lata nicht einfach dadurch gelöst werden, daß die Amtshaftung kurzerhand beseitigt und ein Wiedergutmachungsanspruch behauptet wird, der „die bisherige (!) Amtshaftung und die bisherige (!) Aufopferungsentschädigung (soweit sie für rechtswidrige hoheitliche Eingriffe zu gewähren war)“[50] angeblich in sich vereint.

Auch aus Art. 19 Abs. 4 GG kann ein umfassender Wiedergutmachungsanspruch nicht hergeleitet werden. Diese Vorschrift gibt — entgegen *Haas*[51] — dem Betroffenen bei der rechtswidrigen Beeinträchtigung seiner Rechte weder einen Anspruch auf Beseitigung noch auf Schadensersatz. Art. 19 Abs. 4 GG ist — wie allgemein anerkannt — eine rein verfahrensrechtliche Vorschrift, aus der keinerlei materielle Ansprüche hergeleitet werden können[52].

Dabei soll freilich nicht verkannt werden, daß die Vorschrift des Art. 19 Abs. 4 GG „in ihrem Sinnzusammenhang mit anderen Vorschriften des Grundgesetzes betrachtet. . . . auch für die Erkenntnis von Inhalt und Umfang der zu schützenden Rechte fruchtbar gemacht werden kann und muß“[53], und daß dies weitergehend auch für die aus der rechtswidrigen Beeinträchtigung der Rechte des einzelnen erwachsenden materiellen Ansprüche zu gelten hat. Dennoch ist es nicht möglich, aus Art. 19 Abs. 4 GG bestimmte Rechtsfolgen rechtswidrigen hoheitlichen Handelns herzuleiten.

---

[50] *Haas* aaO. (Anm. 49), S. 64.

[51] AaO. (Anm. 49), S. 60, 64.

[52] Statt aller: *Klein*, VVDStRL 8 (1950), 88; *Maunz-Dürig*, Grundgesetz, Art. 19 Abs. IV, RNr. 1, 2; ferner *Bachof*, aaO. (Anm. 53); *Bettermann*, GR III/2, S. 802; *Bettermann* widerspricht sich jedoch, wenn er zunächst darlegt (aaO., S. 802), Art. 19 Abs. 4 GG sei eine „rein prozessuale Norm“, aus der keine materiellen Ansprüche hergeleitet werden können und dann aaO., S. 803, fortfährt, „der einzige aus Art. 19 IV 1 GG abzuleitende materiell-rechtliche Anspruch ist der, daß jedermann von der öffentlichen Gewalt verlangen kann, sich bei ihrer Ausübung ihm gegenüber rechtmäßig zu verhalten“. Daraus und aus dem Grundsatz der Gesetzmäßigkeit der Verwaltung folgert *Bettermann* (aaO., S. 803 f.) den „ungeschriebenen (?) Grundsatz“ eines umfassenden Beseitigungsanspruchs. — Aus der Rechtsprechung: BVerfGE 1, 264 (280); BVerwG DVBl 60, 255 und 854 und BVerwGE 11, 95 (97), dazu *Bachof*, DVBl 61, 131 unter IV; OVG Hamburg, DVBl 58, 833; BGHZ LM Art. 14 GG B b Nr. 30.

[53] *Bachof*, DVBl 61, 131 unter IV; *ders.*, schon DRZ 50, 344; *ders.*, Vornahmeklage, S. 84 f.; *ders.*, Gedächtnisschrift für W. Jellinek, S. 300 f.

Der Hinweis *Mengers* auf die bürgerlichrechtliche actio negatoria und den bürgerlichrechtlichen Schadensersatzanspruch vermag den von ihm behaupteten öffentlichrechtlichen Wiedergutmachungsanspruch ebenfalls nicht zu begründen. Einmal ist die Übertragung bürgerlichrechtlicher Rechtsgrundsätze ins öffentliche Recht, wenn sie eine solche Tragweite besitzen, kaum möglich, selbst wenn gewisse Parallelen zwischen beiden Rechtskreisen nicht zu leugnen sind. Zum anderen aber vermag gerade der Hinweis auf das bürgerliche Recht nicht zu begründen, weshalb der Anspruch auf Wiedergutmachung öffentlichrechtlich ist und sich unmittelbar gegen den Staat richtet. Wurzelt doch gerade die persönliche Haftung des Beamten für sein amtspflichtwidriges Handeln und die darauf aufbauende Amtshaftung — wie oben dargelgt — im bürgerlichen Recht. *Menger* beruft sich sonach auf das bürgerliche Recht, um die überkommene bürgerlichrechtliche Form der Beamten- und Amtshaftung zu überwinden! Ein seltsames Unterfangen, das aber deutlich zeigt, daß das bürgerlichrechtliche Schadensersatzrecht auf das Verhältnis des hoheitlich handelnden Staates zum einzelnen nicht einfach übertragen werden kann[54].

Ist der Wiedergutmachungsanspruch *Mengers* und *Haas'* danach abzulehnen, so muß die eingangs gestellte Frage, ob der Anspruch auf Entschädigung für rechtswidrige Eingriffe im Wiedergutmachungsanspruch eine Grundlage finden kann, verneint werden.

§ 10: Anspruch auf Beseitigung

I. Einleitung

Kann die Rechtsfigur der Entschädigung für rechtswidrige Eingriffe auch aus den Rechtsfiguren der Folgenbeseitigung und der Wiedergutmachung nicht hergeleitet werden und war es bislang auch nicht möglich, das gegenseitige Verhältnis dieser Rechtsfiguren zueinander befrie-

---

[54] Im übrigen legt *Menger* nicht dar, weshalb er gerade die Vorschriften der §§ 823 ff. BGB und nicht die der §§ 89, 31 BGB ins öffentliche Recht übertragen will, bzw. nicht in diesen Vorschriften die „dogmatische Parallele" zu dem von ihm vertretenen Wiedergutmachungsanspruch sieht. Will man aber das bürgerlichrechtliche Schadensersatzrecht ins öffentliche Recht übertragen, so kommt doch allenfalls eine Übertragung der Haftung des privatrechtlich handelnden Staates auf den hoheitlich handelnden Staat in Frage, also eine Ausdehnung der §§ 89, 31 BGB auf den hoheitlich handelnden Staat. Das wäre aber nichts anderes, als die schon bei den Gesetzgebungsarbeiten zum BGB (oben § 3 in und zu Anm. 6—8) und auf dem achtundzwanzigsten Juristentag (oben § 3 in und zu Anm. 36—41) erhobene Forderung, die §§ 89, 31 BGB auf den hoheitlich handelnden Staat zu übertragen oder der von *Bettermann* (oben § 3 in und zu Anm. 55—62) vorgenommene Versuch, die Amtshaftung in eine Staatshaftung umzudeuten.

digend zu klären, so ist diesen Rechtsfiguren doch — wie bereits angedeutet — eines gemeinsam: Sie beinhalten materielle öffentlichrechtliche Ansprüche gegen den Staat, die dem einzelnen aus der rechtswidrigen Beeinträchtigung seiner Rechte erwachsen. Mag dies beim Folgenbeseitigungsanspruch und beim Wiedergutmachungsanspruch nicht immer klar hervortreten, so ist es beim Entschädigungsanspruch offensichtlich.

Abschließend soll daher im folgenden unabhängig von der Entschädigung, Folgenbeseitigung und Wiedergutmachung rechtswidriger Eingriffe untersucht werden, welche materiellen öffentlichrechtlichen Ansprüche dem einzelnen aus der rechtswidrigen Beeinträchtigung seiner Rechte erwachsen. An dem möglichen Entstehen derartiger materieller Ansprüche ist angesichts des verwaltungsgerichtlichen Verfahrens — vor allem angesichts der Anfechtungsklage — nicht zu zweifeln. Dient das verwaltungsgerichtliche Verfahren, wie heute überwiegend anerkannt wird[1], dem Schutz der Rechte des einzelnen und nicht (nur) der Aufrechterhaltung der objektiven Rechtsordnung und ist die Anfechtungsklage ein „Mittel individuellen Rechtsschutzes gegen Übergriffe der Verwaltung“[2] und nicht (nur) ein Behelf zur objektiven Rechtskontrolle derselben, so muß der Anfechtungsklage auch ein materieller Anspruch zugrundeliegen, der dem einzelnen aus der rechtswidrigen Beeinträchtigung seiner Rechte erwächst und den er mit der Anfechtungsklage geltend macht.

II. Der Beseitigungsanspruch Bettermanns[3]

Bettermann hat den Folgenbeseitigungsanspruch *Bachofs*[4] und den Wiedergutmachungsanspruch *Mengers*[5] abgelehnt und an deren Stelle die „ungeschriebene Grundnorm“ eines umfassenden öffentlichrechtlichen Anspruchs auf Beseitigung rechtswidriger Beeinträchtigungen ge-

---

[1] Statt aller: *Naumann*, Die gesetzliche Abgrenzung der Kompetenz der Zivil- und Verwaltungsgerichtsbarkeit, S. 19 ff.; *Menger*, GR III/2, S. 727 ff.; *ders.*, System des verwaltungsgerichtlichen Rechtsschutzes, S. 165; *Bettermann*, DVBl 53, 163 f. unter II; *Ule*, Verwaltungsprozeßrecht, § 1 III, S. 3 ff.; *ders.*, DVBl 54, 137 ff.; zuletzt *Rupp*, AöR 88 (1964), 481 ff. Schon Art. 107 WRV sah „Verwaltungsgerichte zum Schutze der einzelnen gegen Anordnungen und Verfügungen der Verwaltungsbehörden“ vor. Den entgegengesetzten Standpunkt vertreten nach 1945/1949 noch: *Niese*, JZ 52, 353 ff.; *Meiss*, Die gesetzliche Abgrenzung der Kompetenz der Zivil- und Verwaltungsgerichtsbarkeit, S. 27 ff.

[2] *Bettermann*, DVBl 53, 164.

[3] DÖV 55, 528 ff., insbes. 534 ff. unter IV—V; *ders.*, DVBl 52, 313 (Anm. zu OLG Köln aaO., S. 309); *ders.*, DVBl 53, 164 unter III; *ders.*, GR III/2, S. 803 f.; *ders.*, MDR 57, 137 ff.; im folgenden wird in der Regel nur auf die grundlegende Abhandlung DÖV 55, 528 ff. hingewiesen.

[4] DÖV 55, 531 ff. unter II.

[5] DÖV 55, 536 unter V.

setzt[6]. Diesen Anspruch begründet *Bettermann* — insoweit dennoch *Menger*[7] folgend — durch die Übertragung der bürgerlichrechtlichen actio negatoria des § 1004 BGB ins öffentliche Recht[8].

Wenngleich dieser „Rückgriff auf das Zivilrecht"[9] weder möglich[10] noch — wie sogleich darzulegen sein wird — notwendig ist, erscheint an der Lehre *Bettermanns* doch dreierlei bedeutsam zu sein:

---

[6] DÖV 55, 534 ff. unter IV; eine zusammenfassende Formel des „quasinegatorischen Wiederherstellungsanspruchs" findet sich aaO., S. 536 am Ende.

[7] Gedächtnisschrift für W. Jellinek, S. 350 unter II 1, 351 ff.

[8] DÖV 55, 534 ff. unter IV. In GR III/2, S. 803 f. verweist *Bettermann* zwar auf seine Abhandlung DÖV 55, 528 ff. (aaO., S. 804 Anm. 127), begründet aber den auch dort (aaO., S. 804) vertretenen umfassenden Beseitigungsanspruch nicht mehr mit einem „Rückgriff auf das Zivilrecht" wie in DÖV 55, 534. *Bettermann* führt aaO., S. 804, vielmehr aus, der Beseitigungsanspruch bedürfe „im Gegensatz zum Anspruch auf Schadensersatz oder Entschädigung . . . keiner positivrechtlichen Grundlage" (warum eigentlich?), sondern „ergebe sich schon aus dem Rechtsstaatsprinzip, insbesondere aus dem Grundsatz gesetzmäßiger Verwaltung, also aus Art. 20 III" (also doch aus einer positivrechtlichen Grundlage!); vgl. dazu DÖV 55, 531 unter II 1 a, wonach sich nach Ansicht *Bettermanns* aus Art. 20 Abs. 3 GG nicht entnehmen läßt, „welche Folgen eintreten, wenn diese Grundsätze von der Verwaltung verletzt werden"! *Bettermann* widerspricht sich danach in DÖV 55, 528 ff. und GR III/2, S. 803 f.

[9] DÖV 55, 534 unter IV.

[10] Die von *Bettermann*, DÖV 55, 534 ff. unter IV vorgenommene Übertragung der actio negatoria des § 1004 BGB ins öffentliche Recht ist nicht haltbar. Einmal gilt hier entsprechend, was schon gegenüber der Anlehnung *Mengers* an das bürgerliche Recht gesagt wurde, oben § 9 in und zu Anm. 54. Zum anderen beruft sich *Bettermann* aaO., S. 535 unter IV 2, zu Unrecht auf RGZ 148, 114 (123), wo das RG darlegt, es sei „ein Gebot der Gerechtigkeit", „daß die fortdauernde widerrechtliche Beeinträchtigung ohne Rücksicht auf die Schuldfrage beseitigt werden müsse". Die Übertragung dieses Gedankens ins öffentliche Recht ist nach Ansicht *Bettermanns* „möglich und geboten", da „dieses Gebot (sc. der Gerechtigkeit) . . . nicht weniger für den Staat als Träger der öffentlichen Gewalt, wie für den Bürger im Verhältnis zu seinen Mitbürgern gelte" und daher „der Staat nicht weniger als der Bürger . . . zu rechtmäßigem Verhalten und zur Unterlassung rechtswidrigen Verhaltens verpflichtet (sei)". Abgesehen davon, daß man mit dieser Begründung nicht nur den Beseitigungsanspruch, sondern auch den Schadensersatzanspruch des BGB ins öffentliche Recht übertragen könnte und müßte, erscheint die Bezugnahme *Bettermanns* auf RGZ 148, 114 (123) und die Entwicklung des quasinegatorischen wiederherstellenden Beseitigungsanspruchs durch die Rechtsprechung des RG im Ansatz als verfehlt. Für das RG stellte sich die Frage, ob dann, wenn das Gesetz bei schuldhaft rechtswidriger Verletzung eines geschützten Rechtsgutes einen Schadensersatzanspruch vorsieht, dem Betroffenen bei nur objektiv rechtswidriger Verletzung desselben ein Beseitigungsanspruch als „schwächere Rechtsfolge des objektiven tatbestandsmäßigen Unrechts" (*Larenz*, Schuldrecht, Band II, § 70 II, S. 452) erwächst, oder ob ein Beseitigungsanspruch nur bei objektiv rechtswidriger Verletzung absoluter Rechte entsteht. Das RG hat aaO. mit der genannten Begründung — deren Richtigkeit dahingestellt bleiben mag — eine Analogie zum Beseitigungsanspruch bei der Verletzung absoluter Rechte gezogen und dann, wenn bei rechtswidrig schuldhafter Verletzung eines geschützten Rechtsguts ein Schadensersatzanspruch entsteht, bei nur objektiv rechtswidriger Verletzung desselben einen Beseitigungsanspruch gewährt. — Das öffentliche Recht kennt aber weder einen öffentlichrechtlichen Schadensersatzanspruch bei rechtswidrig schuldhafter Verletzung der Rechte

Einmal unterscheidet *Bettermann* — dem bürgerlichen Recht folgend — zwischen dem rechtswidrig beeinträchtigten Recht einerseits und dem aus der Beeinträchtigung desselben erwachsenden materiellen Anspruch andererseits. Zum anderen beschränkt *Bettermann* den aus der rechtswidrigen Beeinträchtigung erwachsenden materiellen Anspruch auf die negatorische Beseitigung der rechtswidrigen Beeinträchtigung. Endlich entsteht der Anspruch auf Beseitigung der rechtswidrigen Beeinträchtigung nach Ansicht *Bettermanns* unabhängig davon, ob die Beeinträchtigung durch Verwaltungsakt oder sonstiges hoheitliches Handeln erfolgt ist.

Der Beseitigungsanspruch *Bettermanns* stellt infolgedessen den materiellen Anspruch dar, der sowohl der Anfechtungsklage und der Klage auf Beseitigung der Folgen eines aufgehobenen oder zurückgenommenen Verwaltungsaktes, als auch der Klage auf Beseitigung sonstigen rechtswidrigen hoheitlichen Handelns und dessen Folgen zugrundeliegt[11].

III. Der Anspruch auf Beseitigung

1. *Herleitung des Beseitigungsanspruchs aus der Anfechtungsklage*

Will man feststellen, welche materiellen öffentlichrechtlichen Ansprüche dem einzelnen aus der rechtswidrigen hoheitlichen Beeinträchtigung seiner Rechte erwachsen, dann liegt es nahe, zunächst zu fragen, welcher materielle Anspruch der Anfechtungsklage des § 42 Abs. 1 VwGO zugrunde liegt.

Nach § 113 Abs. 1 Satz 1 VwGO hebt das Gericht einen Verwaltungsakt auf, „soweit der Verwaltungsakt rechtswidrig und der Kläger dadurch in seinen Rechten verletzt ist". Welcher materielle Anspruch mit der Anfechtungsklage geltend gemacht wird, ergibt sich aus dieser verfahrensrechtlichen Vorschrift unmittelbar nicht. Auch Lehre und Rechtsprechung haben sich nur selten darum bemüht, den der Anfechtungsklage zugrundeliegenden materiellen Anspruch herauszuarbeiten[12]. Sie

---

des einzelnen, von dem auf einen weniger weit gehenden Beseitigungsanspruch bei nur objektiv rechtswidriger Verletzung derselben geschlossen werden könnte. Noch kennt das öffentliche Recht — und das ist entscheidend — überhaupt irgend einen gesetzlich anerkannten Beseitigungsanspruch bei objektiv rechtswidriger Verletzung der Rechte des einzelnen, zu dem irgend eine Analogie gezogen werden könnte. Vielmehr geht es ja gerade um die Frage, ob das öffentliche Recht überhaupt einen umfassenden Beseitigungsanspruch kennt. Diese Frage kann daher nicht mit dem Hinweis auf die obengenannte Rechtsprechung des RG, die nur schon vorhandene Institute (§§ 1004, 862, 12 BGB, §§ 823 ff. BGB) weiter ausbaut und ergänzt, die das öffentliche Recht gerade nicht kennt, beantwortet werden. Der Hinweis *Bettermanns* auf RGZ 148, 114 (123) ist daher nicht haltbar.

[11] DÖV 55, 535 unter IV 2 d.

[12] Unten die in Anm. 18, 24—28 genannten Autoren.

haben sich vielmehr fast ausnahmslos darauf beschränkt, Tatbestand und Inhalt der klägerischen „Rechte" näher zu bestimmen, deren geltend gemachte Verletzung die Anfechtungsklage zulässig (§ 42 Abs. 2 VwGO) und deren tatsächliche Verletzung die Anfechtungsklage begründet (§ 113 Abs. 1 Satz 1 VwGO) sein läßt[13]. Aber die in §§ 42 Abs. 2, 113 Abs. 1 Satz 1 VwGO genannten Rechte sind nicht — wie ohne weiteres einsichtig ist — mit dem materiellen Anspruch identisch, der aus einer Verletzung eben dieser Rechte entsteht und den der Kläger mit der Anfechtungsklage geltend macht. Man muß vielmehr unterscheiden zwischen den Rechten, die durch rechtswidriges hoheitliches Handeln beeinträchtigt werden und dem materiellen Anspruch, der aus einer rechtswidrigen Beeinträchtigung derselben erwächst. Schon *Georg Jellinek* hat zwischen dem status negativus und dem materiellen Anspruch, der aus einer rechtswidrigen Beeinträchtigung desselben entsteht und seinerseits zum status positivus gehört, scharf unterschieden[14].

Da es allein darum geht, den der Anfechtungsklage zugrundeliegenden materiellen Anspruch herauszufinden, kann im folgenden dahinstehen, wie die in §§ 42 Abs. 2, 113 Abs. 1 Satz 1 VwGO genannten Rechte im einzelnen zu bestimmen sind. Denn diese Rechte können stets nur die Grundlage für das Entstehen eines materiellen Anspruchs bilden[15]. Entsteht aber aus der Verletzung dieser Rechte ein materieller Anspruch, so entsteht dieser Anspruch eben immer (und nur) dann, wenn diese Rechte verletzt sind, unabhängig davon, wie Tatbestand und Inhalt derselben im einzelnen bestimmt werden.

Hebt das Gericht nach § 113 Abs. 1 Satz 1 VwGO einen Verwaltungsakt auf, „soweit der Verwaltungsakt rechtswidrig und der Kläger dadurch in seinen Rechten verletzt ist", so kann aus dieser verfahrensrechtlichen Vorschrift, wenn auch nicht unmittelbar, so doch mittelbar entnommen werden — ohne daß damit notwendig von der Klagemöglichkeit auf das materielle Recht geschlossen würde —, daß aus der Verletzung der klägerischen Rechte ein materieller Anspruch entsteht, der auf Beseitigung (Aufhebung) des rechtswidrigen Verwaltungsaktes ge-

---

[13] Statt aller: *Bachof*, DRZ 50, 344 f.; *ders.*, Vornahmeklage, § 6, S. 62 ff., insbes. S. 78 ff., 84 f.; *ders.*, VVDStRL 12 (1954), 72 ff.; *ders.*, Gedächtnisschrift für W. Jellinek, S. 300 ff.; *Menger*, System des verwaltungsgerichtlichen Rechtsschutzes, S. 117 ff.; *ders.*, GR III/2, S. 748 ff.; ferner *Eyermann-Fröhler*, VwGO, § 42, RNr. 90 ff.; *Schunck-De-Clerck*, VwGO § 42, Anm. 2 d aa, S. 186 ff.; zum Begriff der „Rechte" in Art. 19 Abs. 4 GG, der mit dem Begriff der „Rechte" in den Verfahrensgesetzen übereinstimmt, *Wernicke*, in: Bonner Kommentar, Art. 19, Erl. II 4 b, S. 10 f.; *von Mangoldt-Klein*, Grundgesetz, Art. 19, Anm. VIII 3, S. 572; *Maunz-Dürig*, Art. 19 IV, RNr. 33 ff. mit Nachweisen; zur Rechtsprechung des BVerwG *Bachof*, Verfassungsrecht, Verwaltungsrecht, Verfahrensrecht, Teil I, B 62 ff., S. 63 ff., Teil II, B 95 ff., S. 220 ff.

[14] System der subjektiven öffentlichen Rechte, 2. Aufl., 1905, S. 94 ff., 103, 105 f.

[15] So *Menger*, GR III/2, S. 750.

richtet ist und der mit der Anfechtungsklage geltend gemacht wird. Nur so kann die Anfechtungsklage „als Mittel individuellen Rechtsschutzes gegen Übergriffe der Verwaltung“[16] sinnvoll erklärt und davon ausgegangen werden, daß der Kläger mit der Anfechtungsklage „seine ihm von der Rechtsordnung eingeräumte Rechtsstellung gegen objektiv rechtswidrige Beeinträchtigungen durch einen Träger der öffentlichen Gewalt“ verteidigt[17].

Entsteht aber aus der Verletzung der in § 113 Abs. 1 Satz 1 VwGO genannten Rechte ein materieller Anspruch auf Beseitigung der rechtswidrigen Beeinträchtigung, so kann das Entstehen dieses Anspruchs nicht auf die Verletzung durch Verwaltungsakt beschränkt sein. Vielmehr muß dann bei jeder Verletzung dieser Rechte — gleichgültig, ob diese durch Verwaltungsakt oder sonstiges hoheitliches Handeln erfolgt — derselbe Anspruch auf Beseitigung der rechtswidrigen Beeinträchtigung entstehen. Dem steht nicht entgegen, daß die VwGO in §§ 42, 113 nur die Anfechtungsklage näher regelt und eine allgemeine Leistungsklage auf Beseitigung rechtswidriger Beeinträchtigungen nicht ausdrücklich erwähnt. Die Zulässigkeit einer allgemeinen Leistungsklage auf Beseitigung rechtswidriger Beeinträchtigungen ergibt sich aus § 40 Abs. 1 VwGO; der ihr zugrundeliegende materielle Anspruch ist derselbe wie derjenige, der mit der Anfechtungsklage geltend gemacht wird. Das Entstehen eines materiellen Anspruchs auf Beseitigung rechtswidriger Beeinträchtigungen kann jedenfalls von der Form des rechtsverletzenden hoheitlichen Handelns — Verwaltungsakt oder sonstiges hoheitliches Handeln — nicht abhängen.

2. Rechtsgrundlage des Beseitigungsanspruchs

Die Rechtsgrundlage dieses bislang nur induktiv belegten materiellen Anspruchs auf Beseitigung rechtswidriger Beeinträchtigungen kann ebensowenig wie beim Folgenbeseitigungsanspruch und beim Wiedergutmachungsanspruch im Grundsatz der Gesetzmäßigkeit der Verwaltung[18] oder in der Amtshaftung[19] gefunden werden. Auch vermag eine Analogie zum bürgerlichrechtlichen Beseitigungsanspruch einen

---

[16] *Bettermann*, DVBl 53, 164.

[17] *Menger*, GR III/2, S. 730; dazu ferner bei den oben in Anm. 1 genannten Autoren. Zum Vorstehenden ebenso *Bachof*, Verfassungsrecht, Verwaltungsrecht, Verfahrensrecht, Teil II, B 68, S. 200 f.; ferner *Rupp*, AöR 88 (1964), 481 ff.

[18] AA. *Wolff*, Verwaltungsrecht I, § 54 II b 2, S. 314, der einen materiellrechtlichen Beseitigungsanspruch „unmittelbar aus dem Rechtsprinzip (?) in Verbindung mit Art. 20 III GG“ folgert. Denn unzweifelhaft sei „der objektive Wert des Untätigkeitsinteresses der beteiligten Hoheitssubjekte geringer als der objektive Wert des Interesses des Betroffenen an der Beseitigung einer rechtswidrig geschaffenen oder gewordenen Tatsachenlage“. Ein Beseitigungsanspruch kann aber nicht aus einer derartig vagen (und worauf eigentlich gegründeten?) Wertabwägung zwischen den Interessen des hoheitlich handelnden Staates und dem einzelnen gefolgert werden.

öffentlichrechtlichen Beseitigungsanspruch nicht zu tragen[20], wenngleich die Parallelen zwischen bürgerlichem und öffentlichem Recht insoweit nicht zu verkennen sind. Endlich kann von der umfassenden Eröffnung des Rechtswegs bei Verletzung eigener Rechte durch die öffentliche Gewalt in Artikel 19 Abs. 4 GG nicht unmittelbar auf das Entstehen eines materiellen Anspruchs geschlossen werden. Die Herleitung eines materiellen Anspruchs aus der Eröffnung des Rechtswegs wäre allenfalls dann möglich, wenn das verwaltungsgerichtliche Verfahren nach dem Enumerationsprinzip gestaltet wäre. Gilt hingegen eine Generalklausel, die bei jeder Verletzung der Rechte des einzelnen durch die öffentliche Gewalt den Rechtsweg eröffnet, so kann allein aus der Eröffnung des Rechtswegs ein bestimmter materieller Anspruch nicht abgeleitet werden[21].

Dennoch kann der materielle Anspruch auf Beseitigung rechtswidriger Beeinträchtigungen[22] letztlich nicht anders begründet werden als mit dem Hinweis auf die umfassende Eröffnung des Rechtswegs bei der Verletzung der Rechte des einzelnen durch die öffentliche Gewalt. Dem durch Art. 19 Abs. 4 GG und die verschiedenen verwaltungsprozessualen Gesetze aufgerichteten System des Rechtsschutzes liegt ein materieller Anspruch auf Beseitigung rechtswidriger Beeinträchtigungen notwendig zugrunde. *Der materielle Beseitigungsanspruch ist dem bestehenden System des Rechtsschutzes immanent.* Denn geht man — wie mehrfach hervorgehoben — davon aus, daß das verwaltungsgerichtliche Verfahren der Durchsetzung materieller Ansprüche des einzelnen und nicht (nur) der Aufrechterhaltung der objektiven Rechtsordnung dient[23], so ist die umfassende Eröffnung des Rechtswegs nur dann befriedigend zu erklären, wenn jede hoheitliche Rechtsverletzung einen materiellen Anspruch auf Beseitigung der rechtswidrigen Beeinträchtigung entstehen läßt. Insofern kann doch wenigstens mittelbar von der Eröffnung des Rechtswegs auf das Entstehen eines materiellen Anspruchs geschlossen

---

Bachof, DVBl 61, 129 unter II 2, nimmt an, ein Abwehranspruch gegen rechtswidrige Beeinträchtigungen lasse sich „ohne Schwierigkeiten aus dem umfassenden Freiheitsrecht des einzelnen, keine ungesetzlichen Engriffe in seine Freiheit dulden zu müssen, und damit letztlich aus dem Grundsatz der Gesetzmäßigkeit der Verwaltung ableiten". Auch das ist abzulehnen, dazu schon entsprechend § 9 in und zu Anm. 26—31.

[19] Wie in § 3 in und zu Anm. 68—73 dargelegt, ergibt sich aus dem Aufbau der Amtshaftung, daß aus Art. 131 WRV, Art. 34 GG, § 839 Abs. 1 BGB kein Anspruch gegen den Staat auf Beseitigung rechtswidriger Beeinträchtigungen hergeleitet werden kann.

[20] Wie oben § 9 in und zu Anm. 54 (gegenüber *Menger*) und § 10 in Anm. 10 (gegenüber *Bettermann*) dargetan wurde.

[21] *Huber*, Wirtschaftsverwaltungsrecht, Band I, S. 686; *Bachof*, Gedächtnisschrift für W. Jellinek, S. 300.

[22] Die einfache Bezeichnung „öffentlichrechtlicher Beseitigungsanspruch" hat *Ringe*, DVBl 58, 835, vorgeschlagen.

[23] Oben in und zu Anm. 1.

werden; denn allein die Eröffnung des Rechtswegs läßt das Entstehen eines materiellen Anspruchs sichtbar werden.

Den materiellen Anspruch auf Beseitigung rechtswidriger Beeinträchtigungen hat *Thoma* als „publizistischen Reaktionsanspruch“[24], *Wolff* als „Abwendungsanspruch“[25] und *Menger* als „öffentlichrechtliche actio negatoria“[26] gekennzeichnet. Seine Geltung wird in Rechtsprechung[27] und Lehre[28] überwiegend anerkannt oder doch als selbstverständlich vorausgesetzt.

3. *Inhalt des Beseitigungsanspruchs*

Der dem einzelnen aus der rechtswidrigen Beeinträchtigung seiner

---

[24] HdDStR II, S. 619 f. im Anschluß an *Richard Mansfeld*, Der publizistische Reaktionsanspruch im Herzogtum Braunschweig, 1895.

[25] Der Abwendungsanspruch aus öffentlichrechtlichen Reflexrechten, S. 127; ferner in Anm. 18.

[26] System des verwaltungsgerichtlichen Rechtsschutzes, S. 119; *ders.*, GR III/2, S. 750.

[27] Nachweise zur Rechtsprechung der Verwaltungsgerichte oben § 9 in Anm. 8.
Vor allem das BVerfG geht von der Geltung eines umfassenden Beseitigungsanspruches aus, wenn es in BVerfGE 6, 32 (41) erklärt, jedermann könne im Wege der Verfassungsbeschwerde geltend machen, sein Grundrecht aus Art. 2 Abs. 1 GG sei durch die öffentliche Gewalt verletzt. Denn damit nimmt das BVerfG als selbstverständlich an, daß aus jeder Verletzung des Art. 2 Abs. 1 GG ein materieller Anspruch auf Beseitigung der rechtswidrigen Beeinträchtigung entsteht, der — worauf das BVerfG allein hinweist — verfahrensrechtlich mit der Verfassungsbeschwerde geltend gemacht werden kann. Ebenso BVerfGE 6, 389 (433); 7, 111 (119); 9, 3 (11); 10, 89 (99); 11, 234 (235 f.), st. Rspr. Ferner BVerfGE 4, 52 (57), zustimmend BVerwGE 5, 153 (155), zu Art. 6 Abs. 2 GG. Das OLG Köln hatte in seiner Entscheidung DVBl 52, 309 (Anm. *Bettermann* aaO., S. 312) = DÖV 52, 284 (Anm. *Klein* aaO., S. 285), dazu ferner *Menger*, VA 48 (1957), 175, den Beseitigungsanspruch, der durch Leistungsklage im Verwaltungsrechtsweg geltend zu machen ist, noch nicht erkannt. — Auch das BVerwG hat den Beseitigungsanspruch noch verkannt, als es in DVBl 59, 582 (mit abl. Anm. *Ule*) eine Klage mit der Begründung als unzulässig abwies, das hoheitliche Handeln stelle keinen Verwaltungsakt dar. Dagegen erkennt BVerwGE 14, 323 (327 f.) den Beseitigungsanspruch stillschweigend an, wenngleich diese vorwiegend verfahrensrechtlich begründete Entscheidung nicht völlig klar erkennen läßt, daß der Kläger (zulässig, aber unbegründet) mit der Leistungsklage einen materiellen Beseitigungsanspruch geltend macht.
Der Beseitigungsanspruch wird ausdrücklich anerkannt von BGHZ 34, 99 (108 f. unter VI); ferner BGHZ LM § 13 GVG Nr. 74, dazu *Menger*, VA 53 (1962), 81.

[28] *Georg Jellinek*, System der subjektiven öffentlichen Rechte, 2. Aufl., 1905, S. 103, 105 f.; *Naumann*, Gedächtnisschrift für W. Jellinek, S. 398 f.; *Rupp*, DVBl 58, 118; *ders.*, AöR 85 (1960) 151, 312; *ders.*, NJW 61, 812; *Ringe*, DVBl 58, 834 f.; *ders.*, DVBl 58, 381; *Ule*, DVBl 59, 583; *Lücke*, AöR 84 (1959), 185; *Bachof*, Verfassungsrecht, Verwaltungsrecht, Verfahrensrecht, Teil II, B 68, S. 201; ferner die in Anm. 18, 26—28 genannten Autoren.
Der hier vertretene Beseitigungsanspruch stimmt im Ergebnis — nicht in der Begründung — mit dem Beseitigungsanspruch *Bettermanns* (oben II), der „öffentlichrechtlichen actio negatoria“ *Mengers* (oben § 9 III 1) und dem Folgenbeseitigungsanspruch *Bachofs* (oben § 9 II), soweit diese die Beseitigung rechtswidriger Beeinträchtigungen beinhalten, überein; dazu ferner unten IV.

Rechte erwachsende materielle Anspruch beinhaltet — wie mit seiner hier gewählten Bezeichnung als Beseitigungsanspruch bereits vorweggenommen wurde — einen *negatorischen Anspruch auf Beseitigung rechtswidriger Beeinträchtigungen*[29]. Dieser Beseitigungsanspruch stellt sich als das „subjektive öffentliche Recht schlechthin auf Freiheit vor allen gesetzlich nicht gerechtfertigten Belastungen"[30] oder — wie ältere Verfahrensgesetze sagen — als das subjektive Recht, mit keiner „nicht obliegenden Verbindlichkeit belastet" zu werden[31] dar; immer verstanden als Anspruch auf Beseitigung einer bereits erfolgten Rechtsverletzung. Das wird in Rechtsprechung und Lehre einhellig anerkannt[29].

Dieser Beseitigungsanspruch richtet sich unmittelbar gegen den Staat, nicht gegen den Beamten persönlich, da das rechtswidrige hoheitliche Handeln — soweit dem einzelnen aus der rechtswidrigen Beeinträchtigung seiner Rechte ein Anspruch auf Beseitigung der Beeinträchtigung erwächst — dem Staat und nicht dem Beamten persönlich zugerechnet wird[32, 33]. Die insoweit erfolgende unmittelbare Zurechnung des rechtswidrigen hoheitlichen Handelns an den Staat wird ebenfalls allgemein anerkannt. So wird der fehlerhafte Verwaltungsakt als „in irgend einer Weise wirksam" erachtet; bis er zurückgenommen oder aufgehoben wird, muß er daher „von allen, die es angeht, von den Staatsorganen, wie von den Untertanen anerkannt werden"[34]. Daraus ergibt sich, daß das rechtswidrige hoheitliche Handeln insoweit als hoheitliches Handeln des Staates und nicht als persönliches Handeln des Beamten angesehen wird[35]. Die Zurechnung des rechtswidrigen hoheitlichen Handelns an den Staat ergibt sich ferner mittelbar aus verschiedenen verwaltungsprozessualen Vorschriften[36].

---

[29] Oben in und zu Anm. 24—27.

[30] *Maunz-Dürig*, Grundgesetz, Art. 19 Abs. 4, RNr. 36 mit Nachweisen; grundlegend *Georg Jellinek*, System der subjektiven öffentlichen Rechte, 2. Aufl., 1905, S. 103 ff.

[31] So § 13 des württembergischen Gesetzes über die Verwaltungsrechtspflege vom 16. 12. 1876 (RegBl 485); weitere Nachweise bei *Maunz-Dürig*, Grundgesetz, Art. 2 Abs. 1, RNr. 26 Anm. 3.

[32] Ebenso alle die in Anm. 24—28 genannten Autoren, allerdings ohne dies ausdrücklich auszusprechen; ferner *Bettermann*, DÖV 55, 535 unter IV 2 a.

[33] Soweit dem einzelnen hingegen aus dem rechtswidrigen hoheitlichen Handeln ein gegen den Beamten gerichteter Anspruch auf Schadensersatz (§ 839 Abs. 1 BGB) erwächst, wird das rechtswidrige hoheitliche Handeln dem Beamten persönlich zugerechnet; zur persönlichen Haftung des Beamten oben § 1, zur gleichzeitigen Zurechnung rechtswidrigen hoheitlichen Handelns an den Beamten persönlich und an den Staat unten § 14.

[34] *Walter Jellinek*, Der fehlerhafte Staatsakt und seine Wirkungen, 1908, S. 46, ferner S. 145 ff., 149 f.; zur Wirksamkeit rechtswidriger Verwaltungsakte statt aller: *Wolff*, Verwaltungsrecht I, § 50 I a, S. 273, § 51 I a, S. 279; *Forsthoff*, Verwaltungsrecht I, S. 231.

[35] Die insoweit erfolgende Zurechnung des rechtswidrigen hoheitlichen Handelns an den Staat ist so selbstverständlich, daß sie von Rechtsprechung und Lehre nur noch selten ausdrücklich erwähnt wird. Liegt sie doch der gan-

Der Beseitigungsanspruch ist ein subjektives öffentliches Recht[37] und entsteht bei jeder objektiv rechtswidrigen Beeinträchtigung der Rechte des einzelnen. Er beinhaltet infolgedessen nicht nur den Anspruch auf Beseitigung (Aufhebung) eines rechtswidrigen Verwaltungsaktes (liegt also der Anfechtungsklage als materieller Anspruch zugrunde) und den Anspruch auf Beseitigung der Folgen eines verwaltungsgerichtlich aufgehobenen, zuvor aber bereits vollzogenen Verwaltungsaktes, sondern auch den Anspruch auf Beseitigung sonstiger rechtswidriger Beeinträchtigungen und deren Folgen[38]. Der Beseitigungsanspruch ist entsprechend der Form des hoheitlichen Handelns verfahrensrechtlich mit der Anfechtungsklage oder mit der Leistungsklage geltend zu machen; die Klageformen sind gegenüber dem geltend gemachten materiellen Anspruch von nachgeordneter und allein verfahrensrechtlicher Bedeutung. Erfolgt die rechtswidrige Beeinträchtigung der Rechte des Klägers nicht durch Verwaltungsakt, so ist zwar die Anfechtungsklage unzulässig, die Klage kann aber dennoch, wie BVerwGE 14, 323 nunmehr anerkennt, als Leistungsklage auf Beseitigung der rechtswidrigen Beeinträchtigung zulässig sein. „Die Systematik der VwGO macht besser als die früheren Verfahrensordnungen deutlich, daß es für die Zulässigkeit entscheidend nur darauf ankommt, ob es sich um eine ‚öffentlichrechtliche Streitigkeit nichtverfassungsrechtlicher Art' handelt. Ist das zu bejahen, so ist die Klageform von durchaus sekundärer Bedeutung"[39].

IV. Beseitigungsanspruch und Anspruch auf Folgenbeseitigung, Wiedergutmachung und Entschädigung

Die Rechtsfiguren der Folgenbeseitigung, Wiedergutmachung und Entschädigung rechtswidriger Eingriffe enthalten übereinstimmend öffentlichrechtliche Ansprüche, die dem einzelnen aus der rechtswidrigen Beeinträchtigung seiner Rechte erwachsen und sich unmittelbar gegen den

---

zen Lehre von der Anfechtbarkeit und Nichtigkeit der Verwaltungsakte, von der formellen Rechtskraft usf., kurzum: den ganzen vielfältigen Lehren vom fehlerhaften Staatsakt als unausgesprochene, aber selbstverständliche Prämisse zugrunde.

[36] So etwa den §§ 42, 113 VwGO (Anfechtungsklage), §§ 68 ff. VwGO (Vorverfahren), § 78 VwGO (Klagegegner), § 80 VwGO (aufschiebende Wirkung) usf.; entsprechend die vergleichbaren älteren Vorschriften.

[37] Zu den Voraussetzungen eines subjektiven öffentlichen Rechts statt aller: *Bachof*, Gedächtnisschrift für W. Jellinek, S. 287 ff.; 294 ff.; *ders.*, Vornahmeklage, S. 78 ff., 84 ff.; *ders.*, DVBl 61, 130 f. Ferner *Maunz-Dürig*, Grundgesetz, Art. 19 Abs. 4, RNr. 35 ff. mit weiteren Nachweisen.

[38] Im Ergebnis ebenso *Bettermann*, DÖV 55, 535 unter IV 2.

[39] *Bachof*, Verfassungsrecht, Verwaltungsrecht, Verfahrensrecht, Teil II, B 82, S. 211.

Staat richten. Soweit diese Ansprüche einen negatorischen Anspruch auf Beseitigung rechtswidriger Beeinträchtigungen enthalten, stimmen sie mit dem hier vertretenen Beseitigungsanspruch überein.

Infolgedessen ist der Folgenbeseitigungsanspruch *Bachofs* — wenngleich nunmehr anders begründet — im Ergebnis insoweit anzuerkennen, als er einen negatorischen Anspruch auf Beseitigung der Folgen eines verwaltungsgerichtlich aufgehobenen, zuvor aber bereits vollzogenen rechtswidrigen Verwaltungsaktes enthält. Der Folgenbeseitigungsanspruch stellt jedoch nur eine besondere Ausprägung des umfassenderen Beseitigungsanspruchs dar, der dem einzelnen aus der rechtswidrigen Beeinträchtigung seiner Rechte erwächst. Anfechtungsklage und Folgenbeseitigungsklage beruhen danach auf demselben materiellen Rechtsgrund, der ihre auch verfahrensrechtlich enge Verflechtung rechtfertigt.

Auch der Wiedergutmachungsanspruch *Mengers* und *Haas'* ist jedenfalls im Ergebnis insoweit anzuerkennen, als er einen negatorischen Anspruch auf Beseitigung rechtswidriger Beeinträchtigungen — eine „öffentlichrechtliche actio negatoria" — beinhaltet; die ungeschriebene „materielle Grundnorm auf Wiedergutmachung" deckt sich insoweit mit dem hier vertretenen Beseitigungsanspruch.

Die Rechtsfiguren der Folgenbeseitigung, Wiedergutmachung und Entschädigung rechtswidriger Eingriffe gehen jedoch über einen negatorischen Anspruch auf Beseitigung rechtswidriger Beeinträchtigungen hinaus und enthalten weitergehend einen Anspruch auf Schadensersatz oder Entschädigung. Der Umfang, in dem die genannten Rechtsfiguren über einen negatorischen Anspruch auf Beseitigung hinausgehen, ist allerdings sehr verschieden. Übereinstimmend wird jedoch das rechtswidrige hoheitliche Handeln — und das ist entscheidend — dem Staat auch insoweit zugerechnet, als der dem einzelnen aus der rechtswidrigen Beeinträchtigung seiner Rechte erwachsende Anspruch über einen negatorischen Anspruch auf Beseitigung hinausgeht. Die Rechtsfiguren der Folgenbeseitigung, Wiedergutmachung und Entschädigung rechtswidriger Eingriffe, die aus den verschiedensten Rechtsgrundlagen heraus erwachsen sind, sind daher offensichtlich eng miteinander verwandt.

Kann der Beseitigungsanspruch aus dem bestehenden System des verwaltungsgerichtlichen Rechtsschutzes hergeleitet werden, so ist eine Begründung für die Ansprüche auf Folgenbeseitigung, Wiedergutmachung und Entschädigung rechtswidriger Eingriffe, soweit sie über einen negatorischen Anspruch auf Beseitigung hinausgehen, offenbar nicht zu finden. Das wurde eingehend dargelegt. Dennoch ist vor allem die Entschädigung für rechtswidrige Eingriffe und teilweise auch die Folgenbeseitigung und Wiedergutmachung rechtswidriger Eingriffe in Rechtsprechung und Lehre nach und nach anerkannt worden. Darauf wird im folgenden einzugehen sein.

§ 11 : Ergebnis zum Dritten Kapitel

Die Entschädigung für rechtswidrig-schuldlose Eingriffe kann weder aus dem angeblichen System staatlicher Ersatzleistungen, noch aus dem Rechtsstaatsprinzip, noch aus dem Rechtsgedanken der ungerechtfertigten Bereicherung begründet werden (§ 7). Vor allem aber ist die Übertragung der Lehre vom besonderen Opfer auf rechtswidrige Eingriffe und damit die Begründung der Entschädigung für rechtswidrige Eingriffe aus Art. 14 Abs. 3 GG, § 75 EinlALR nicht haltbar (§ 8).

Die Entschädigung für rechtswidrige Eingriffe findet auch in der Folgenbeseitigung und Wiedergutmachung keine Grundlage (§ 9).

Abgesehen von dem gegen den Beamten persönlich gerichteten und heute auf den Staat übertragenen Anspruch auf Schadensersatz (§§ 1, 3) erwächst dem einzelnen aus der rechtswidrigen hoheitlichen Beeinträchtigung seiner Rechte (nur) ein negatorischer Anspruch auf Beseitigung der rechtswidrigen Beeinträchtigung. Dieser Anspruch ist dem System des Rechtsschutzes immanent. Er richtet sich unmittelbar gegen den Staat (§ 10).

Viertes Kapitel

Amtshaftung und Entschädigung für rechtswidrige Eingriffe

Findet die Rechtsfigur der Entschädigung für rechtswidrige Eingriffe in Art. 14 Abs. 3 GG, § 75 EinlALR keine Grundlage, so ist diese Rechtsfigur dennoch nicht kurzerhand als mit dem geltenden Recht unvereinbar abzulehnen. „Ein vollständiges Zurück wäre Illusion"[1], und es wäre auch wenig sinnvoll, wollte man — und sei es mit noch so gewichtigen Gründen — einer über dreißigjährigen höchstrichterlichen Rechtsprechung, die von der überwiegenden Lehre gebilligt wird, entgegentreten. Die Rechtsfigur der Entschädigung für rechtswidrige Eingriffe ist vielmehr als eine von der Rechtsprechung unter Billigung der überwiegenden Lehre praeter legem geschaffene Rechtsfigur anzuerkennen. Freilich kann man bei einer einfachen Hinnahme der höchstrichterlichen Rechtsprechung nicht stehenbleiben. Auch dann, wenn man die Rechtsfigur der Entschädigung für rechtswidrige Eingriffe als Richterrecht anerkennt, ist es erforderlich, deren Rechtsnatur und Verhältnis zur Amtshaftung zu klären. Das erscheint um so notwendiger, als sich die von Rechtsprechung und Lehre vertretene Ansicht, es handle sich bei der Entschädigung für rechtswidrige Eingriffe um einen Anspruch auf Entschädigung aus Enteignung oder Aufopferung, als unhaltbar erwiesen hat.

Im folgenden soll daher versucht werden, die Rechtsnatur der Entschädigung für rechtswidrige Eingriffe und deren Verhältnis zur Amtshaftung zu klären. Dabei wird vor allem auf die Ergebnisse zurückzugreifen sein, die im Ersten Kapitel aus der Geschichte der Beamtenhaftung, Staatshaftung und Amtshaftung und im Zweiten Kapitel aus dem System der öffentlichrechtlichen Entschädigung *Otto Mayers* gewonnen wurden.

---

[1] *Lerche*, JUS 61, 240 unter V 1.

§ 12: Rechtsprechung und Lehre zum Verhältnis von Amtshaftung und Entschädigung für rechtswidrige Eingriffe

1. Amtshaftung und Entschädigung für rechtswidrig-schuldlose Eingriffe

Solange die Rechtsfigur der Entschädigung für rechtswidrige Eingriffe auf die Entschädigung rechtswidrig-schuldloser Eingriffe beschränkt war, schien deren Verhältnis zur Amtshaftung problemlos. Denn da die Entschädigung für rechtswidrig-schuldlose Eingriffe überwiegend aus dem angeblichen System staatlicher Ersatzleistungen heraus begründet wurde, schien damit auch deren Verhältnis zur Amtshaftung festzuliegen: Die Entschädigung für rechtswidrig-schuldlose Eingriffe stand in der „Lücke" zwischen Enteignung und Amtshaftung und war von der Amtshaftung streng geschieden.

Freilich wurde auch schon gegenüber der Entschädigung für rechtswidrig-schuldlose Eingriffe geltend gemacht, sie sei mit der Amtshaftung unvereinbar, da diese die Haftung des Staates für den durch seinen Beamten einem Dritten rechtswidrig zugefügten Schaden abschließend geregelt habe[1]. Die überwiegende Lehre und Rechtsprechung hielt jedoch an der lückenfüllenden Entschädigung für rechtswidrig-schuldlose Eingriffe fest[2] und ging auf deren Verhältnis zur Amtshaftung nicht näher ein.

2. Amtshaftung und Entschädigung für rechtswidrig-schuldhafte Eingriffe

Das Verhältnis von Amtshaftung und Entschädigung für rechtswidrige Eingriffe schien erst problematisch zu werden, als der Bundesgerichtshof in BGHZ 7, 296 und BGHZ 13, 88 die Entschädigung für rechtswidrige Eingriffe auf rechtswidrig-schuldhafte Eingriffe ausdehnte und

---

[1] *Stödter*, Öffentlichrechtliche Entschädigung, § 5, S. 44 ff., insbes. 45 f., 47; *ders.*, RPrVwBl 55 (1934), 521; *ders.*, DÖV 53, 139 ff.; ebenso *W. Jellinek*, Verwaltungsrecht, S. 328 f., der freilich eine Entschädigung für rechtswidrig-schuldlose Eingriffe letztlich nicht ablehnt, dazu oben § 7 II 3; ähnlich auch *Dürig*, JZ 54, 5 Anm. 9 und JZ 55, 524 unter 4, dazu unten § 15 in und zu Anm. 5. Ferner unten § 16, 1.

[2] Vielfach wurde dargetan, aus Art. 131 WRV lasse sich e contrario nicht entnehmen, daß Art. 131 WRV der Entschädigung für rechtswidrig-schuldlose Eingriffe entgegenstehe, so *Furler*, VA 33 (1928), 408; *Tschaksch*, Die öffentlichrechtliche Entschädigung, S. 42; *Fahrenkrug*, Die Entschädigung für rechtswidrig schuldlose Verwaltungsakte, S. 28 f.; *Giese*, Der öffentlichrechtliche Aufopferungsanspruch, S. 20; ferner *Janssen*, Der Anspruch auf Entschädigung, S. 118, 126; *Lerche*, JUS 61, 238 unter II, 240 unter V 1.

ein Nebeneinander von Amtshaftung und Entschädigung für rechtswidrige Eingriffe anerkannte[3].

Der BGH[4] und die ihm folgende Lehre[5] halten ein Nebeneinander von Amtshaftung und Entschädigung für rechtswidrige Eingriffe für möglich und geboten, da der Entschädigungsanspruch „seiner Rechtsnatur nach verschieden"[6] sei vom Amtshaftungsanspruch und „auf anderer Ebene"[7] liege als derselbe; es handle sich bei Enteignung, Aufopferung und Amtshaftung „um Rechtsnormen aus ganz verschieden gelagerten Rechtskreisen"[8]. Die Opferlage des Betroffenen, die für das Entstehen eines Anspruchs auf Entschädigung aus Enteignung oder Aufopferung allein ausschlaggebend sei, bestehe unabhängig davon, ob sie rechtmäßig, rechtswidrig-schuldlos oder rechtswidrig-schuldhaft verursacht worden sei[9]. Da zum Tatbestand der Enteignung oder Aufopferung weder die Rechtswidrigkeit noch das Verschulden gehöre, könne das Vorliegen dieser nur für den Tatbestand der Amtshaftung wesentlichen Merkmale das Entstehen eines Anspruchs auf Entschädigung aus Enteignung oder Aufopferung auch nicht beeinflussen[10]. Sei im übrigen der rechtswidrig-schuldlose Eingriff zu entschädigen, so müsse dies „erst recht dann gelten, wenn der Eingriff nicht nur rechtswidrig, sondern auch schuldhaft war"[11].

Soweit Rechtsprechung und Lehre ein Nebeneinander von Amtshaftung und Entschädigung für rechtswidrige Eingriffe vertreten, gehen sie danach einhellig davon aus, es handle sich um das Nebeneinander von Amtshaftung und Entschädigung aus Enteignung oder Aufopferung.

Die Entschädigung für rechtswidrige Eingriffe kann jedoch — wie in § 8 dargelegt — aus Art. 14 Abs. 3 GG, § 75 EinlALR nicht begründet werden und beinhaltet daher auch keinen Anspruch auf Entschädigung

[3] Eine Ausdehnung der Entschädigung für rechtswidrige Eingriffe auf rechtswidrig-schuldhafte Eingriffe und ein Nebeneinander von Amtshaftung und Entschädigung für rechtswidrige Eingriffe hatte in der Weimarer Lehre allein *Wohlfahrt*, JurRdsch 35, 78 ff. vertreten, auf den sich dann BGHZ 13, 88 (92) bezieht.

[4] Zu einem wirklichen „ranggleichen Nebeneinander" (so BGHZ 13, 88, 97) gelangt der BGH dadurch, daß er für den Anspruch auf Entschädigung für rechtswidrige Eingriffe die Subsidiaritätsklausel des § 839 Abs. 1 Satz 2 BGB nicht gelten läßt, BGHZ 13, 88 (101 ff.); zu dieser Frage, auf die hier nicht weiter eingegangen werden soll, vor allem *Schröer*, JZ 55, 308 ff.; *Pagendarm*, DÖV 55, 520 ff.; *Lerche*, JUS 61, 241 f. unter VI 1 mit weiteren Nachweisen. Ferner unten § 14 in Anm. 12.

[5] Nachweise in § 8 II 2 in und zu Anm. 52.

[6] BGHZ 13, 88 (92).

[7] BGHZ 13, 88 (92) mit Bezug auf *Wohlfahrt*, JurRdsch 35, 80.

[8] BGHZ 13, 88 (95).

[9] So BGHZ 13, 88 (92 f., 96), ferner oben § 8 II 1 in und zu Anm. 5, 15—18 und § 8 IV 1 in und zu Anm. 75—77.

[10] BGHZ 13, 88 (93).

[11] BGHZ 7, 296 (298).

aus Enteigung oder Aufopferung. Infolgedessen kann es sich bei dem Verhältnis von Amtshaftung und Entschädigung für rechtswidrige Eingriffe auch nicht um das Verhältnis von Amtshaftung und Entschädigung aus Enteignung oder Aufopferung handeln. Die Begründungen, mit denen Rechtsprechung und Lehre ein Nebeneinander von Amtshaftung und Entschädigung für rechtswidrige Eingriffe zu rechtfertigen versuchen, sind somit im Ansatz verfehlt und daher abzulehnen. Solange die Rechtsnatur der Entschädigung für rechtswidrige Eingriffe unrichtig — nämlich als Anspruch auf Entschädigung aus Enteignung oder Aufopferung — bestimmt wird, kann es auch nicht gelingen, deren Verhältnis zur Amtshaftung zu klären.

Die Lehre hat die Ausdehnung der Entschädigung für rechtswidrige Eingriffe auf rechtswidrig-schuldhafte Eingriffe vielfach abgelehnt[12], da damit die „Grenze zur Amtshaftung . . . überschritten“[13] und ein „Einbruch in das Amtshaftungsrecht“[14] vorgenommen werde, der sich „in einer nicht mehr gerechtfertigten Weise vom Boden des gesetzten Rechts“[15] entferne und eine „Aufgabe der Staatshaftungsnormen“[16] bedeute. Warum aber eigentlich die Entschädigung für rechtswidrig-schuldhafte Eingriffe die Grenze zur Amtshaftung überschreitet, in das Amtshaftungsrecht einbricht oder sogar die Aufgabe der Staatshaftungsnormen bedeutet, vermag die Lehre letztlich nicht zu begründen, ebensowenig wie sie zu begründen vermag, weshalb zwar die Entschädigung für rechtswidrig-schuldhafte, nicht aber die Entschädigung für rechtswidrig-schuldlose Eingriffe der Amtshaftung widerspricht. Auch hier wird deutlich, daß das Verhältnis von Amtshaftung und Entschädigung für rechtswidrige Eingriffe so lange nicht geklärt werden kann, wie die Rechtsnatur der Entschädigung für rechtswidrige Eingriffe unrichtig bestimmt wird.

3. Amtshaftung und Entschädigung für rechtswidrige Eingriffe bei Lerche

Vermittelnd hat neuerdings *Lerche*[17] versucht, das Nebeneinander von Amtshaftung und Entschädigung für rechtswidrige Eingriffe dadurch zu rechtfertigen, daß die Entschädigung für rechtswidrig-schuldhafte Eingriffe „nur als eine Erweiterung des ‚einfachen‘ Aufopferungsrechts aufgefaßt, nicht aber mit Verfassungskraft ausgestattet, in diesem Sinne

---

[12] Nachweise § 8 II 2 in und zu Anm. 51, 52.

[13] *Scheuner*, in: Reinhardt-Scheuner, Verfassungsschutz des Eigentums, S. 106.

[14] *Forsthoff*, Verwaltungsrecht I, S. 314.

[15] *Kreft*, DÖV 55, 519.

[16] *Dürig*, JZ 55, 523 unter 3 b.

[17] JUS 61, 240 f. unter V.

also von Art. 14 GG gelöst wird"[18]. Damit kann nach Ansicht *Lerches* verhindert werden, daß „durch Erweiterung des Art. 14 GG der Art. 34 GG untergraben (so der BGH)" wird[19]. Abgesehen davon, daß sich auch der Ansatz *Lerches* — die Gegenüberstellung von Art. 14 und 34 GG[20] — als verfehlt darstellt, ist jedoch nicht ersichtlich, weshalb die Entschädigung für rechtswidrig-schuldhafte Eingriffe, je nachdem, ob sie aus einer verfassungsrechtlichen oder unterverfassungsrechtlichen Rechtsgrundlage entnommen wird, mit der Amtshaftung vereinbar sein soll oder nicht. Widerspricht die Entschädigung für rechtswidrig-schuldhafte Eingriffe der Amtshaftung, so ist eine Begründung derselben weder aus Art. 14 Abs. 3 GG noch aus § 75 EinlALR haltbar; auf den Rang der Rechtsgrundlage — Verfassung oder einfaches Gesetz — kann es dabei nicht ankommen. Steht Art. 34 GG der aus Art. 14 Abs. 3 GG abgeleiteten Entschädigung für rechtswidrige Eingriffe entgegen, was *Lerche* anzunehmen scheint, so kann diese „erst-recht" (!) nicht als „Ausformung und Weiterentwicklung des einfachen allgemeinen Aufopferungsgedankens"[21] aufrecht erhalten werden. Auch *Lerche* vermag danach das Verhältnis von Amtshaftung und Entschädigung für rechtswidrige Eingriffe nicht befriedigend zu klären[22, 23].

Im folgenden soll zunächst versucht werden, die Rechtsnatur der Entschädigung für rechtswidrige Eingriffe zu bestimmen (§ 13), um dann das Verhältnis von Amtshaftung und Entschädigung für rechtswidrige Eingriffe klären zu können (§ 14).

---

[18] JUS 61, 240 unter V 2; zu diesem Ergebnis kann *Lerche* freilich nur dadurch gelangen, daß er die „optimistische (?) Lehre, . . . wonach der normale (?) Aufopferungsanspruch seinerseits in vollem Umfang Verfassungsrang habe" verabschiedet, aaO., S. 241 unter V 2 b; aA. *Schack*, Verhandlungen des 41. deutschen Juristentages, Band I, Halbbd. 1, S. 38, 54; *Fischer*, Verhandlungen des 41. deutschen Juristentages, Band II, Teil C, S. 40 mit Anm. 10, beide mit weiteren Nachweisen.

[19] JUS 61, 241 unter V 2 a.

[20] *Lerche* betont aaO., S. 240, ausdrücklich, es gehe darum, wie der „Enteignungskomplex vom Staatshaftungskomplex abgegrenzt werden soll".

[21] JUS 61, 241 unter V 2 a.

[22] *Jaenicke*, VVDStRL 20 (1961), 176 f. nimmt entgegen BGHZ 13, 88 Subsidiarität der Entschädigung für rechtswidrige Eingriffe an, „weil eine Aufopferungslage eben nicht vorliegt, wenn der Schaden schon durch einen Amtshaftungsanspruch gedeckt ist"; das überzeugt kaum. Ebenso *Dagtoglou*, Ersatzpflicht des Staates bei legislativem Unrecht?, S. 29 ff., 54 ff., nach dessen Ansicht die Subsidiarität der Entschädigung für rechtswidrige Eingriffe der „Logik der Dinge" entspricht, aaO., S. 30; Logik?

[23] *Fischer*, Verhandlungen des 41. deutschen Juristentages, Band II, Teil C, S. 42 f., 50 f., 54 f., nimmt an, die Abgrenzung des Aufopferungs- und Enteignungsrechts vom Amtshaftungsrecht sei darin zu sehen, „daß in dem einen Fall von einem einzelnen oder von einer Gruppe ein besonderes Opfer im Interesse der Allgemeinheit gewollt wird, und daß in dem anderen Fall ein solches Opfer gerade nicht gewollt ist", aaO., S. 51. Bei der Aufopferung werde „von dem einzelnen bewußt ein Sonderopfer verlangt", wohingegen es bei der Amtshaftung „um die Wiedergutmachung eines begangenen Unrechts" gehe, aaO., S. 43. Abgesehen davon, was es eigentlich bedeuten soll, wenn hier von

§ 13: Entschädigung für rechtswidrige Eingriffe als Staatshaftung

1. Entschädigung aus enteignungsgleichem Eingriff und Entschädigung für rechtswidrige Eingriffe bei Otto Mayer

Ein Vergleich der Entschädigung aus enteignungsgleichem Eingriff mit der im System der öffentlichrechtlichen Entschädigung *Otto Mayers* enthaltenen Entschädigung für rechtswidrige Eingriffe trägt wesentlich dazu bei, die Rechtsnatur der Entschädigung aus enteignungsgleichem Eingriff zu klären.

a) Stellt man die Entschädigung aus enteignungsgleichem Eingriff[1] und die im System der öffentlichrechtlichen Entschädigung *Otto Mayers* enthaltene Entschädigung für rechtswidrige Eingriffe[2] einander gegenüber, so erkennt man unschwer, daß Begründung, Tatbestand und Inhalt der Entschädigung jeweils genau dieselben sind. Hier wie dort wird die Entschädigung damit begründet, „daß der Staat Entschädigung schulde für die besonderen Opfer, die er auferlegt" (*Otto Mayer*)[3] und daß „für Eingriffe von hoher Hand, durch die dem einzelnen ein gegen den Gleichheitssatz verstoßendes Sonderopfer auferlegt wird . . . ein angemessener Ausgleich zu gewähren ist" (*Bundesgerichtshof*)[4]. Ferner wird übereinstimmend angenommen, jeder rechtswidrige Eingriff in vermögenswerte Rechte stelle ein entschädigungspflichtiges besonderes Opfer dar. Nach Ansicht *Otto Mayers* ergibt sich aus dem „Nachweis einer Rechtswidrigkeit", „daß der belastende Eingriff nicht zu denen gehört, die der Staat als der Gerechtigkeit entsprechende und folgerichtig entschädigungsfreie hat auflegen wollen"[5]. Damit übereinstimmend geht der BGH davon aus, „mit der Feststellung, daß ein Eingriff rechtswidrig ist, (stehe) gerade das dem enteignungsgleichen Eingriff Eigentümliche fest, daß das dem einzelnen durch den Eingriff auferlegte Opfer jenseits der gesetzlichen allgemeinen Opfergrenze liegt und damit ein . . . zu entschädigendes Sonderopfer darstellt"[6]. Damit wird dem Begriff des

---

„gewollt" und „nicht gewollt" gesprochen wird — wer „will" hier eigentlich? Der Staat? Der Beamte? Der Gesetzgeber? — müßte *Fischer* folgerichtig dazu gelangen, ein Nebeneinander von Amtshaftung und Entschädigung für rechtswidrige Eingriffe abzulehnen. Dennoch vertritt *Fischer* im Anschluß an die Rechtsprechung des BGH ein Nebeneinander von Amtshaftung und Entschädigung für rechtswidrige Eingriffe, aaO., S. 55, und widerspricht sich damit selbst. Das Verhältnis von Amtshaftung und Entschädigung für rechtswidrige Eingriffe kann dergestalt jedenfalls nicht befriedigend gelöst werden.

[1] Oben § 8 II.

[2] Oben § 5 I.

[3] Deutsches Verwaltungsrecht, Band II, 1. Aufl., 1896, S. 349.

[4] BGHZ 13, 88 (96).

[5] Deutsches Verwaltungsrecht, Band II, 2. Aufl., 1917, S. 546; 3. Aufl., 1924, S. 305.

[6] BGHZ 32, 208 (211 f.).

besonderen Opfers — wie dargelegt — von *Otto Mayer*[7] und vom BGH[8] in genau der gleichen Weise ein zweifacher (rechtmäßige und rechtswidrige Eingriffe umfassender) Inhalt gegeben und die Lehre vom besonderen Opfer auf rechtswidrige Eingriffe übertragen. Die scheinbar einheitliche Begründung eines rechtmäßige und rechtswidrige Eingriffe umfassenden Anspruchs auf Entschädigung für die Auferlegung besonderer Opfer wird in der Rechtsprechung des BGH genauso wie bei *Otto Mayer* allein durch eine inhaltliche Verdoppelung des Sonderopferbegriffs ermöglicht. Auch die weiteren tatbestandlichen Voraussetzungen (Eingriff in ein vorhandenes vermögenswertes Recht) und der Inhalt (nur Ausgleich des gemeinen Werts) des Anspruchs auf Entschädigung für rechtswidrige Eingriffe stimmen, was im einzelnen nicht mehr näher dargelegt zu werden braucht, bei der Entschädigung aus enteignungsgleichem Eingriff und der im System der öffentlichrechtlichen Entschädigung *Otto Mayers* enthaltenen Entschädigung für rechtswidrige Eingriffe vollauf überein[9].

Otto Mayer hat in seinem System der öffentlichrechtlichen Entschädigung die vom BGH geschaffene Entschädigung aus enteignungsgleichem Eingriff vorweggenommen.

b) Die im System der öffentlichrechtlichen Entschädigung *Otto Mayers* enthaltene Entschädigung für rechtswidrige Eingriffe beinhaltet — wie dargelegt — eine Haftung des Staates für den durch seinen Beamten einem Dritten rechtswidrig zugefügten Schaden; und zwar stellt sich die von *Otto Mayer* damit vertretene Haftung des Staates als Staatshaftung, nicht als Amtshaftung dar[10].

Stimmen aber Begründung, Tatbestand und Inhalt der im System der öffentlichrechtlichen Entschädigung *Otto Mayers* enthaltenen Entschädigung für rechtswidrige Eingriffe einerseits und der Entschädigung aus enteignungsgleichem Eingriff andererseits bis ins einzelne miteinander überein, so liegt es nahe, auch die Rechtsnatur derselben als miteinander übereinstimmend anzusehen. Denn auch bei der Entschädigung aus enteignungsgleichem Eingriff wird — ebenso wie bei der im System der öffentlichrechtlichen Entschädigung *Otto Mayers* enthaltenen Entschä-

---

[7] Oben § 5 I 2, II 1.

[8] Oben § 8 VI, VII.

[9] Oben § 5 I 2 und § 8 II 1. Die vollkommene sachliche Übereinstimmung zwischen *Otto Mayer* und der Rechtsprechung und Lehre zur Entschädigung aus enteignungsgleichem Eingriff ist geradezu überraschend; sie geht bis in die letzten Formulierungen hinein! Dabei haben sich die neuere Rechtsprechung und Lehre so gut wie nie auf *Otto Mayer* berufen, dazu § 5 III in und zu Anm. 96.

[10] Zum Unterschied von Amtshaftung und Staatshaftung oben § 3 II 1 in und zu Anm. 24—27; zu der von *Otto Mayer* vertretenen Staatshaftung oben § 5 II 2 in und zu Anm. 66—76.

digung für rechtswidrige Eingriffe — das rechtswidrige Handeln des Beamten dem Staat, nicht dem Beamten persönlich zugerechnet. Der Staat haftet auch bei der Entschädigung aus enteignungsgleichem Eingriff für den durch seinen Beamten einem Dritten rechtswidrig zugefügten Schaden nicht — wie bei der Amtshaftung —, weil die gegen den Beamten persönlich gerichtete Forderung auf ihn übertragen, sondern weil das rechtswidrige Handeln des Beamten unmittelbar ihm selbst zugerechnet wird. Der Staat haftet — wie *Otto Mayer sagt* — „für das Fehlgehen seiner Mittel"[11]. Daraus folgt, daß die Rechtsnatur der Entschädigung aus enteignungsgleichem Eingriff nicht anders bestimmt werden kann, als die Rechtsnatur der im System der öffentlichrechtlichen Entschädigung *Otto Mayers* enthaltenen Entschädigung für rechtswidrige Eingriffe: *Die Entschädigung aus enteignungsgleichem Eingriff stellt sich als Staatshaftung dar.* Mit der Übertragung der Lehre vom besonderen Opfer auf rechtswidrige Eingriffe haben Rechtsprechung und Lehre — ebenso wie einst *Otto Mayer* — eine bestimmte Form der Haftung des Staates geschaffen: *eine Staatshaftung in den Formen des Enteignungs- und Aufopferungsrechts.*

2. Wiederaufnahme der Staatshaftung des neunzehnten Jahrhunderts

a) Lehre und Rechtsprechung des neunzehnten Jahrhunderts gingen — wie in § 1 dargelegt — einhellig von der persönlichen Haftung des Beamten für sein amtspflichtwidriges Handeln aus. Neben der persönlichen Haftung des Beamten vertraten — wie in § 2 dargelegt — im zweiten Drittel des neunzehnten Jahrhunderts *Sundheim, Pfeiffer, Heinrich Albert Zachariä* und andere eine Staatshaftung, die am Ende des Jahrhunderts von der überwiegenden Lehre und Rechtsprechung jedoch abgelehnt wurde. Die um die Jahrhundertwende gesetzliche eingeführte Amtshaftung beruht — wie in § 3 dargelegt — auf der von der überwiegenden Lehre und Rechtsprechung des ausgehenden neunzehnten Jahrhunderts übernommenen Haftung des Beamten und Nichthaftung des Staates. Wenngleich die Amtshaftung durch die Übertragung der gegen den Beamten gerichteten Forderung auf den Staat die von der Lehre und Rechtsprechung des ausgehenden neunzehnten Jahrhunderts übernommene Haftung des Beamten und Nichthaftung des Staates im Ergebnis in deren genaues Gegenteil — Haftung des Staates und Nichthaftung des Beamten — verkehrt, so beinhaltet die Amtshaftung dennoch keine Staatshaftung, sondern beruht vielmehr auf deren Ablehnung. Das positive Recht der Art. 131 WRV, Art. 34 GG kennt daher nur die Amtshaftung; eine Staatshaftung kennt das positive Recht hingegen nicht[12].

[11] Deutsches Verwaltungsrecht, Band II, 2. Aufl., 1917, S. 543.
[12] Dazu das Ergebnis zum Ersten Kapitel in § 4.

b) Vergegenwärtigt man sich dergestalt die Geschichte der Staats- und Amtshaftung, so wird deutlich, welche Bedeutung der von Rechtsprechung und Lehre mit der Entschädigung für rechtswidrige Eingriffe geschaffenen Staatshaftung zukommt: *Rechtsprechung und Lehre nehmen mit der Entschädigung für rechtswidrige Eingriffe — freilich ohne sich dessen bewußt zu sein — die im zweiten Drittel des neunzehnten Jahrhunderts von Sundheim, Pfeiffer, Heinrich Albert Zachariä und anderen vertretene Staatshaftung*[13] *wieder auf*. Mit der Entschädigung für rechtswidrige Eingriffe wird die Staatshaftung, die von Lehre und Rechtsprechung des ausgehenden neunzehnten Jahrhunderts abgelehnt wurde[14] und auf deren Ablehnung die Amtshaftung beruht[15], auf einem Umweg wieder in das geltende Recht eingeführt. Ist der Gesetzgeber mit der Einführung der Amtshaftung der vom sechsten (1865), neunten (1871)[16] und achtundzwanzigsten deutschen Juristentag (1905)[17] an ihn gerichteten Forderung, eine „unmittelbare Haftung des Staates"[18] einzuführen, nicht nachgekommen, so ist diese Forderung durch Rechtsprechung und Lehre zur Entschädigung für rechtswidrige Eingriffe erfüllt worden. Die Ablehnung der Staatshaftung, zu der Rechtsprechung und Lehre des ausgehenden neunzehnten Jahrhunderts nach langen Auseinandersetzungen gekommen waren, wird mit der Entschädigung für rechtswidrige Eingriffe aufgegeben, ohne daß die Frage nach der Haftung des Staates in Lehre und Rechtsprechung seither noch einmal erörtert worden wäre. Die im neunzehnten Jahrhundert so umstrittene Frage nach der Staatshaftung ist daher unversehens im Sinne *Sundheims, Pfeiffers, Heinrich Albert Zachariäs* und anderer[19] gegen den Widerspruch *Loenings, Bluntschlis* und anderer[20] entschieden worden.

c) Rechtsprechung und Lehre nehmen mit der Entschädigung für rechtswidrige Eingriffe die im zweiten Drittel des neunzehnten Jahrhunderts vertretene Staatshaftung aber nicht nur im Ergebnis wieder auf, sondern wiederholen weitgehend auch die im neunzehnten Jahrhundert vorgetragenen Begründungen derselben.

Das gilt vor allem für die von *Sundheim, Pfeiffer* und *Heinrich Albert Zachariä* vertretene Begründung der Staatshaftung[21] aus der „Subjections-Verpflichtung der Staatsbürger, als Unterthanen, gegen den Staat

---

[13] Oben § 2 II 2.
[14] Oben § 2 III.
[15] Oben § 3 II 2, 3.
[16] Oben § 2 III in und zu Anm. 54—60.
[17] Oben § 3 II 3 in und zu Anm. 36—38.
[18] So der Beschluß des achtundzwanzigsten Juristentages, oben § 3 II 3 in Anm. 38.
[19] Oben § 2 II 2.
[20] Oben § 2 III.
[21] Oben § 2 II a in und zu Anm. 18—33.

und seine mit der Ausübung der Staatsgewalt beauftragten Behörden“[22]. Der Gedanke *Pfeiffers*, wenn der Staat vom einzelnen fordere, sich „ohne Widerrede“ der Staatsgewalt zu unterwerfen, dann müsse der Staat auch für den dem einzelnen daraus entstehenden Schaden haften[22], ist später vielfach herangezogen worden, um eine Entschädigung für rechtswidrige Eingriffe zu begründen. So sagt RGZ 140, 276 (283), der einzelne sei zu entschädigen, da er „von der Obrigkeit zufolge ihrer Machtbefugnis zur Aufopferung von Rechten zum Wohl der Allgemeinheit gezwungen worden ist“ und BGHZ 13, 88 (92) sagt damit übereinstimmend, der einzelne sei für die besonderen Opfer zu entschädigen, „zu deren Hinnahme er infolge seines Unterworfenseins unter die Staatsgewalt . . . genötigt ist“. Auch die Lehre hat die Entschädigung für rechtswidrige Eingriffe oftmals damit begründet, „daß der einzelne, indem er unter dem Drucke einer übermächtigen Gewalt Rechte aufgeben muß, dafür einen Ausgleich verlangen darf“[23]. Ferner geht die heutige Lehre — genauso wie einst *Pfeiffer*[22] — davon aus, die „grundsätzliche Verantwortlichkeit gegenüber dem einzelnen . . . (sei) das notwendige Korrelat dafür, daß der einzelne den Vollzug der Verwaltungsmaßnahme zunächst über sich ergehen lassen muß“[24]. Vor allem aber beruht die Annahme einer „Gleichheit der Opferlage“ des von einem rechtmäßigen und rechtswidrigen Eingriff Betroffenen und die darauf aufbauende Übertragung der Lehre vom besonderen Opfer auf rechtswidrige Eingriffe[25] ganz offensichtlich auf der Vorstellung, die „Subjection des Unterthans“[26] sei bei rechtmäßigen und rechtswidrigen Eingriffen stets die gleiche, beide Eingriffe legten dem Betroffenen daher „in ganz der gleichen Weise“[27] ein besonderes Opfer auf und seien deshalb gleichermaßen zu entschädigen.

Der Gedanke, die Staatshaftung sei das notwendige Korrelat der „Subjection des Unterthans“[26] trägt danach nicht nur die Staatshaftung des neunzehnten Jahrhunderts, sondern weitgehend auch die Staatshaftung, wie sie von Rechtsprechung und Lehre mit der Entschädigung für rechtswidrige Eingriffe geschaffen wurde.

Auch die von *Heinrich Albert Zachariä* vertretene Begründung der Staatshaftung[28] aus einer vom Staat übernommenen „Garantieleistung oder Gewähr dafür, daß der Unterthan nicht durch das Prinzip der

---

[22] *Pfeiffer*, Practische Ausführungen, Band II, 1828, S. 369 f.

[23] *Wohlfahrt*, JurRdsch 35, 79.

[24] *Janssen*, Der Anspruch auf Entschädigung, S. 126; Nachweise ferner in § 8 IV 1 in und zu Anm. 78—81, 86, 89, 93.

[25] Oben § 8 IV—VI.

[26] *H. A. Zachariä*, ZgesStW 19 (1863), 631.

[27] BGHZ 13, 88 (92).

[28] Oben § 2 II b.

Staatsordnung selbst benachtheiligt werde"[29], kehrt mit der Begründung der Entschädigung für rechtswidrige Eingriffe aus dem Rechtsstaatsprinzip[30] nur wenig verändert wieder. Wenn *Furler* annimmt, die Entschädigung für rechtswidrige Eingriffe sei „das notwendige Korrelat des Rechtsstaates"[31] und *Tschaksch* aus dem „Wesen des Rechtsstaates" folgert, „daß der durch gesetzlich nicht gedeckten Eingriff der Staatsgewalt beeinträchtigte Bürger für den Schaden Ersatz erhalten muß"[32], so sehen *Furler* und *Tschaksch* die nach Ansicht *Heinrich Albert Zachariäs* vom Staat übernommene „Garantieleistung oder Gewähr" für die rechtmäßige Ausübung der Staatsgewalt im Grundsatz der Gesetzmäßigkeit der Verwaltung. Irgend ein sachlicher Unterschied in den Begründungen der Staatshaftung bei *Heinrich Albert Zachariä* einerseits, *Furler* und *Tschaksch* andererseits besteht infolgedessen nicht.

Der Gedanke einer dem Staat obliegenden Verpflichtung, seinen Untertanen Schutz zu gewähren, mit der das *Oberappellationsgericht Cassel, Strippelmann* und *Heffter* die Staatshaftung begründet haben[33], kehrt in BGHZ 32, 208 (213) wieder. Der BGH rechtfertigt dort die Entschädigung für rechtswidrige Eingriffe mit der Begründung, „das in Zweifels- und rechtlichen Grenzfällen auftretende Risiko, ob . . . (eine) behördliche Maßnahme abschließend als rechtmäßig oder rechtswidrig beurteilt wird, (solle) nicht den einzelnen treffen, sondern die öffentliche Hand, wenn die Behörde sich trotz der Zweifelhaftigkeit einer Sach- und Rechtslage zu einem Eingriff entschließt". Die vom BGH dergestalt gerechtfertigte Entschädigung für rechtswidrige Eingriffe ist allein an der Schutzbedürftigkeit des einzelnen gegenüber der öffentlichen Gewalt ausgerichtet: Der Staat haftet, „weil er seine Verbindlichkeiten in Betreff der individuellen Wohlfahrt seiner Angehörigen mittels der dazu bestimmten Organe nicht gehörig erfüllt hat"[34].

Nicht zuletzt freilich nehmen Rechtsprechung und Lehre mit der Entschädigung für rechtswidrige Eingriffe die von *Perthes* und *Bergius* vertretene Begründung der Staatshaftung[35] aus der Aufopferung wieder auf.

d) Allein die von *Sundheim, Heinrich Albert Zachariä* und *Karl Salomo Zachariä* vertretene und letztlich entscheidende Begründung der Staatshaftung[36], wonach das rechtswidrige Handeln des Beamten als

---

29 ZgesStW 19 (1863), 633.
30 Oben § 7 II 2.
31 VA 33 (1928), 413.
32 Die öffentlichrechtliche Entschädigung, S. 48.
33 Oben § 2 II c.
34 *Heffter*, Archiv des Criminalrechts, Neue Folge 1851, S. 458.
35 Oben § 2 II d. — Die aufgezeigten Parallelen zwischen Lehre und Rechtsprechung des neunzehnten Jahrhunderts zur Staatshaftung und der neueren Rechtsprechung und Lehre zur Entschädigung für rechtswidrige Eingriffe könnten noch vermehrt werden.
36 Oben § 2 II e.

Organ des Staates dem Staat zuzurechnen ist, und der Staat daher für das rechtswidrige Handeln seines Organs ebenso zu haften hat, „als ob er selbst gehandelt hätte“[37], wird von Rechtsprechung und Lehre nicht wieder aufgenommen. Aber gerade das ist bezeichnend. Denn die Frage, ob und wie der Staat für den durch seinen Beamten einem Dritten rechtswidrig zugefügten Schaden haftet, sahen Lehre und Rechtsprechung mit der Einführung der Amtshaftung als endgültig beantwortet an. Zudem war die Einsicht verlorengegangen, daß es verschiedene Formen der Haftung des Staates gibt und daß das positive Recht in der Amtshaftung nur eine derselben kennt[38]. Daher konnten Lehre und Rechtsprechung von vornherein nicht dazu gelangen, die Entschädigung für rechtswidrige Eingriffe als eine Form der Haftung des Staates anzusehen, geschweige denn sie als solche zu begründen.

3. Rechtsprechung und Lehre zur Wiederaufnahme der Staatshaftung des neunzehnten Jahrhunderts

Dennoch wird in der Lehre neuerdings geltend gemacht, es handle sich bei der Entschädigung für rechtswidrige Eingriffe „vielleicht sogar um die Anfänge einer neuen Institution“[39]. Vor allem *Scheuner* hat darauf hingewiesen, die richterliche Rechtsfortbildung habe mit der Entschädigung für rechtswidrige Eingriffe neben die Amtshaftung „eine neue Kategorie objektiver (nicht an Verschulden gebundener) Staatshaftung“[40] gestellt; daher trete „in weitem Umfang neben die Verschuldenshaftung eine Verantwortlichkeit objektiver Art“[41]. Dadurch ist die mit der Entschädigung für rechtswidrige Eingriffe geschaffene Staatshaftung treffend umschrieben, wenngleich auch *Scheuner* zwischen Amtshaftung und Staatshaftung nicht scharf genug unterscheidet und daher das Nebeneinander von Amtshaftung und Staatshaftung weder historisch noch dogmatisch letztlich befriedigend zu würdigen vermag[42]. Denn es geht bei der Entschädigung für rechtswidrige Eingriffe vornehmlich nicht um die in ihr enthaltene objektive Haftung des Staates, sondern um die in ihr enthaltene Staatshaftung, die als eine andere Form der Haftung des Staates neben die Amtshaftung tritt. Der Umstand, daß die in der Entschädigung für rechtswidrige Eingriffe enthaltene Haftung des Staates nicht das Verschulden eines Beamten voraussetzt, ist demgegenüber zweitrangig.

---

[37] *Sundheim*, Über Schadensstiftung durch Staatsbeamte, 1827, S. 6.
[38] Oben § 3 II 3.
[39] *Lerche*, JUS 61, 238 unter III.
[40] JUS 61, 246 unter IV.
[41] JUS 61, 245 unter III.
[42] Oben § 3 in Anm. 34.

Der BGH und die überwiegende Lehre[43] verharren hingegen nach wie vor bei der Annahme eines „allgemeinen Rechtsgrundsatzes der Entschädigung für ungleiche Belastungen“[44], wonach „allein entscheidend ist, ob der Betroffene mit einem Sonderopfer belastet wurde“ und es völlig unerheblich erscheint, „ob das Sonderopfer auf rechtmäßige oder rechtswidrige Weise herbeigeführt worden ist“[45]. Solange jedoch Rechtsprechung und Lehre den zweifachen Inhalt des von ihnen verwandten Begriffs des besonderen Opfers und damit das Auseinanderfallen der Entschädigung für rechtmäßige und rechtswidrige Eingriffe nicht erkennen, solange kann es ihnen auch nicht gelingen, in der Entschädigung für rechtswidrige Eingriffe eine Form der Haftung des Staates zu sehen. Solange sie die Entschädigung für rechtmäßige und rechtswidrige Eingriffe als eine Einheit und die Entschädigung für rechtswidrige Eingriffe als Entschädigung aus Enteignung oder Aufopferung begreifen, ist ihnen — ebenso wie einst *Otto Mayer* — von vornherein der Weg versperrt, die historische und dogmatische Stellung der Entschädigung für rechtswidrige Eingriffe als Staatshaftung zu erkennen[46].

4. *Staatshaftung und Beamtenhaftung*

Die von Rechtsprechung und Lehre mit der Entschädigung für rechtswidrige Eingriffe geschaffene Staatshaftung weicht jedoch — ebenso wie die von *Otto Mayer* vertretene Staatshaftung[47] — in ihrem Verhältnis zur Haftung des Beamten von der im neunzehnten Jahrhundert vertretenen Staatshaftung ab.

Die im neunzehnten Jahrhundert vertretene Staatshaftung stand unabhängig neben der Beamtenhaftung, war aber doch insoweit von ihr abhängig, als der Staat nur (und immer) dann haftete, wenn auch der Beamte persönlich haftete; Tatbestand und Inhalt der Staatshaftung bestimmten sich nach der Beamtenhaftung[48]. Demgegenüber steht die von Rechtsprechung und Lehre mit der Entschädigung für rechtswidrige Eingriffe geschaffene Staatshaftung völlig unabhängig neben der Beamtenhaftung. Tatbestand und Inhalt der Staatshaftung richten sich —

[43] Oben § 8 II 1, 2, IV—VI, VII.
[44] *Wolff*, Verwaltungsrecht I, § 66 II b, S. 387.
[45] *Wilke*, Die Haftung des Staates, S. 49.
[46] Der BGH hat nur einmal kurz darauf hingewiesen, es handle sich bei der Amtshaftung um die „Übernahme fremder Deliktshaftung“, wohingegen es sich bei der Entschädigung für rechtswidrige Eingriffe nicht um „die Übernahme fremder Haftung durch den Staat“, sondern „um das unmittelbare Einstehen des Staates für die Folgen hoheitlicher Eingriffe“ handle (BGHZ 13, 88 (92, 104)). Hier erahnt der BGH den Unterschied zwischen Amts- und Staatshaftung, zieht aber keinerlei Folgerungen daraus und geht auch nicht weiter darauf ein.
[47] Oben § 5 II in und zu Anm. 76.
[48] Oben § 2 II in und zu Anm. 14—17, 52.

ebenso wie bei *Otto Mayer* — nicht nach der Beamtenhaftung, sondern nach der Entschädigung aus Enteignung oder Aufopferung.

§ 14: Amtshaftung und Staatshaftung

1. *Amtshaftung und Staatshaftung bei Otto Mayer*

Versucht man nunmehr, das Verhältnis von Amtshaftung und Staatshaftung — Entschädigung für rechtswidrige Eingriffe — zu klären, so trägt auch dazu ein Rückblick auf das System der öffentlichrechtlichen Entschädigung *Otto Mayers*[1] bei.

Otto Mayer lehnt die Amtshaftung als die „unangemessene zivilrechtliche Form einer Haftung des Staates für die selbständig zu beurteilende unerlaubte Handlung des Beamten"[2] ab, da damit „der Zusammenhang mit der allgemeinen Rechtsidee der ausgleichenden Entschädigung . . . aus den Augen verloren"[3] worden sei. Im Verhältnis des hoheitlich handelnden Staates zum einzelnen kennt er allein die öffentlichrechtliche Entschädigung als „den Abschluß der ganzen Rechtsordnung, welche den Verkehr zwischen der öffentlichen Gewalt und dem einzelnen regelt"[4]. *Otto Mayer* kennt daher nur die Staatshaftung — Entschädigung für rechtswidrige Eingriffe — und lehnt die Amtshaftung ab. Wenngleich die Ablehnung der Amtshaftung nicht auf einer eigentlichen Auseinandersetzung mit dieser Form der Haftung des Staates beruht, sondern sich mehr zwangsläufig aus der Übertragung der Lehre vom besonderen Opfer auf rechtswidrige Eingriffe ergibt[5], weist *Otto Mayer* doch ständig auf den Widerspruch zwischen Staatshaftung und Amtshaftung hin; freilich hat er nicht genau darzulegen vermocht, worin dieser Widerspruch letztlich besteht.

Im Gegensatz zu *Otto Mayer* haben Rechtsprechung und Lehre die Staatshaftung — Entschädigung für rechtswidrige Eingriffe — *neben* der Amtshaftung geschaffen[6]. Vergleicht man daher das von Rechtsprechung und Lehre vertretene Nebeneinander von Amtshaftung und

[1] Dazu das Ergebnis zum Zweiten Kapitel in § 6.
[2] Deutsches Verwaltungsrecht, Band II, 2. Aufl., 1917, S. 544 Anm. 37.
[3] Deutsches Verwaltungsrecht, Band II, 2. Aufl., 1917, S. 534.
[4] Deutsches Verwaltungsrecht, Band II, 1. Aufl., 1896, S. 345.
[5] Oben § 5 II 2.
[6] Diesen Gegensatz zwischen dem System der öffentlichrechtlichen Entschädigung *Otto Mayers* und der von Rechtsprechung und Lehre neben der Amtshaftung vertretenen Entschädigung für rechtswidrige Eingriffe übersehen alle diejenigen Autoren, die im Zusammenhang mit der Entschädigung für rechtswidrige Eingriffe auf *Otto Mayer* verweisen. Denn sie alle vertreten die Entschädigung für rechtswidrige Eingriffe ergänzend *neben* der Amtshaftung und lehnen nicht etwa deshalb, weil sie eine Entschädigung für rechtswidrige Eingriffe vertreten, die Amtshaftung ab, wie dies *Otto Mayer*, Deut-

Staatshaftung mit dem Verhältnis von Amtshaftung und Staatshaftung bei *Otto Mayer*, so ist zu fragen, ob sich Amtshaftung und Staatshaftung wirklich widersprechen und worin der von *Otto Mayer* behauptete und heute nicht mehr wahrgenommene Widerspruch letztlich besteht.

2. *Anspruch auf Beseitigung und Schadensersatz*

a) Aus der rechtswidrigen hoheitlichen Beeinträchtigung seiner Rechte erwachsen dem einzelnen — abgesehen von dem Anspruch auf Entschädigung — zwei voneinander verschiedene Ansprüche. Einmal erwächst dem einzelnen — wie in § 10 dargelegt — ein gegen den Staat gerichteter Anspruch auf Beseitigung der Beeinträchtigung und zum anderen — wie in § 1 dargelegt — ein gegen den Beamten persönlich gerichteter Anspruch auf Schadensersatz. Der Anspruch auf Beseitigung entsteht bei jeder objektiv rechtswidrigen Beeinträchtigung und ist öffentlichrechtlicher Natur; der Anspruch auf Schadensersatz entsteht hingegen nur bei schuldhaft amtspflichtwidrigem Handeln eines Beamten und ist privatrechtlicher Natur. Entscheidend ist, daß sich der Anspruch auf Beseitigung gegen den Staat, der Anspruch auf Schadensersatz gegen den Beamten persönlich richtet. Dem Beseitigungsanspruch liegt ein öffentlichrechtliches Rechtsverhältnis zwischen Staat und einzelnem, dem Schadensersatzanspruch ein privatrechtliches Rechtsverhältnis zwischen dem Beamten persönlich und dem einzelnen zugrunde.

Daraus folgt: Das geltende Recht rechnet das rechtswidrige hoheitliche Handeln und dessen Folgen gleichzeitig sowohl dem Staat als auch dem Beamten persönlich zu. Und zwar richtet sich die Zurechnung an den Staat oder an den Beamten persönlich danach, ob es sich um einen Anspruch auf Beseitigung oder auf Schadensersatz handelt. Geht es um die Rechtsfolge der Beseitigung, dann wird das rechtswidrige hoheitliche Handeln dem Staat, geht es um die Rechtsfolge des Schadensersatzes, dann wird das rechtswidrige hoheitliche Handeln dem Beamten persönlich zugerechnet. So wird ein rechtswidriger Verwaltungsakt — etwa die Versagung einer Erlaubnis — soweit es sich um den Anspruch auf Beseitigung handelt, als rechtswidriges hoheitliches Handeln dem Staat zugerechnet; der dem einzelnen erwachsende Anspruch auf Beseitigung — auf Aufhebung der Versagung — richtet sich gegen den Staat. Derselbe rechtswidrige Verwaltungsakt wird dagegen, soweit es sich um den Anspruch auf Schadensersatz handelt, nicht als rechtswidriges hoheitliches Handeln dem Staat, sondern als amtspflichtwidriges privates

sches Verwaltungsrecht, Band II, 2. Aufl., 1917, S. 534 ff. getan hat. Abzulehnen daher vor allem: *Schack*, Verhandlungen des 41. deutschen Juristentages, Band I, Halbbd. 1, S. 18 ff.; *Wilke*, Die Haftung des Staates, S. 27 ff.; *Jaenicke*, VVDStRL 20 (1961), 143.

Handeln dem Beamten persönlich zugerechnet; der dem einzelnen erwachsende Anspruch auf Schadensersatz — auf Ersatz des durch die Versagung entstandenen Vermögensschadens — richtet sich gegen den Beamten persönlich. Dasselbe rechtswidrige hoheitliche Handeln wird danach sowohl als rechtswidriges hoheitliches Handeln dem Staat, als auch als amtspflichtwidriges privates Handeln dem Beamten persönlich zugerechnet; der Beamte handelt gleichzeitig als Organ des Staates und als Privatperson.

b) Diese Abweichung in der Zurechnung des rechtswidrigen hoheitlichen Handelns, je nachdem, ob es sich um einen Anspruch auf Beseitigung oder auf Schadensersatz handelt, kann in sich nicht gerechtfertigt werden. Der gleichzeitigen Zurechnung des rechtswidrigen hoheitlichen Handelns an den Staat und an den Beamten persönlich liegt vielmehr — wie schon mehrfach angedeutet — ein tiefgreifender Widerspruch zugrunde.

Die Zurechnung des rechtswidrigen hoheitlichen Handelns an den Beamten persönlich beruht — wie in § 1 dargelegt — auf der Vorstellung, daß der amtspflichtwidrig (contra mandatum) handelnde Beamte, als „ohne Auftrag des Staates handelnd, in den Privatstand" eintritt[7] und dann „als einzelner, nicht als Beamter"[8] in „civilrechtlicher Hinsicht für alle auf eigene Hand begangenen unerlaubten Handlungen einzustehen"[9] hat.

Würde man diesen Gedanken folgerichtig durchführen, so würde es überhaupt kein rechtswidriges hoheitliches Handeln geben, denn das contra mandatum erfolgende Handeln des Beamten wäre dann stets dessen persönliches Handeln „als Privatperson". Es würde dann nur rechtmäßiges hoheitliches Handeln des Staates und amtspflichtwidriges persönliches Handeln des Beamten geben. Würde der contra mandatum handelnde Beamte die Rechte eines einzelnen beeinträchtigen, so würde diesem stets nur ein Anspruch gegen den Beamten persönlich, niemals aber gegen den Staat erwachsen. Ein unmittelbar gegen den Staat gerichteter Anspruch auf Beseitigung oder Schadensersatz wäre nicht möglich, da das contra mandatum erfolgende Handeln des Beamten niemals dem Staat zugerechnet würde. Damit wäre die alte Lehre vom Mandatskontrakt, jene „wahrhaft skandalöse Theorie", daß der Staat „für (die) Handlungen seiner Beamten nicht zu haften brauche, weil kein Mandant für das einzustehen schuldig sei, was der Mandatar contra mandatum gethan habe"[10], verwirklicht.

---

[7] *Gönner*, Der Staatsdienst, 1808, S. 222.

[8] *Von Sarwey*, Das öffentliche Recht und die Verwaltungsrechtspflege, 1880, S. 303.

[9] *Buddeus*, Amtsverbrechen und Amtsvergehen, 1839, S. 230.

[10] *Zoepfl*, Grundsätze des Staatsrechts, 3. Aufl., 1846, S. 370 f. mit Anm. 6; dazu oben § 2 I und § 1.

Das geltende Recht hat den Gedanken einer Zurechnung des rechtswidrigen hoheitlichen Handelns an den Beamten persönlich (und damit die Lehre vom Mandatskontrakt) zwar — wie in § 1 dargelegt — nicht fallengelassen, aber auch nicht folgerichtig durchgeführt, sondern rechnet — wie in § 10 dargelegt — das rechtswidrige hoheitliche Handeln gleichzeitig auch dem Staat zu.

Die Zurechnung des rechtswidrigen hoheitlichen Handelns an den Staat beruht demgegenüber auf der Vorstellung, daß der amtspflichtwidrig handelnde Beamte nach wie vor als Organ des Staates handelt und daher nicht nur sein amtspflichtgemäßes, sondern auch sein amtspflichtwidriges Handeln dem Staat zuzurechnen ist. Der Staat wird danach durch das amtspflichtgemäße und amtspflichtwidrige Handeln seines Organs gleichermaßen berechtigt und verpflichtet.

Würde man diesen Gedanken folgerichtig durchführen, so könnte das rechtswidrige hoheitliche Handeln niemals dem Beamten persönlich zugerechnet werden, da dieser auch dann, wenn er amtspflichtwidrig handelt, immer als Organ des Staates handeln und niemals „in den Privatstand" eintreten würde. Das geltende Recht hat aber auch diesen Gedanken nicht folgerichtig durchgeführt, sondern sieht in § 839 Abs. 1 BGB einen gegen den Beamten persönlich gerichteten Anspruch auf Schadensersatz vor.

c) Der innere Widerspruch einer gleichzeitigen Zurechnung des rechtswidrigen hoheitlichen Handelns an den Beamten persönlich und an den Staat, der das geltende Recht durchzieht, ist bislang — wiewohl er offen zutage liegt — kaum ausdrücklich hervorgehoben worden[11]. Er kann

[11] Auf eine Auseinandersetzung mit der von der Wiener Schule behaupteten Denkunmöglichkeit des Staatsunrechts (*Kelsen*, Hauptprobleme der Staatsrechtslehre, 2. Aufl., 1923, S. 245 f., 446 f., 525 f.; *ders.*, GrünhutsZ 40 (1914), 7 ff., 16 ff., 31 ff.; *ders.*, Reine Rechtslehre, 2. Aufl., 1960, insbes. S. 304 ff.) soll hier verzichtet werden. Denn das geltende Recht hat die Möglichkeit des Staatsunrechts — wie dargelegt — teils bejaht, teils verneint; das geltende Recht hat weder die Bejahung noch die Verneinung der Möglichkeit des Staatsunrechts folgerichtig durchgeführt. Würde man das System der Wiener Schule bejahen oder verneinen, stets würde das Ergebnis mit dem geltenden Recht nicht im Einklang stehen. Das besagt zwar nichts über die Richtigkeit oder Unrichtigkeit des Systems der Wiener Schule oder des geltenden Rechts; hier sollen aber lediglich die Grundlagen des geltenden Rechts und damit der dem geltenden Recht zugrundeliegende Widerspruch der gleichzeitigen Zurechnung des rechtswidrigen hoheitlichen Handelns an den Beamten persönlich und an den Staat aufgewiesen werden. Mehr nicht.

Die Lehre von der Unrechtsfähigkeit des Staates ist schon vor *Kelsen* im neunzehnten Jahrhundert vertreten worden. Nachweise bei *Häfelin*, Die Rechtspersönlichkeit des Staates, S. 177 in Anm. 80. — Die Frage nach der Unrechtsfähigkeit des Staates wurde von den hier genannten Autoren des neunzehnten und zwanzigsten Jahrhunderts, die eine Staatshaftung oder eine Entschädigung für rechtswidrige Eingriffe bejahen oder verneinen, rechtstheoretisch nie näher erörtert.

freilich nur dann klar hervortreten, wenn die Rechtsfolgen des rechtswidrigen hoheitlichen Handelns — der Anspruch auf Beseitigung und auf Schadensersatz — und deren voneinander abweichende Rechtsgrundlagen herausgearbeitet und einander gegenübergestellt werden. Im praktischen Ergebnis fällt der Widerspruch allerdings solange nicht auf, als von den Rechtsfolgen — Beseitigung oder Schadensersatz — ausgehend die Bereiche scharf voneinander getrennt werden, in denen das rechtswidrige hoheitliche Handeln dem Staat oder dem Beamten persönlich zugerechnet wird, und die Geltendmachung beider Ansprüche zudem auf verschiedene Rechtswege verwiesen wird.

3. Widerspruch zwischen Amtshaftung und Staatshaftung

Vergegenwärtigt man sich den aufgezeigten Widerspruch einer gleichzeitigen Zurechnung des rechtswidrigen hoheitlichen Handelns an den Beamten persönlich und an den Staat, so gelingt es nunmehr, das Verhältnis von Amtshaftung und Staatshaftung zu klären. Da die Amtshaftung — wie in § 3 dargelegt — die gegen den Beamten gerichtete Forderung auf den Staat überträgt, beruht die Amtshaftung ebenso wie die Haftung des Beamten auf der Zurechnung des rechtswidrigen hoheitlichen Handelns an den Beamten persönlich; die Übertragung der gegen den Beamten gerichteten Forderung auf den Staat ändert daran nichts.

Die Staatshaftung — Entschädigung für rechtswidrige Eingriffe — beruht hingegen ebenso wie der Anspruch auf Beseitigung auf der Zurechnung des rechtswidrigen hoheitlichen Handelns an den Staat. Bei der von Rechtsprechung und Lehre mit der Entschädigung für rechtswidrige Eingriffe geschaffenen Staatshaftung wird das rechtswidrige hoheitliche Handeln dem Staat nicht nur dann, wenn es sich um einen Anspruch auf Beseitigung, sondern nunmehr weitergehend auch dann zugerechnet, wenn es sich um einen Anspruch auf Ersatz des zugefügten Schadens handelt. Die von Rechtsprechung und Lehre geschaffene Staatshaftung erweitert danach inhaltlich die bereits bestehende Staatshaftung, indem sie dem Anspruch auf Beseitigung einen Anspruch auf Ersatz des Schadens (Entschädigung) hinzufügt.

Infolgedessen wird das Verhältnis von Amtshaftung und Staatshaftung von demselben Widerspruch einer gleichzeitigen Zurechnung des rechtswidrigen hoheitlichen Handelns an den Beamten persönlich und an den Staat beherrscht, von dem auch das Verhältnis der Ansprüche auf Schadensersatz und auf Beseitigung geprägt wird. Die Bereiche, in denen das rechtswidrige hoheitliche Handeln dem Beamten persönlich oder dem Staat zugerechnet wird, werden jedoch nicht mehr, wie bislang, von den Rechtsfolgen — Schadensersatz oder Beseitigung — ausgehend voneinander geschieden. Vielmehr kann ein Anspruch auf Ersatz des zugefügten Schadens nunmehr sowohl auf der Zurechnung des rechtswidrigen hoheitlichen Handelns an den Beamten persönlich (Amtshaftung), als auch auf der Zurechnung desselben an den Staat (Staatshaftung) beruhen. Da sich die Ansprüche aus Amtshaftung und Staatshaftung — im Gegensatz zu den Ansprüchen auf Schadensersatz und Beseitigung — überschneiden, macht sich der Widerspruch einer gleichzeitigen Zurechnung des rechtswidrigen hoheitlichen Handelns an den Beamten persönlich und an den Staat nunmehr auch im praktischen Ergebnis bemerkbar. Freilich wird der Widerspruch dadurch wieder verschleiert, daß sich die Ansprüche aus Amtshaftung und Staatshaftung beide letztlich gegen den Staat richten und in demselben Rechtsweg geltend zu machen sind.

Danach gelangt man zu folgendem Ergebnis: *Amtshaftung und Staatshaftung — Entschädigung für rechtswidrige Eingriffe — sind zwei sich einander widersprechende Formen der Haftung des Staates für den durch seinen Beamten einem Dritten rechtswidrig zugefügten Schaden.* Die Amtshaftung beruht auf der Zurechnung des rechtswidrigen hoheitlichen Handelns an den Beamten persönlich und der Übertragung der gegen den Beamten gerichteten Forderung auf den Staat. Die Staatshaftung beruht hingegen auf der Zurechnung des rechtswidrigen hoheitlichen Handelns unmittelbar an den Staat[12].

4. Widerspruch zwischen Beamtenhaftung und Staatshaftung im neunzehnten Jahrhundert und bei Otto Mayer

Der Widerspruch einer gleichzeitigen Zurechnung des rechtswidrigen hoheitlichen Handelns an den Beamten persönlich und an den Staat besteht seit jeher. Er durchzieht — wie mehrfach angedeutet — die Auseinandersetzungen des neunzehnten Jahrhunderts über die Staatshaf-

---

[12] Hat man Amtshaftung und Entschädigung für rechtswidrige Eingriffe (Staatshaftung) als zwei sich einander widersprechende Formen der Haftung des Staates erkannt, so wird die vielfach erörterte Frage, ob die Entschädigung für rechtswidrige Eingriffe eine anderweitige Ersatzmöglichkeit im Sinne des § 839 Abs. 1 Satz 2 BGB darstellt, weitgehend hinfällig. Das braucht nicht weiter dargelegt zu werden. Soweit die Fragestellung nach dem Verhältnis von Amtshaftung und Entschädigung für rechtswidrige Eingriffe bisher an § 839 Abs. 1 Satz 2 BGB ausgerichtet war, war sie infolgedessen nicht sehr glücklich und konnte auch nicht weiterführen. — Freilich besteht die Frage, ob die Entschädigung für rechtswidrige Eingriffe (Staatshaftung) eine anderweitige Ersatzmöglichkeit im Sinne des § 839 Abs. 1 Satz 2 BGB darstellt, nach wie vor. Sie ist aber allein ein Problem der Amtshaftung und hat mit der grundsätzlichen Frage nach dem Verhältnis von Amtshaftung und Entschädigung für rechtswidrige Eingriffe (Staatshaftung) nichts zu tun. Zur bisherigen Fragestellung, ob die Entschädigung für rechtswidrige Eingriffe eine anderweitige Ersatzmöglichkeit im Sinne des § 839 Abs. 1 Satz 2 BGB darstellt: grundlegend BGHZ 13, 88 (101 ff. unter B), weitere Nachweise oben § 12 in Anm. 4.

tung und tritt im System der öffentlichrechtlichen Entschädigung *Otto Mayers* deutlich hervor.

Einmal vertreten Lehre und Rechtsprechung des neunzehnten Jahrhunderts — wie in § 1 dargelegt — einhellig die persönliche Haftung des Beamten für sein amtspflichtwidriges Handeln, rechnen also insoweit das rechtswidrige hoheitliche Handeln dem Beamten persönlich zu. Zum anderen sehen Lehre und Rechtsprechung das rechtswidrige hoheitliche Handeln aber stets als hoheitliches Handeln des Staates an, das für den einzelnen zunächst verbindlich ist, und rechnen damit das rechtswidrige hoheitliche Handeln gleichzeitig dem Staat zu. Ein rechtswidriger hoheitlicher Akt war im neunzehnten Jahrhundert — ebenso wie heute — bis zu seiner Rücknahme oder Aufhebung für den einzelnen genauso verbindlich wie ein rechtmäßiger Akt. Die Aufhebung eines rechtswidrigen hoheitlichen Akts konnte vom einzelnen — wenn überhaupt — nur in einem besonderen Verfahren erreicht werden. Die darin liegende Zurechnung des rechtswidrigen hoheitlichen Handelns an den Staat[13] ist unabhängig davon, ob man annimmt, dem einzelnen erwachse aus der rechtswidrigen Beeinträchtigung seiner Rechte ein materieller Anspruch auf Beseitigung gegen den Staat, und das verwaltungsbehördliche oder verwaltungsgerichtliche Verfahren diene der Durchsetzung dieses materiellen Anspruchs, oder ob man beides ablehnt[14]. Der oben dargelegte Widerspruch in der Zurechnung des rechtswidrigen hoheitlichen Handelns, der zwischen dem gegen den Beamten persönlich gerichteten Anspruch auf Schadensersatz und dem gegen den Staat gerichteten Anspruch auf Beseitigung besteht, lag danach ebenso schon dem im neunzehnten Jahrhundert geltenden Recht zugrunde, auch wenn dieses vielleicht noch keinen materiellen Anspruch auf Beseitigung kannte.

---

[13] Zur Wirksamkeit rechtswidrigen hoheitlichen Handelns statt aller: *Loening*, Lehrbuch des Verwaltungsrechts, 1884, § 52, S. 240 ff., 242 unter II 1; *Otto Mayer*, Deutsches Verwaltungsrecht, Band I, 1. Aufl., 1895, § 8, S. 94 ff.: „Die Ungültigkeit (d. h. die Rechtswidrigkeit eines Verwaltungsaktes) ist nur ein Grund der Unwirksamerklärung, aber kein Grund der Unwirksamkeit; die Unwirksamerklärung selbst aber erhält durch die Verteilung der Zuständigkeiten ihre gewiesenen Wege", aaO., S. 99 f.; *W. Jellinek*, Der fehlerhafte Staatsakt und seine Wirkungen, 1908, S. 46 ff., 125 ff., 145 ff.

Ebenso wie in § 10 kann die Zurechnung des rechtswidrigen hoheitlichen Handelns an den Staat auch für das neunzehnte Jahrhundert aus den Verfahrensgesetzen dieses Jahrhunderts entnommen werden, etwa aus dem wttmbg. Gesetz über die Verwaltungsrechtspflege vom 16. 12. 1876 (RegBl 485) oder dem preuß. Gesetz über die Zulässigkeit des Rechtswegs in Beziehung auf polizeiliche Verfügungen vom 11. 5. 1842 (GS 192).

[14] Die Zurechnung des rechtswidrigen hoheitlichen Handelns an den Staat ist daher unabhängig von den Auseinandersetzungen des neunzehnten Jahrhunderts über das „preußische" oder „süddeutsche" Verständnis vom Wesen der Verwaltungsgerichtsbarkeit; dazu einerseits *Gneist*, Der Rechtsstaat, 2. Aufl., 1879, S. 269 ff.; andererseits *Sarwey*, Das öffentliche Recht und die Verwaltungsrechtspflege, 1880, S. 71 ff.; Nachweise bei *Menger*, GR III/2, S. 723 ff.

Der Widerspruch einer gleichzeitigen Zurechnung des rechtswidrigen hoheitlichen Handelns an den Beamten persönlich und an den Staat trat jedoch — wie dargelegt — vor allem in den Auseinandersetzungen des neunzehnten Jahrhunderts über die Staatshaftung deutlich hervor. So führten *Robert von Mohl*[15] und *Lorenz von Stein*[16] — um nur diese zu nennen — den der persönlichen Haftung des Beamten zugrundeliegenden Gedanken folgerichtig durch und gelangten infolgedessen zu einer Ablehnung der Staatshaftung. Dagegen vertraten *Sundheim, Pfeiffer, Heinrich Albert Zachariä* und andere eine Staatshaftung, erwähnten dabei aber die auch von ihnen vertretene persönliche Haftung des Beamten und deren Begründung nicht, wäre sie doch der von ihnen vertretenen Begründung der Staatshaftung zuwidergelaufen[17]. — Der Widerspruch zwischen Beamtenhaftung und Staatshaftung im neunzehnten Jahrhundert entspricht — wie nunmehr ohne weiteres ersichtlich ist — dem heute bestehenden Widerspruch zwischen der Amtshaftung des Art. 34 GG und der von Rechtsprechung und Lehre mit der Entschädigung für rechtswidrige Eingriffe geschaffenen Staatshaftung.

Ebenso beruht der von *Otto Mayer*[18] hervorgehobene Widerspruch zwischen Amtshaftung und Staatshaftung — Amtshaftung und Entschädigung für rechtswidrige Eingriffe — auf dem Widerspruch einer gleichzeitigen Zurechnung des rechtswidrigen hoheitlichen Handelns an den Beamten persönlich und an den Staat. Folgerichtig hätte *Otto Mayer* allerdings nicht nur die Amtshaftung, sondern auch die Beamtenhaftung ablehnen müssen. Wenn er dies nicht tat, so schon deshalb, weil er — genauso wie *Sundheim, Pfeiffer, Heinrich Albert Zachariä* und andere — nicht sah, worin der Widerspruch zwischen Beamtenhaftung (Amtshaftung) und Staatshaftung letztlich besteht.

5. Ergebnis

Es wäre verfehlt, wollte man nunmehr aus dem aufgezeigten Widerspruch zwischen Amtshaftung und Staatshaftung irgendwelche Folgerungen ableiten, etwa die Aufgabe der von Lehre und Rechtsprechung neben der Amtshaftung geschaffenen und dieser widersprechenden Staatshaftung fordern. Denn der zwischen Amtshaftung und Staatshaftung bestehende Widerspruch liegt — wie dargelegt — dem geltenden Recht ohnehin zugrunde; er tritt bei dem Nebeneinander von Amtshaftung und Staatshaftung nur deutlicher hervor als bislang. Der Widerspruch zwischen der Amtshaftung des Art. 34 GG und der von Recht-

---

[15] System der Präventiv-Justiz, 1834, S. 554 f.
[16] Die vollziehende Gewalt, Band I, 1, 2. Aufl., 1869, S. 369 f.
[17] Oben § 2 V.
[18] Oben § 5 II 2.

sprechung und Lehre mit der Entschädigung für rechtswidrige Eingriffe geschaffenen Staatshaftung kann nur aufgewiesen werden. Er entsteht nicht erst mit der Rechtsprechung des Reichsgerichts und des Bundesgerichtshofs, sondern durchzieht die Auseinandersetzungen des neunzehnten Jahrhunderts über die Staatshaftung und das System der öffentlichrechtlichen Entschädigung *Otto Mayers* genauso, wie er dem Nebeneinander von Amtshaftung und Entschädigung für rechtswidrige Eingriffe zugrundeliegt.

§ 15: Rechtsgrundlage, Tatbestand und Inhalt der Staatshaftung

1. Rechtsgrundlage der Staatshaftung

Wurde die Staatshaftung von der überwiegenden Lehre und Rechtsprechung des ausgehenden neunzehnten Jahrhunderts abgelehnt und beruht die Amtshaftung auf der Ablehnung derselben, so geht daraus — wie in § 3 dargelegt — eindeutig hervor, daß das positive Recht die Staatshaftung nicht kennt. Daher muß auch jeder Versuch, die Staatshaftung aus dem positiven Recht — vor allem aus Art. 14 Abs. 3 GG, § 75 EinlALR — herzuleiten, von vornherein scheitern. Das erscheint unbestreitbar. Wenn Rechtsprechung und Lehre dennoch die Entschädigung für rechtswidrige Eingriffe und damit die Staatshaftung aus dem positiven Recht heraus zu begründen versuchen, so ist dies abzulehnen.

Diese aus der Geschichte der Staats- und Amtshaftung gewonnene Erkenntnis bestätigt sonach die in § 8 vorgetragene Ansicht, die Entschädigung für rechtswidrige Eingriffe lasse sich durch eine Übertragung der Lehre vom besonderen Opfer auf rechtswidrige Eingriffe nicht begründen. Ebenso wird dadurch auch die in § 7 vertretene Ablehnung aller anderen Versuche, eine Entschädigung für rechtswidrige Eingriffe zu begründen, bestätigt.

Daraus folgt: Die vielfältigen Versuche der letzten vierzig Jahre, eine Entschädigung für rechtswidrige Eingriffe aus dem positiven Recht heraus zu begründen, sind allesamt vergeblich und nichts anderes als ein *langer Irrweg* gewesen, der im Ergebnis zu einem niemals angestrebten — und bislang nicht einmal erkannten! — Ziel geführt hat: Der Wiederaufnahme der im zweiten Drittel des neunzehnten Jahrhunderts von Lehre und Rechtsprechung vertretenen Staatshaftung.

Erkennt man die Entschädigung für rechtswidrige Eingriffe und damit die Staatshaftung dennoch an, so stellt diese nicht nur „einen extremen Fall der Rechtsfortbildung durch die Gerichte“[1], sondern weiterge-

---

[1] *Forsthoff*, Verwaltungsrecht I, S. 314.

hend einen höchst bemerkenswerten Fall der „Rechtserzeugung durch Richterrecht“[2] dar. Denn es geht bei der von Rechtsprechung und Lehre mit der Entschädigung für rechtswidrige Eingriffe geschaffenen Staatshaftung nicht nur um die Fortbildung bereits vorhandener Institute des positiven Rechts — Enteignung oder Aufopferung —, sondern um die Schaffung eines ganz neuen Instituts, das dem geltenden Recht bis dahin unbekannt war, ja von ihm abgelehnt wurde[3].

Wollte man die von Rechtsprechung und Lehre mit der Entschädigung für rechtswidrige Eingriffe geschaffene Staatshaftung ablehnen, wie dies allein *Stödter* und *Dürig* getan haben, so könnte man dies letztlich nur damit einsichtig begründen, daß das positive Recht die von der überwiegenden Lehre und Rechtsprechung des ausgehenden neunzehnten Jahrhunderts vertretene Ablehnung der Staatshaftung übernommen hat und als einzige Form der Haftung des Staates die Amtshaftung kennt[4, 5].

Da die von Rechtsprechung und Lehre geschaffene Staatshaftung nur entweder anerkannt oder abgelehnt, aber nicht — wie ohne weiteres ersichtlich ist — teilweise anerkannt und teilweise abgelehnt werden kann, ist die verbreitete Anerkennung der Entschädigung für rechtswidrig-schuldlose Eingriffe, verbunden mit der gleichzeitigen Ablehnung der

---

[2] *Scheuner*, JUS 61, 246 unter IV.

[3] Auf die damit aufgeworfene — und, wie ich nicht verkenne, hier in einem ganz bestimmten Sinn beantwortete — methodische Frage nach der Bedeutung der richterlichen Rechtsfortbildung und Rechtsneubildung kann nicht näher eingegangen werden. Vgl. dazu im Hinblick auf den vorliegenden Fragenkreis *Scheuner*, Gedächtnisschrift für W. Jellinek, S. 336, 341 und JUS 61, 246 f. unter IV; *Lerche*, JUS 61, 238 f. unter III mit zahlreichen Nachweisen. Ferner die berechtigte Kritik *Dürigs*, JZ 55, 523 Anm. 7, an dem methodischen Ansatz *Schacks*, Verhandlungen des 41. deutschen Juristentages, Band I, Halbbd. 1, S. 21 ff.

[4] Die Ansicht *Stödters*, die Entschädigung für rechtswidrige Eingriffe sei abzulehnen, da die Amtshaftung „die Regelung für das gesamte Gebiet des Schadensersatzes wegen rechtswidriger Amtsausübung“ enthalte (Öffentlichrechtliche Entschädigung, S. 46) ist daher nur dann richtig, wenn sie bedeuten soll, das positive Recht kenne als Form der Haftung des Staates nur die Amtshaftung, nicht aber die Staatshaftung. Unrichtig wäre die Ansicht *Stödters* hingegen, wollte man sie dahin verstehen, die Amtshaftung beinhalte die Haftung des Staates schlechthin, neben ihr sei nicht noch eine andere Form der Haftung des Staates denkbar.

[5] Die Ansicht *Dürigs*, die Entschädigung für rechtswidrige Eingriffe sei abzulehnen, da „die Kassation und Beseitigung des belastenden Hoheitsaktes . . . offensichtlich die normale Restitution (sei), die unsere geltende Rechtsordnung bei irrendem Staatshandeln“ bereithalte, JZ 55, 524 unter 4 c bb, ist kaum haltbar. Denn aus dem Bestehen eines Beseitigungsanspruchs (oben § 10) kann nicht die Ablehnung eines weitergehenden Schadensersatzanspruchs gefolgert werden. Ebensowenig kann die Entschädigung für rechtswidrige Eingriffe mit der Begründung abgelehnt werden, sie führe zu einer „Aufgabe der Staatshaftungsnormen“, JZ 55, 523 unter 3 b, da mit der Schaffung einer Staatshaftung die Amtshaftung keineswegs aufgegeben wird; die Staatshaftung tritt vielmehr neben die Amtshaftung, oben § 14 und weiter im Text.

Entschädigung für rechtswidrig-schuldhafte Eingriffe[6], abzulehnen. Anerkennt man die Entschädigung für rechtswidrig-schuldlose Eingriffe, so anerkennt man damit die Staatshaftung als eine neben der Amtshaftung stehende und ihr widersprechende Form der Haftung des Staates. Die Staatshaftung abzulehnen, soweit sie das rechtswidrig-schuldhafte Handeln der Beamten — rechtswidrig-schuldhafte Eingriffe — umfaßt, ist dann nicht mehr zu rechtfertigen. Nicht zu rechtfertigen ist daher auch die Ansicht, die Entschädigung für rechtswidrig-schuldlose Eingriffe sei mit der Amtshaftung vereinbar, wohingegen die Entschädigung für rechtswidrig-schuldhafte Eingriffe einen „Einbruch in das Amtshaftungsrecht“[7] darstelle und sich „in einer nicht mehr gerechtfertigten Weise vom Boden des gesetzten Rechts“ entferne[8, 9]. Denn die Entschädigung für rechtswidrig-schuldhafte Eingriffe widerspricht der Amtshaftung nicht mehr und nicht weniger, als die Entschädigung für rechtswidrig-schuldlose Eingriffe. Stets geht es um das Nebeneinander zweier sich widersprechender Formen der Haftung des Staates[10]. Sieht man in der Entschädigung für rechtswidrige Eingriffe einen „Einbruch in das Amtshaftungsrecht“[7], so gilt dies nicht nur hinsichtlich der Entschädigung für rechtswidrig-schuldhafte, sondern genauso hinsichtlich der Entschädigung für rechtswidrig-schuldlose Eingriffe. Die teilweise Ablehnung der Staatshaftung, soweit sie das rechtswidrig-schuldhafte Handeln der Beamten umfaßt, beruht auf der bis heute festgehaltenen Vorstellung einer „Lücke“ in dem angeblichen System staatlicher Ersatzleistungen, die es vermittelst der Entschädigung für rechtswidrig-schuldlose Eingriffe auszufüllen gelte[11]. Aber gerade diese Vorstellung ist — worauf noch einzugehen sein wird[12] — schlechthin unhaltbar.

2. Tatbestand und Inhalt der Staatshaftung

Da die von Rechtsprechung und Lehre geschaffene Staatshaftung auf einer Übertragung der Lehre vom besonderen Opfer auf rechtswidrige Eingriffe beruht, werden Tatbestand und Inhalt der Staatshaftung — ebenso wie die Staatshaftung *Otto Mayers* — vom Enteignungs- und Aufopferungsrecht her geprägt[13]. Entnahmen Lehre und Rechtsprechung des neunzehnten Jahrhunderts Tatbestand und Inhalt der Staatshaftung

---

[6] Nachweise in § 7 Anm. 7, 13; § 8 Anm. 52.
[7] *Forsthoff*, Verwaltungsrecht I, S. 314.
[8] *Kreft*, DÖV 55, 519.
[9] Weitere Nachweise § 12 in Anm. 13—16.
[10] Oben § 14, 3.
[11] Oben § 7 II 2.
[12] Oben § 16, 1.
[13] Zu *Otto Mayer* oben § 5 II 3; zur Entschädigung aus enteignungsgleichem Eingriff oben § 8 III 4, IV—VI.

der persönlichen Haftung des Beamten[14], so bilden nunmehr Tatbestand und Inhalt der Entschädigung aus Enteignung oder Aufopferung zugleich Tatbestand und Inhalt der Staatshaftung. Die Übertragung der Lehre vom besonderen Opfer auf rechtswidrige Eingriffe hat zu einer Staatshaftung in den Formen des Enteignungs- und Aufopferungsrechts geführt.

a) Tatbestand der Staatshaftung ist daher der rechtswidrige Eingriff in ein vorhandenes vermögenswertes Recht[15].

Es erscheint jedoch fraglich, ob der Tatbestand der Staatshaftung damit in sich befriedigend umschrieben ist. Zwar mag es sachlich begründet sein, nur einen Eingriff in ein vorhandenes vermögenswertes Recht und nicht jede Belastung des Vermögens oder jede Schmälerung der Erwerbsaussichten als Eigentumsbindung (Art. 14 Abs. 1 Satz 2 GG) oder Enteignung (Art. 14 Abs. 3 GG) zu werten. Ob sich die im Enteignungsrecht vielleicht sachlich begründete Beschränkung auf Eingriffe in vorhandene vermögenswerte Rechte aber auf die Haftung des Staates für den durch seinen Beamten einem Dritten rechtswidrig zugefügten Schaden ohne weiteres übertragen läßt, erscheint zumindest zweifelhaft. Denn die Schädigung des einzelnen durch das rechtswidrige hoheitliche Handeln eines Beamten erstreckt sich nicht nur auf die Schädigung vorhandener vermögenswerter Rechte, sondern genauso — und vielleicht sogar vorwiegend — auf die Schädigung des Vermögens schlechthin. Hier unterscheiden zu wollen zwischen der Schädigung vorhandener vermögenswerter Rechte und der Schädigung des Vermögens scheint kaum gerechtfertigt. Es ist nicht begründbar, weshalb die rechtswidrige Ablehnung einer Baugenehmigung[16], nicht aber die rechtswidrige Versagung einer gewerblichen Erlaubnis[17] eine Haftung des Staates auslösen soll. Und erst recht ist nicht begründbar, weshalb die Haftung des Staates für den durch die rechtswidrige Versagung einer gewerblichen Erlaubnis entstandenen Vermögensschaden davon abhängen soll, ob der Betroffene einen vorhandenen Gewerbebetrieb weiter ausbauen oder einen neuen Gewerbebetrieb beginnen will[18]. Während sich das Enteignungs- und Aufopferungsrecht an den vorhandenen vermögenswerten Rechten des einzelnen, die der Eigentumsgarantie des Art. 14 Abs. 1 GG unterfallen, auszurichten hat, kann sich die Staatshaftung nicht darauf beschränken, allein die Schäden zu erfassen, die an vorhandenen vermö-

---

[14] Oben § 2 II.
[15] Oben § 8 II 1 in und zu Anm. 5 ff.; entsprechend bei *Otto Mayer* § 5 I 2 in und zu Anm. 18 ff.
[16] Nachweise aus der Rechtsprechung der BGH in § 8 I 1 in Anm. 19.
[17] Nachweise aus der Rechtsprechung des BGH in § 8 I 1 in Anm. 33—36.
[18] So eingehend die Rechtsprechung des BGH in den in § 8 I 1 in Anm. 32—36 genannten Entscheidungen.

genswerten Rechten verursacht worden sind, sondern muß weitergehend auch in irgendeiner Form den bloßen Vermögensschaden umfassen. Andernfalls ist der Tatbestand der Staatshaftung kaum sachgerecht umschrieben. Die Struktur des Enteignungs- und Aufopferungsrechts einerseits und des Staatshaftungsrechts andererseits stimmen eben nicht miteinander überein. Daher kann die Übertragung der Lehre vom besonderen Opfer auf rechtswidrige Eingriffe letztlich auch nicht zur Ausbildung eines in sich geschlossenen und folgerichtigen Tatbestandes der Staatshaftung führen.

Näher soll hierauf nicht eingegangen werden, da eine Loslösung der Staatshaftung vom Tatbestand der Enteignung oder Aufopferung durch die Rechtsprechung des Bundesgerichtshofs kaum zu erwarten ist. Denn es ist nicht ersichtlich, wie der BGH den Tatbestand der von ihm geschaffenen Staatshaftung anders umschreiben sollte, es sei denn, der BGH macht sich die Rechtsfigur der Folgenbeseitigung oder der Wiedergutmachung — auf die noch einzugehen sein wird[19] — zu eigen.

b) Aus der Übertragung der Lehre vom besonderen Opfer auf rechtswidrige Eingriffe folgt ferner zwangsläufig, daß die Staatshaftung weder an das Verschulden eines Beamten noch an das Verschulden des Staates — dahingestellt, ob und wie ein solches gedacht werden könnte — gebunden ist[20].

c) Inhalt der Staatshaftung ist ein Anspruch auf angemessene Entschädigung[21], wobei zwischen Entschädigung und Schadensersatz in Geld kein grundsätzlicher Unterschied besteht. Die Staatshaftung beinhaltet jedoch niemals einen Anspruch auf Schadensersatz durch Vornahme oder Unterlassung einer Amtshandlung. Das schließt die Herleitung der Staatshaftung aus dem Enteignungs- oder Aufopferungsrecht aus. Solange daher der Inhalt der Staatshaftung dem Enteigungs- oder Aufopferungsrecht entnommen wird, bleibt dem geltenden Recht ein Anspruch auf Schadensersatz durch Vornahme oder Unterlassung einer Amtshandlung nach wie vor unbekannt, da die Amtshaftung — wie in § 3 dargelegt — einen solchen Anspruch ebenfalls nicht beinhaltet[22].

---

[19] Unten § 16 2.

[20] Oben § 8 I 1 in und zu Anm. 15.

[21] Oben § 8 I 1 in und zu Anm. 41, 45.

[22] Noch ungeklärt ist die Frage nach dem Verhältnis von Staatshaftung (Entschädigung für rechtswidrige Eingriffe) und Beseitigung rechtswidriger Beeinträchtigungen (oben § 10). Nach der Rechtsprechung des BGH hängt weder die Entstehung noch die Geltendmachung eines Anspruchs auf Entschädigung aus enteignungsgleichem Eingriff davon ab, ob der Betroffene zuvor einen Anspruch auf Beseitigung der rechtswidrigen Beeinträchtigung geltend gemacht hat (Nachweise oben § 8 in Anm. 50). Das folgt notwendig aus der Übertragung der Lehre vom besonderen Opfer auf rechtswidrige Eingriffe: Nimmt man (unrichtigerweise, oben § 8 IV) an, die Opferlage des von

§ 16: Weitere Erscheinungsformen der Staatshaftung

1. *Entschädigung für rechtswidrig-schuldlose Eingriffe*

Die Rechtsfigur der Entschädigung für rechtswidrig-schuldlose Eingriffe erwuchs — wie in § 7 dargelegt — aus der Vorstellung der Weimarer Lehre, in dem angeblichen System staatlicher Ersatzleistungen bestehe zwischen Enteignung und Amtshaftung die „Lücke“ der rechtswidrig-schuldlosen Eingriffe, die es auszufüllen gelte. Rückblickend erkennt man, daß diese Vorstellung, an der vielfach heute noch festgehalten wird[1], schon im Ansatz verfehlt war. Ob der Staat für rechtswidrig-

---

einem rechtmäßigen und rechtswidrigen Eingriff Betroffenen sei gleich und daher sei der von einem rechtmäßigen und rechtswidrigen Eingriff Betroffene auch in derselben Weise zu entschädigen, so entsteht die Frage nach dem Verhältnis von Entschädigungsanspruch und Beseitigungsanspruch nicht. Die Frage entstünde nur dann, wenn man die Opferlagen näher untersuchen und sie als ungleich erkennen würde; dann wäre aber gleichzeitig die Übertragung der Lehre vom besonderen Opfer auf rechtswidrige Eingriffe als unrichtig erkannt (oben § 8 IV). — Die Lehre hat der Rechtsprechung des BGH teilweise zugestimmt (*Wolff*, Verwaltungsrecht I, § 66 II b, S. 388; *Lerche*, JUS 61, 242 unter VI 2), teilweise eine analoge Anwendung des § 254 BGB vorgeschlagen (*Forsthoff*, Verwaltungsrecht I, S. 314; *Fischer*, Verhandlungen des 41. deutschen Juristentages Band II, Teil C, S. 44 f. mit Anm. 26; *Bettermann*, GR III/2, S. 858 unter III 4; *Wilke*, Die Haftung des Staates, S. 102 ff., LS 16 a, b auf S. 180; *Bögner*, DVBl 53, 359; zweifelnd *Janssen*, Der Anspruch auf Entschädigung, S. 130), eine analoge Anwendung des § 839 Abs. 3 BGB jedoch überwiegend abgelehnt (*Forsthoff*, aaO., S. 314; *Fischer*, aaO., S. 44, 45; *Bettermann*, aaO., S. 858 unter III 4; *Wilke*, aaO., S. 104; *Janssen*, aaO., S. 130; *Lerche*, JUS 61, 242 unter VI 2). Dazu ferner *Haas*, System der öffentlichrechtlichen Entschädigungspflichten, S. 59 ff.; *Scheuner*, JUS 61, 250; unklar *Jaenicke*, VVDStRL 20 (1961), 157.

Hat man einmal erkannt, daß es bei der Entschädigung für rechtswidrige Eingriffe nicht um eine Entschädigung aus Enteignung oder Aufopferung, sondern um eine Staatshaftung geht, so muß auch das Verhältnis von Staatshaftung und Beseitigung rechtswidriger Beeinträchtigungen neu überdacht werden. Vom Ergebnis her erscheint die Rechtsprechung des BGH (oben § 8 in und zu Anm. 50, 93), nach welcher der von einem rechtswidrigen Eingriff Betroffene einerseits die rechtswidrige Beeinträchtigung hinnehmen und andererseits einen Anspruch auf Schadensersatz geltend machen kann, wenig folgerichtig. Man sollte meinen, *der Schadensersatzanspruch umfasse stets auch den Beseitigungsanspruch, soweit die schädigende rechtswidrige Beeinträchtigung noch fortbesteht und beseitigt werden kann*. Dieses Verhältnis von Schadensersatzanspruch und Beseitigungsanspruch ist im bürgerlichen Recht eine Selbstverständlichkeit; es folgt notwendig aus dem Institut der Naturalrestitution (§ 249 BGB). Das Verhältnis von Staatshaftung und Beseitigung rechtswidriger Beeinträchtigungen ist demgegenüber vor allem deshalb so unklar, weil das öffentliche Recht keine hoheitliche Naturalrestitution kennt (unten § 16, 2 am Ende) und die Ansprüche aus Staatshaftung und auf Beseitigung rechtswidriger Beeinträchtigungen in verschiedenen Rechtswegen geltend zu machen sind. Näher kann hierauf nicht eingegangen werden. Wie das Verhältnis von Staatshaftung und Beseitigung rechtswidriger Beeinträchtigungen zu erfassen, und ob auch insoweit der Rechtsprechung des BGH zu folgen ist, muß hier offen bleiben.

[1] Oben § 7 I 2 in und zu Anm. 13.

schuldlose Eingriffe — für schuldlose Amtspflichtverletzungen seiner Beamten — haftet, ist allein eine Frage nach der Haftung des Staates für den durch seinen Beamten einem Dritten rechtswidrig zugefügten Schaden. Darüber setzte sich die Weimarer Lehre jedoch hinweg, da sie die Frage nach der Haftung des Staates mit der Amtshaftung als endgültig beantwortet ansah und die rechtswidrig-schuldlosen Eingriffe der Amtshaftung gerade nicht unterfielen. Die Weimarer Lehre sah — und das war ihr grundlegender Irrtum — die Frage nach der Entschädigung für rechtswidrig-schuldlose Eingriffe nie als eine Frage nach der Haftung des Staates an. Sie ging vielmehr stets davon aus, es handle sich um die Vervollständigung des lückenhaften Systems staatlicher Ersatzleistungen. Infolgedessen schwebt die Rechtsfigur der Entschädigung für rechtswidrig-schuldlose Eingriffe bis heute zwischen Enteignung und Amtshaftung hin und her. Entweder wird ihre „enge sachliche Zusammengehörigkeit“[2] mit der Enteignung oder ihre „Nähe“[3] zur Amtshaftung hervorgehoben, oder es wird angenommen, sie stehe, „bildlich gesehen, in der Mitte zwischen beiden, ohne eine Anlehnung an die eine oder andere Eingriffsform“[4]. Hätte die Weimarer Lehre hingegen erkannt, daß es bei der Frage nach der Entschädigung für rechtswidrig-schuldlose Eingriffe um die Frage nach der Haftung des Staates geht, so hätte sie auch sogleich erkennen können, daß das positive Recht als einzige Form der Haftung des Staates die auf der persönlichen Haftung eines schuldhaft amtspflichtwidrig handelnden Beamten aufbauende Amtshaftung, (daneben) aber keine Staatshaftung kennt. Damit wäre das Problem der „Entschädigungspflicht des Staates bei rechtswidrig-schuldloser Ausübung öffentlicher Gewalt“[5] bereits gelöst gewesen.

Daraus hätte sich dann wiederum ergeben, daß aus einer Gegenüberstellung von Enteignung und Amtshaftung — um mehr handelt es sich bei dem angeblichen „System“ staatlicher Ersatzleistungen nicht — für die Frage nach Form, Tatbestand und Inhalt der Haftung des Staates schlechterdings nichts entnommen werden kann. Alle die vielfältigen Versuche, die „Lücke“ in dem angeblichen System staatlicher Ersatzleistungen auszufüllen, sind danach schon im Ansatz verfehlt, da es weder ein System staatlicher Ersatzleistungen, noch eine Lücke in demselben gibt.

Die Unrichtigkeit der Vorstellung, bei der Entschädigung für rechtswidrig-schuldlose Eingriffe handle es sich darum, die in einem angeblichen System staatlicher Ersatzleistungen bestehende Lücke auszufüllen, ergibt sich rückblickend aber vor allem aus dem Ergebnis, zu dem

---

[2] *Lerche,* JUS 61, 240 unter V 1.
[3] *Katzenstein,* Entschädigungspflicht des Staates, S. 10.
[4] *Krause,* Die öffentlichrechtliche Entschädigung, S. 25.
[5] So der Titel der Abhandlung von *Katzenstein.*

Rechtsprechung und Lehre auf diesem Wege letztlich gelangt sind. Indem sie das angeblich lückenhafte System staatlicher Ersatzleistungen vermeintlich vervollständigten, schufen sie — wie in § 13 dargelegt — unversehens eine Staatshaftung. Diese Staatshaftung steht aber weder „zwischen" Enteignung und Amtshaftung, noch füllt sie eine Lücke in einem System staatlicher Ersatzleistungen aus; sie tritt vielmehr — wie in § 14 dargelegt — neben die Amtshaftung als eine andere und der Amtshaftung widersprechende Form der Haftung des Staates.

Die Rechtsfigur der Entschädigung für rechtswidrig-schuldlose Eingriffe beruht danach auf einer verfehlten Fragestellung und ist daher auch im Ergebnis nicht haltbar. Denn einmal geht es nicht um das Ausfüllen einer Lücke in einem angeblichem System staatlicher Ersatzleistungen und zum anderen kann die Staatshaftung — wie in § 15 dargelegt — nur entweder anerkannt oder abgelehnt, aber nicht teilweise anerkannt und teilweise abgelehnt werden. Die Wiederaufnahme der Staatshaftung des neunzehnten Jahrhunderts erwuchs sonach — und das ist bemerkenswert — aus einer verfehlten Fragestellung und einer infolgedessen auch verfehlten Antwort: der Entschädigung für rechtswidrig-schuldlose Eingriffe[6].

2. *Folgenbeseitigung und Wiedergutmachung*

Die Rechtsfiguren der Folgenbeseitigung und Wiedergutmachung enthalten ebenso wie die Rechtsfigur der Entschädigung für rechtswidrige Eingriffe eine Staatshaftung. Denn bei dem Anspruch auf Folgenbeseitigung und Wiedergutmachung wird das rechtswidrige Handeln des Beamten genauso wie bei der Entschädigung für rechtswidrige Eingriffe unmittelbar dem Staat und nicht dem Beamten persönlich zugerechnet.

---

[6] Die von der überwiegenden Lehre bis heute festgehaltene Einteilung der verschiedenen Arten staatlicher Ersatzleistungen in: 1. Entschädigung aus Enteignung und Aufopferung, 2. Entschädigung für rechtswidrig-schuldlose Eingriffe und 3. Amtshaftung (Nachweise in § 7 in Anm. 13), sollte infolgedessen aufgegeben werden. Will man überhaupt irgend eine derartige Einteilung vornehmen — ein „System" bilden —, so müßte an die Stelle der bislang geläufigen Einteilung etwa folgende neue Einteilung der verschiedenen Arten staatlicher Ersatzleistungen (im weitesten Sinne) treten:

1. Entschädigung aus Enteignung und Aufopferung;
2. Haftung des Staates für das rechtswidrige Handeln seiner Beamten,
   a) beruhend auf der Zurechnung des rechtswidrigen hoheitlichen Handelns an den Beamten persönlich:
      aa) Beamtenhaftung, § 839 BGB,
      bb) Amtshaftung, Art. 34 GG,
   b) beruhend auf der Zurechnung des rechtswidrigen hoheitlichen Handelns unmittelbar an den Staat:
      aa) Beseitigung rechtswidriger Beeinträchtigungen,
      bb) Staatshaftung (Entschädigung für rechtswidrige Eingriffe, Folgenbeseitigung, Wiedergutmachung).

Soweit die Ansprüche auf Folgenbeseitigung und Wiedergutmachung über einen Anspruch auf Beseitigung rechtswidriger Beeinträchtigungen hinausgehen und einen gegen den Staat gerichteten Anspruch auf Schadensersatz beinhalten, unterscheiden sie sich von dem Anspruch auf Entschädigung für rechtswidrige Eingriffe grundsätzlich nicht. Was in § 13 angesichts der Rechtsfigur der Entschädigung für rechtswidrige Eingriffe über die durch sie erfolgende Wiederaufnahme der im neunzehnten Jahrhundert von *Sundheim, Pfeiffer, Heinrich Albert Zachariä* und anderen vertretenen Staatshaftung ausgeführt wurde, gilt entsprechend für die Rechtsfiguren der Folgenbeseitigung und Wiedergutmachung[7]. Folgenbeseitigung, Wiedergutmachung und Entschädigung für rechtswidrige Eingriffe nehmen in genau der gleichen Weise die im zweiten Drittel des neunzehnten Jahrhunderts vertretene Staatshaftung wieder auf. Es handelt sich um *drei verschiedene Begründungen derselben Staatshaftung,* die aus verschiedenen Ansätzen heraus erwachsen sind und deren

---

[7] Hier sind die Parallelen zu der im zweiten Drittel des neunzehnten Jahrhunderts vertretenen Staatshaftung noch offenkundiger, als bei der Entschädigung für rechtswidrige Eingriffe (oben § 13, 2). So stimmt z. B. die von *Bachof* vertretene Begründung des Folgenbeseitigungsanspruchs (Vornahmeklage, insbes. S. 126 ff.) weitgehend mit der von *Pfeiffer* vertretenen Begründung der Staatshaftung (Practische Ausführungen, Band II, 1828, S. 369 f.; dazu § 2 II 2 a in und zu Anm. 26—28) überein. „Fordert der Staat von seinen Unterthanen — und dies kann und muß er von ihnen fordern —, daß sie in den von ihm angestellten Beamten seine Abgeordneten erkennen, und sich deren Amtsgewalt, als deligirter Staatsgewalt, ohne Widerrede unterwerfen; so muß er auch einstehen für die Ausübung dieser Gewalt, selbst wenn ihre rechtlichen Schranken durch instructionswidrige Handlungen oder sonstigen Mißbrauch der anvertrauten Gewalt überschritten wurden; denn er gestattet dem Einzelnen nicht und kann ihm nicht gestatten, selbst zu prüfen, ehe er Folge leistet, und den Gehorsam zu verweigern, wenn er die Handlung der Staatsbeamten für einen Mißbrauch ihrer Amtsgewalt hält . . ." (*Pfeiffer* aaO., S. 369 f.). Wenn *Bachof* hingegen ausführt (aaO., S. 126 ff.), dem Recht des Staates, einen noch nicht formell rechtskräftigen Verwaltungsakt auch auf die Gefahr seiner Rechtswidrigkeit hin zu vollziehen, entspreche notwendig dessen Pflicht, die tatsächlich erfolgte Vollziehung und deren Folgen dann wieder rückgängig zu machen, wenn sich später die Rechtswidrigkeit des vollzogenen Verwaltungsaktes herausstellt und der Verwaltungsakt verwaltungsgerichtlich aufgehoben worden ist, so stimmt er mit *Pfeiffer* sachlich weitgehend überein. Stets wird die Staatshaftung als notwendiges Korrelat der „Subjections-Verpflichtung der Staatsbürger . . . gegen den Staat" (*Pfeiffer* aaO., S. 369) gesehen. Aber die Parallelen zum neunzehnten Jahrhundert gehen noch weiter: was *Bettermann* (DÖV 55, 531 unter II 1) gegen den Folgenbeseitigungsanspruch *Bachofs* vorbringt, hat in genau der gleichen Weise — bis in die Formulierungen hinein! — *Loening* (Die Haftung des Staates, 1879, S. 96 ff.; dazu § 2 III in und zu Anm. 64—65) gegen die Staatshaftung *Pfeiffers* vorgebracht.

All das bekräftigt die hier vorgetragene Ansicht, daß es sich bei den Rechtsfiguren der Entschädigung für rechtswidrige Eingriffe, der Folgenbeseitigung und der Wiedergutmachung um die Wiederaufnahme der im zweiten Drittel des neunzehnten Jahrhunderts vertretenen Staatshaftung handelt, die am Ende des vorigen Jahrhunderts abgelehnt wurde und auf deren Ablehnung die um die Jahrhundertwende gesetzlich eingeführte Amtshaftung beruht.

weitgehende inhaltliche Übereinstimmung bislang nicht erkannt worden ist. Allein *Bachof* hat auf den Zusammenhang von Folgenbeseitigung und Entschädigung für rechtswidrige Eingriffe hingewiesen[8].

Beinhalten die Rechtsfiguren der Folgenbeseitigung und Wiedergutmachung eine Wiederaufnahme der Staatshaftung, so muß — ebenso wie bei der Entschädigung für rechtswidrige Eingriffe — jeder Versuch einer Begründung derselben aus dem positiven Recht scheitern. Das gilt sowohl für die Begründung der Folgenbeseitigung aus dem Grundsatz der Gesetzmäßigkeit der Verwaltung, als auch für die Begründung der Wiedergutmachung aus Art. 19 Abs. 4 und 34 GG. Insoweit bestätigt sich auch hier aus der Geschichte der Staats- und Amtshaftung die in §§ 9, 10 vorgetragene Ansicht, wonach Folgenbeseitigung und Wiedergutmachung, soweit sie über einen Anspruch auf Beseitigung rechtswidriger Beeinträchtigungen hinausgehen, in den von Rechtsprechung und Lehre zu ihrer Begründung herangezogenen Rechtssätzen keine Grundlage finden können.

Das Verhältnis von Amtshaftung einerseits, Folgenbeseitigung und Wiedergutmachung andererseits entspricht dem in § 14 abgehandelten Verhältnis von Amtshaftung und Entschädigung für rechtswidrige Eingriffe. Wenn *Bachof* ein Nebeneinander von Amtshaftung und Folgenbeseitigung vertritt[9], so vertritt er damit — ebenso wie Rechtsprechung und Lehre zur Entschädigung für rechtswidrige Eingriffe — ein Nebeneinander von Amtshaftung und Staatshaftung. Nach Ansicht *Mengers* und *Haas'* soll allerdings die Wiedergutmachung „die bisherige Amtshaftung" umfassen[10]. Da aber die Staatshaftung weder aus der Amtshaftung begründet werden kann, noch diese zu umfassen vermag, so tritt die in der Wiedergutmachung enthaltene Staatshaftung dennoch neben die Amtshaftung. Es sei denn, man wollte die Amtshaftung als Staatshaftung ansehen und damit die Amtshaftung überhaupt aufgeben, wofür *Menger* und *Haas* einzutreten scheinen. Das ist jedoch — wie in § 9 dargelegt — abzulehnen.

Die in den Rechtsfiguren der Folgenbeseitigung und Wiedergutmachung enthaltene Staatshaftung unterscheidet sich jedoch nach Tatbestand und Inhalt wesentlich von der Staatshaftung, wie sie mit der Entschädigung für rechtswidrige Eingriffe geschaffen wurde. Die Rechtsfiguren der Folgenbeseitigung und Wiedergutmachung entnehmen Tatbestand und Inhalt der in ihnen enthaltenen Staatshaftung weder — wie das neunzehnte Jahrhundert — der persönlichen Haftung des Beamten,

---

[8] Vornahmeklage, S. 114 ff., 117 ff., 129.
[9] Vornahmeklage, S. 137 f.
[10] *Haas*, System der öffentlichrechtlichen Entschädigungspflichten, S. 64; ebenso *Menger*, Gedächtnisschrift für W. Jellinek, S. 350.

noch — wie *Otto Mayer* und die Rechtsprechung und Lehre zur Entschädigung für rechtswidrige Eingriffe — aus dem Enteignungs- und Aufopferungsrecht, sondern verweisen hinsichtlich der näheren Ausgestaltung der Staatshaftung analog auf das Schadensersatzrecht des bürgerlichen Gesetzbuchs[11]. Damit wird eine weit umfassendere Staatshaftung begründet als wie sie Rechtsprechung und Lehre zur Entschädigung für rechtswidrige Eingriffe geschaffen haben. Vor allem wird der Inhalt der Staatshaftung wesentlich weiter gezogen, da — und hierin liegt der eigentliche Unterschied zwischen Folgenbeseitigung und Wiedergutmachung einerseits und Entschädigung für rechtswidrige Eingriffe andererseits — ein *Anspruch auf Schadensersatz durch Vornahme oder Unterlassung einer Amtshandlung* anerkannt wird.

Mit dem weiten Umfang, der den Rechtsfiguren der Folgenbeseitigung und Wiedergutmachung zu eigen ist, wird die Staatshaftung in Lehre und Rechtsprechung jedoch — wie in § 9 dargelegt — (noch) nicht anerkannt. In einer nach Tatbestand und Inhalt dergestalt umschriebenen Staatshaftung würde jedoch der Endpunkt der Entwicklung liegen, die mit der Entschädigung für rechtswidrig-schuldlose Eingriffe begonnen und mit der Entschädigung aus enteignungsgleichem Eingriff fortgeführt worden ist. Würden Lehre und Rechtsprechung über die Entschädigung für rechtswidrige Eingriffe hinausgehen und die Folgenbeseitigung und Wiedergutmachung anerkennen, so würde das geltende Recht zwei vollausgebildete Formen der Haftung des Staates kennen: *die im positiven Recht begründete Amtshaftung und die von Lehre und Rechtsprechung praeter legem geschaffene Staatshaftung.*

§ 17: Ergebnis zum Vierten Kapitel

Rechtsprechung und Lehre nehmen mit der Entschädigung für rechtswidrige Eingriffe die im zweiten Drittel des neunzehnten Jahrhunderts vertretene Staatshaftung wieder auf, die von der überwiegenden Lehre und Rechtsprechung des ausgehenden neunzehnten Jahrhunderts abgelehnt wurde und auf deren Ablehnung die Amtshaftung beruht (§ 13).

Amtshaftung und Staatshaftung — Entschädigung für rechtswidrige Eingriffe — stellen zwei sich einander widersprechende Formen der Haftung des Staates für den durch seinen Beamten einem Dritten rechtswidrig zugefügten Schaden dar. Der zwischen Amtshaftung und Staatshaftung bestehende Widerspruch einer gleichzeitigen Zurechnung des rechtswidrigen hoheitlichen Handelns an den Beamten persönlich und an

---

[11] *Bachof,* Vornahmeklage, S. 129 ff., allerdings mit Einschränkungen; *Menger,* Gedächtnisschrift für W. Jellinek, S. 350, 351 ff.; auch *Haas,* System der öffentlichrechtlichen Entschädigungspflichten, S. 64 ff.

den Staat liegt den Auseinandersetzungen des neunzehnten Jahrhunderts über die Staatshaftung und dem System der öffentlichrechtlichen Entschädigung *Otto Mayers* genauso zugrunde wie dem Nebeneinander von Amtshaftung und Entschädigung für rechtswidrige Eingriffe (§ 14).

Da die Entschädigung für rechtswidrige Eingriffe auf einer Übertragung der Lehre vom besonderen Opfer auf rechtswidrige Eingriffe beruht, wird die von Lehre und Rechtsprechung mit der Entschädigung für rechtswidrige Eingriffe geschaffene Staatshaftung nach Tatbestand und Inhalt vom Enteignungs- und Aufopferungsrecht her geprägt (§ 15).

Rechtsprechung und Lehre nehmen mit der Folgenbeseitigung und Wiedergutmachung in genau derselben Weise wie mit der Entschädigung für rechtswidrige Eingriffe die im zweiten Drittel des neunzehnten Jahrhunderts vertretene Staatshaftung wieder auf; es handelt sich um drei verschiedene Begründungen ein und derselben Staatshaftung (§ 16).

Abschluß

Heinrich Albert Zachariä sagte zu Beginn seiner 1863 erschienenen Abhandlung „Über die Haftungsverbindlichkeit des Staates aus rechtswidrigen Handlungen und Unterlassungen seiner Beamten": „Zu den practisch ebenso wichtigen, als wissenschaftlich interessanten *staatsrechtlichen* Fragen der Gegenwart, die sich aber noch im Stadium der Controverse befinden, gehört auch, ungeachtet sie schon vielfach erörtert worden ist, ohne Zweifel die Frage über die Haftungsverbindlichkeit des Staates aus rechtswidrigen Handlungen oder Unterlassungen seiner Beamten, durch welche einzelne (physische oder moralische) Personen vermögensrechtlich beschädigt worden sind. Indem wir hiermit einen Beitrag zur Lösung dieser Frage zu geben versuchen, bescheiden wir uns selbstverständlich in der Erwartung, die Controverse zum Abschluß zu bringen. Ehe es dazu kommt, wird es noch eines vollständigen und durchgreifenden Klärungsprocesses in Betreff der Geltung und Berechtigung des staatsrechtlichen und des privatrechtlichen Princips bedürfen, als er sich bis jetzt in Deutschland vollzogen hat."

Dieser „Klärungsprocess in Betreff der Geltung und Berechtigung des staatsrechtlichen und des privatrechtlichen Princips" ist aber in den seither vergangenen hundert Jahren nicht fortgeführt, geschweige denn zum Abschluß gebracht worden. Der Widerspruch einer gleichzeitigen Zurechnung des rechtswidrigen hoheitlichen Handelns an den Beamten persönlich und an den Staat — nichts anderes meint *H. A. Zachariä,* wenn er das „staatsrechtliche" und das „privatrechtliche Princip" einander gegenüberstellt — liegt den Auseinandersetzungen des neunzehnten Jahrhunderts über die Staatshaftung und dem System der öffentlichrechtlichen Entschädigung *Otto Mayers* genauso zugrunde wie dem Nebeneinander von Amtshaftung und Entschädigung für rechtswidrige Eingriffe. Freilich: das „staatsrechtliche" und das „privatrechtliche Princip" befinden sich nicht mehr „im Stadium der Controverse". Mit der um die Jahrhundertwende erfolgten gesetzlichen Einführung der Amtshaftung und der in den letzten vierzig Jahren von Rechtsprechung und Lehre geschaffenen Entschädigung für rechtswidrige Eingriffe hat das geltende Recht — positives Recht und Richterrecht — beide Prinzipien in sich aufgenommen. Das geltende Recht hat sich nicht für das „staatsrechtliche" oder für das „privatrechtliche Princip" entschieden; es kennt vielmehr zwei sich einander widersprechende Formen der Haftung des

Staates: die auf dem „privatrechtlichen Princip" beruhende Amtshaftung und die auf dem „staatsrechtlichen Princip" beruhende Staatshaftung. Die Kontroverse um die „Geltung und Berechtigung des staatsrechtlichen und des privatrechtlichen Princips" ist infolgedessen in den letzten hundert Jahren nicht zum Abschluß, sondern durch die gleichzeitige Anerkennung der sich widersprechenden Prinzipien zum Stillstand gekommen.

Kennt das geltende Recht zwei sich einander widersprechende Formen der Haftung des Staates für den durch seinen Beamten einem Dritten rechtswidrig zugefügten Schaden, deren eine auf der Zurechnung des rechtswidrigen hoheitlichen Handelns an den Beamten persönlich — Amtshaftung — und deren andere auf der Zurechnung des rechtswidrigen hoheitlichen Handelns an den Staat — Staatshaftung — beruht, so wird die Frage nach der „*Berechtigung* . . . des staatsrechtlichen und des privatrechtlichen Princips" jedoch dringlicher denn je. Aber diese Frage kann nur unabhängig vom geltenden Recht und — angesichts Art. 34 GG und der Begründung der Entschädigung für rechtswidrige Eingriffe aus Art. 14 Abs. 3 GG — nur de constitutione ferenda erörtert werden. Bei der Erörterung dieser Frage — der die vorliegende Arbeit nicht nachgegangen ist — befindet man sich wiederum mitten in den Auseinandersetzungen des neunzehnten Jahrhunderts „über die Haftungsverbindlichkeit des Staats aus rechtswidrigen Handlungen und Unterlassungen seiner Beamten", die um die Jahrhundertwende jäh abgebrochen und bisher nicht wieder aufgenommen worden sind.

Anhang

In folgenden Entscheidungen haben sich der Große Zivilsenat und (überwiegend) der III. Zivilsenat des Bundesgerichtshofes mit der Entschädigung aus rechtswidrigem enteignungsgleichem Eingriff beschäftigt:

Datum der Entscheidung	Veröffentlicht in: BGHZ	LM	NJW	lediglich in:
10. 6. 1952	6,270	Art. 14 GG Nr. 7	52,972	
16. 10. 1952	7,296	Art. 14 GG Nr. 8	53,101	
9. 4. 1953	9,209	§ 852 BGB Nr. 2	53,1060	
14. 7. 1953	10,255	Art. 153 WRV Nr. 4	53,1468	
28. 9. 1953	11,248	Art. 14 GG Nr. 16	54,753	
8. 4. 1954	13,81	§ 75 EinlALR Nr. 11	54,1160	
12. 4. 1954	13,88	§ 839 BGB E Nr. 5	54,993	
6. 5. 1954	—	§ 26 RLG Nr. 12	54,1161	
1. 6. 1954	13,371	§ 75 EinlALR Nr. 12	54,1361	
10. 6. 1954	13,395	Art. 14 GG Nr. 32	54,1362	
30. 9. 1954	14,363	§ 313 I ZPO Nr. 3, § 70 PrPVG Nr. 4	54,1802	
7. 10. 1954	15,17	Art. 14 GG Nr. 34	54,1807	
5. 5. 1955	—	Art. 14 GG Nr. 40	55,1071	
24. 10. 1955	19,1	Art. 14 GG Nr. 48	56,263	
23. 4. 1956	—	Schornsteinfeger VO Nr. 1	56,1109	
14. 11. 1955	—	Art. 14 GG Nr. 46	—	
30. 9. 1957	25,266	Art. 14 GG Nr. 66	57,1927	
28. 10. 1957	26,10	Art. 14 GG Nr. 67	58,101	
10. 12. 1957	—	Art. 14 GG Nr. 71	58,380	
24. 4. 1958	—	Art. 14 GG Nr. 76	—	
24. 2. 1958	—	—	—	WM 58,847
2. 4. 1959	—	Art. 14 GG B b Nr. 21	59,1085	
25. 5. 1959	30,123	§ 945 ZPO Nr. 3	59,1272	
26. 6. 1959	—	Art. 14 GG C e Nr. 21	59,1775	
12. 10. 1959	31,49	Art. 14 GG C b Nr. 8	60,143	
29. 10. 1959	—	—	—	WM 60,408
7. 12. 1959	—	—	—	WM 60,410
21. 12. 1959	—	§ 253 ZPO Nr. 26	—	
25. 4. 1960	32,208	Art. 14 GG C c Nr. 7	60,1149	
9. 5. 1960	—	Art. 14 GG C e Nr. 24	60,1519	

23. 1. 1961	34,188	Art. 14 GG C f Nr. 18	61,968	
30. 1. 1961	—	—	—	VwRspr 13,833
25. 5. 1961	—	Art. 14 GG C f Nr. 19	—	
29. 5. 1961	—	LandbeschaffungsG Nr. 1	—	
12. 2. 1962	—	§ 839 BGB F g Nr. 27	62,911	
5. 7. 1962	—	Art. 14 GG F b Nr. 10	62,1673	
20. 9. 1962	—	Art. 14 GG B b Nr. 30	62,2347	
1. 4. 1963	—	—	—	VersR 63,677
4. 7. 1963	40,49	Art. 14 GG F a Nr. 10	63,1915	
19. 9. 1963	—	Art. 14 GG C c Nr. 12		

Schrifttumsverzeichnis

Anschütz, Gerhard, Der Ersatzanspruch aus Vermögensbeschädigungen durch rechtmäßige Handhabung der Staatsgewalt, VA 5 (1897), 1.

— Besprechung von Biermann, Privatrecht und Polizei in Preußen, RPrVwBl 18 (1897), 153.

— Die Verfassung des Deutschen Reiches vom 11. August 1919, 14. Aufl., 1933, Neudruck 1960.

Archiv für Entscheidungen der obersten Gerichte in den deutschen Staaten, herausgegeben von J. A. Seuffert, Band I ff., 1847 ff.

Bachof, Otto, Verwaltungsgerichtsbarkeit und Justiz unter besonderer Berücksichtigung des Bonner Grundgesetzes, SJZ 50, Sp. 161.

— Die Vereinheitlichung der Verwaltungsgerichtsbarkeit durch eine Verwaltungsgerichtsordnung des Bundes, DRZ 50, 341.

— Die verwaltungsgerichtliche Klage auf Vornahme einer Amtshandlung, zugleich eine Untersuchung über den öffentlichrechtlichen Folgenbeseitigungsanspruch nach Aufhebung eines rechtswidrigen Verwaltungsaktes, 1951.

— Begriff und Wesen des sozialen Rechtsstaates, Mitbericht, VVDStRL 12 (1954), 37.

— Reflexwirkungen und subjektive Rechte im öffentlichen Recht, in: Forschungen und Berichte aus dem öffentlichen Recht, Gedächtnisschrift für Walter Jellinek, 1955, Neudruck 1962, S. 287.

— Besprechung einer Entscheidung des Bundesverwaltungsgerichts, DVBl 61, 128.

— Verfassungsrecht, Verwaltungsrecht, Verfahrensrecht in der Rechtsprechung des Bundesverwaltungsgerichts, 2. Aufl., 1964.

Bank, Zur Schadensersatzpflicht der öffentlichrechtlichen Körperschaften bei unverschuldet rechtswidrigen Verwaltungsakten, RPrVerwBl 50 (1929), 65.

Barkhau, Werner, Öffentlichrechtliche Entschädigung bei Nothilfeleistungen, 1954.

Becke, Franz Arnold von der, Von Staatsämtern und Staatsdienern, 1797.

Bergius, Carl Julius, Preußen in staatsrechtlicher Beziehung, 1843.

Bettermann, Karl August, Rechtsgrund und Rechtsnatur der Staatshaftung, DÖV 54, 299.

— Wesen und Streitgegenstand der verwaltungsgerichtlichen Anfechtungsklage, DVBl 53, 163.

— Zur Lehre vom Folgenbeseitigungsanspruch, DÖV 55, 528.

— Kein Folgenbeseitigungsanspruch bei Wiedereinweisung des Räumungsschuldners?, MDR 57, 130.

— Der Schutz der Grundrechte in der ordentlichen Gerichtsbarkeit, in: Die Grundrechte, hrsg. von Bettermann-Nipperdey-Scheuner, Band III, 2. Halbband, 1959, S. 779.

— Vom Sinn der Amtshaftung, JZ 61, 482.

Biermann, Johannes, Privatrecht und Polizei in Preußen, 1897.

Blunschli, Johann Caspar, Gutachten über die Gesetzgebungsfrage: „Soll der Staat, bzw. die Gemeinde, für Schäden und Nachtheile, welche die von ihnen angestellten Beamten durch vorsätzliche oder kulplose Verletzung ihrer Dienstpflichten einem Dritten zufügen, überhaupt haften und bejahenden Falls in erster Reihe unbedingt oder nur subsidiär?“ in: Verhandlungen des 6. Deutschen Juristentages, Band I, 1865, S. 45.

Bögner, R., Die Entschädigungsansprüche im Polizeirecht, DVBl 53, 357.

Bohlen, Kurt von, Der Aufopferungsanspruch. Entwicklungsgang und Geltungsbereich des § 75 EinlALR und des Art. 153 RVerf., JW 33, 2251.

Bonner Kommentar, herausgegeben von Dennewitz, fortgeführt von Wernicke, o. J.

Bornhak, Conrad, Preußisches Staatsrecht, Band II, 2. Aufl., 1912.

Brand, Art. 128—131. Rechte und Pflichten der Beamten, in: Nipperdey, Grundrechte und Grundpflichten der Reichsverfassung, Band II, 1930, S. 210.

Brandis, Aufopferungsanspruch und Enteignungsnotverordnung, DJZ 38 (1933), 558.

Buddeus, Amtsverbrechen und Amtsvergehen, Dienstverbrechen und Dienstvergehen, in: Rechtslexikon für Juristen aller teutschen Staaten enthaltend die gesammte Rechtswissenschaft, redigirt von Julius Weiske, Band I, A-Bergrecht, 1839, S. 220.

Caemmerer, Ernst von, Bereicherung und unerlaubte Handlung, Festschrift für Ernst Rabel, Band I, 1954, S. 333.

— Bereicherungsausgleich bei Verpfändung fremder Sachen, Festschrift Lewald, 1953, S. 443.

Coester, Robert, Die Haftung des Staates für Amtsdelikte bei Ausübung der öffentlichen Gewalt nach preußischem Rechte, JöR 5 (1911), 285.

Cremer, Zur Frage der Schadensersatzansprüche nach polizeilichen Verfügungen, RPrVwBl 54 (1933), 946.

— Entschädigungsanspruch für schuldlos-rechtswidrige öffentliche Eingriffe, RPrVwBl 56 (1935), 625.

Dagtoglou, Prodromos, Ersatzpflicht des Staates bei legislativem Unrecht? Recht und Staat, Heft 265/266, 1963.

Das Bürgerliche Gesetzbuch, Kommentar, herausgegeben von Reichsgerichtsräten und Bundesrichtern, Band II, 2. Teil, 11. Aufl., 1960.

Delius, Hans, Die Haftpflicht der Beamten, 1901.

— Die Beamtenhaftpflichtgesetze des Reiches und der Bundesstaaten, 2. Aufl., 1909.

— Die Beamtenhaftpflichtgesetze des Reiches und der Länder, 3. Aufl., 1921.

Diester, Hans, Enteignung und Entschädigung nach altem und neuem Recht, 1953.

Dock, A., Die Haftung des Staates aus rechtswidrigen Handlungen seiner Beamten, AöR 16 (1901), 244.

Dreyer, Die Verpflichtung des Staates aus den Handlungen seiner Beamten, Zeitschrift für französisches Civilrecht, IV (1874), 383.

Dreyer, Wilhelm, Der Entschädigungsanspruch der Straßenanlieger, Teil II, VA 20 (1912), 161.

Dürig, Günther, Eigentum als Menschenrecht, ZgesStW 109 (1953), 326.

— Zurück zum klassischen Enteignungsbegriff!, JZ 54, 4.

— Grundfragen des öffentlich-rechtlichen Entschädigungssystems, JZ 55, 521.

Dürig, Günther, Der Staat und die vermögenswerten öffentlichrechtlichen Berechtigungen seiner Bürger, in: Staat und Bürger, Festschrift für Willibalt Apelt, 1958, S. 13.

— und *Maunz*, Theodor, Grundgesetz, Kommentar, 1959 ff.

Entwurf eines Einführungsgesetzes zum Bürgerlichen Gesetzbuch für das Deutsche Reich, Erste Lesung, Nebst Motiven, 1888.

Erman, Walter (Herausgeber), Handkommentar zum Bürgerlichen Gesetzbuch, Band I, 3. Aufl., 1962.

Esser, Josef, Schuldrecht, Allgemeiner und Besonderer Teil, 2. Aufl., 1962.

Eyermann, Erich — *Fröhler*, Ludwig, Verwaltungsgerichtsordnung, 3. Aufl., 1962.

Fahrenkrug, Carl Heinz, Die Entschädigung für rechtswidrig schuldlose Verwaltungsakte, Dissertation Greifswald 1937.

Fischer, Robert, Referat zu der Frage: „Empfiehlt es sich, der verschiedenen Pflichten des Staates zur Entschädigungsleistung aus der Wahrnehmung von Hoheitsrechten nach Grund, Inhalt und Geltendmachung gesetzlich neu zu regeln?" Verhandlungen des 41. deutschen Juristentages, Band II, Teil C, 1955, S. 37.

Fleiner, Fritz, Institutionen des deutschen Verwaltungsrechts, 8. Aufl., 1928.

Förster, Franz, Preußisches Privatrecht, auf der Grundlage des Werkes von Förster bearbeitet von M. E. Eccius, Band I, 7. Aufl., 1896.

Forsthoff, Ernst, Lehrbuch des Verwaltungsrechts, Erster Band, Allgemeiner Teil, 1. Aufl., 1950; 8. Aufl., 1961.

— Besprechung zu einer Entscheidung des Bundesgerichtshofes, JZ 52, 627.

Freund, Fritz Werner, Die Verantwortlichkeit der Beamten für die Gesetzmäßigkeit ihrer Amtshandlungen nach dem Rechte des deutschen Reiches und der größeren Gliedstaaten desselben, AöR 1 (1886), 108, 355.

Furler, Hans, Das polizeiliche Notrecht und die Entschädigungspflicht des Staates, VA 33 (1928), 340.

Gebhard, Ludwig, Handkommentar zur Verfassung des Deutschen Reiches vom 11. August 1919, 1932.

Gehre, Horst, Die Entwicklung der Amtshaftung in Deutschland seit dem 19. Jahrhundert, Dissertation Bonn 1958.

Geiger, Willy, Bemerkungen zur Haftung des Staates für sein hoheitliches Handeln de lege ferenda, DRiZ 55, 206.

Gerber, Carl Friedrich von, Grundzüge eines Systems des Deutschen Staatsrechts, 2. Aufl., 1869.

Gierke, Otto von, Die Genossenschaftstheorie und die deutsche Rechtsprechung, 1887.

— Deutsches Privatrecht, 1895.

— Besprechung reichsgerichtlicher Entscheidungen, Teil C, JheringsJahrb 35 (1896), 137.

— Der Entwurf eines bürgerlichen Gesetzbuchs und das deutsche Recht, veränderte und vermehrte Ausgabe, 1899.

— Gutachten über die Frage: „Empfiehlt sich eine einheitliche Regelung der Haftung des Staates und anderer juristischer Personen des öffentlichen Rechts für den von ihren Beamten bei Ausübung der diesen anvertrauten öffentlichen Gewalt zugefügten Schaden?", in: Verhandlungen des 28. Deutschen Juristentages, Band I, 1905, S. 102.

Giese, Friedrich, Die Verfassung des Deutschen Reiches, 8. Aufl., 1931.

Giese, Friedrich Wilhelm, Der öffentlichrechtliche Aufopferungsanspruch, 1936.

Gneist, Rudolf von, Der Rechtsstaat und die Verwaltungsgerichte in Deutschland, 2. Aufl., 1879, Neudruck 1958.

Gönner, Nikolaus Thaddäus, Der Staatsdienst aus dem Gesichtspunkt des Rechts und der Nationalökonomie betrachtet, 1808.

Götz, Diskussionsbeitrag auf der zweiten Sitzung der ersten und zweiten Abteilung des neunten deutschen Juristentages am 29. 8. 1871, Verhandlungen des neunten deutschen Juristentages, Band III, 1871, S. 51 f.

Götz, V., Der Folgenbeseitigungsanspruch im Beamtenrecht, ZBR 61, 135.

Grünhut, C. S., Das Enteignungsrecht, 1873.

Haas, Diether, Wiederum: Eigentum und Enteignung, zum Beschluß des BGH vom 9./10. 6. 1952, MDR 52, 648.

— System der öffentlichrechtlichen Entschädigungspflichten, 1955.

Häfelin, Ulrich, Die Rechtspersönlichkeit des Staates, I. Teil, Dogmengeschichtliche Darstellung, 1959.

Hamann, Andreas, Das Grundgesetz für die Bundesrepublik Deutschland vom 23. Mai 1949, 2. Aufl., 1961.

— Anmerkung zu BGHZ 6, 270, NJW 52, 1176.

Hatschek, Julius, Lehrbuch des deutschen und preußischen Verwaltungsrechts, 7./8. Aufl., hrsg. von Paul Kurtzig, 1931.

Heffter, August Wilhelm, Beiträge zum deutschen Staats- und Fürstenrecht, Erste Lieferung, 1829.

— Die Nichthinderung von Verbrechen gegen Personen und Eigenthum — in wiefern begründet sie einen Entschädigungsanspruch an die Staatsregierung? Archiv des Criminalrechts Neue Folge, 1851, S. 445.

Heidenhain, Martin Eberhard, Die Amtshaftung in der Bundesrepublik, NJW 49, 841.

— Zur Amtshaftung in der Bundesrepublik, NJW 52, 604.

— Wann können die ordentlichen Gerichte Verwaltungsakte aufheben?, NJW 53, 1081.

Herrnritt, Rudolf von, Gutachten über die Frage: „Empfiehlt sich eine einheitliche Regelung der Haftung des Staates und anderer juristischer Personen des öffentlichen Rechts für den von ihren Beamten bei Ausübung der diesen anvertrauten öffentlichen Gewalt zugefügten Schaden?, in: Verhandlungen des 28. deutschen Juristentages, Band II, 1906, S. 324.

Hesse, Konrad, Der Rechtsstaat im Verfassungssystem des Grundgesetzes, in: Staatsverfassung und Kirchenordnung, Festgabe für Rudolf Smend, 1962, S. 71.

Holstein, Günther, Die beamtenrechtlichen Normen der Reichsverfassung und die Stellung der Geistlichen und Kirchenbeamten, AöR NF 13 (1927), 153.

Hüssener, Arthur, Die civilrechtliche Verantwortlichkeit der Beamten wegen Verletzung der Amtspflicht, dargestellt in ihrer geschichtlichen Entwicklung und ihrer Regelung im bürgerlichen Gesetzbuch, Dissertation Jena 1901.

Huber, Ernst Rudolf, Wirtschaftsverwaltungsrecht, 2. Aufl., Band I, 1953; Band II, 1954.

Jaenicke, Günther, Gefährdungshaftung im öffentlichen Recht? Zur Haftung des Staates ohne Verschulden, VVDStRL 20 (1961), 135.

Janssen, Günter, Der Anspruch auf Entschädigung bei Aufopferung und Enteignung, 1961.

— Gefährdungshaftung im deutschen öffentlichen Recht?, NJW 63, 939.

Jellinek, Georg, System der subjektiven öffentlichen Rechte, 2. Aufl., 1905, Neudruck 1963.

Jellinek, Walter, Der fehlerhafte Staatsakt und seine Wirkungen, 1908.

— Der Schutz des öffentlichen Rechts durch ordentliche und Verwaltungsgerichte (Fortschritte, Rückschritte und Entwicklungstendenzen seit der Revolution), VVDStRL 2 (1925), 8.

— Verwaltungsrecht, 3. Aufl., 1931.

— Schadensersatz aus Amtshaftung und Enteignungsentschädigung, JZ 55, 147.

Jesch, Dietrich, Gesetz und Verwaltung, 1961.

Katzenstein, Gerhard, Entschädigungspflicht des Staates bei rechtswidrig-schuldloser Ausübung öffentlicher Gewalt, 1935.

— Die Entschädigungspflicht des Staates aus rechtswidrig-schuldloser Ausübung öffentlicher Gewalt, MDR 52, 193.

Kayser, Alfred — *Leiss*, Ludwig, Die Amtshaftung, 2. Aufl., 1958, Nachtrag 1959.

Kelsen, Hans, Hauptprobleme der Staatsrechtslehre, 2. Aufl., 1923.

— Über Staatsunrecht, GrünhutsZ 40 (1914), 1.

— Reine Rechtslehre, 2. Aufl., 1960.

Kißling, Carl von, Gutachten über die Gesetzgebungsfrage die Haftpflicht des Staates für Beschädigungen durch Beamte betreffend, in: Verhandlungen des 6. Deutschen Juristentages, Band I, 1869, S. 388.

Kleinhoff, Der enteignungsgleiche Eingriff in der Rechtsprechung des Bundesgerichtshofs, DRiZ 58, 167.

Klewitz, Adolf, Die Entschädigungsansprüche aus rechtswidrigen Amtshandlungen unter Berücksichtigung des Entwurfs eines deutschen bürgerlichen Gesetzbuchs, 1891.

Klinger, Hans, Verwaltungsgerichtsordnung, 2. Aufl., 1964.

Knoll, Ernst, Das Verfahren zur Geltendmachung von Ansprüchen auf Ausgleich von Schäden, welche durch die Wahrnehmung von Hoheitsrechten entstanden sind. Gutachten für den 41. Deutschen Juristentag. Verhandlungen des 41. Deutschen Juristentages, Band I, Halbbd. 1, 1955, S. 85.

Koehler, Alexander, Verwaltungsgerichtsordnung, 1960.

Kraft, Die Entschädigung für rechtmäßige Eingriffe der Staatshoheit, Gruchot 60 (1916), 268, 392.

Krause, Martin, Die öffentlichrechtliche Entschädigung bei schuldlos rechtswidrigen Eingriffen des Staates, Dissertation Würzburg 1960.

Kreft, Friedrich, Zum Verhältnis von Aufopferungsansprüchen und Amtshaftungsansprüchen, DÖV 55, 517.

Kreittmayr, Wiguleus Xaverius Aloysius Freiherr von, Anmerkungen über den Codicem Maximalianeum Bavaricum Civilem, V. Theil, neue unveränderte Aufl., 1821.

Kröner, Herbert, Die Eigentumsgarantie in der Rechtsprechung des Bundesgerichtshofes, 1961.

Kutscher, Hans, Die Enteignung, 1938.

Laband, Paul, Das Staatsrecht des Deutschen Reiches, Band I, 1. Aufl., 1876; 5. Aufl., 1911.

Lange, Hans-Jürgen, Die Entschädigung für schuldlos-rechtswidrige Eingriffe des Staates, insbesondere die Gefährdungshaftung im deutschen öffentlichen Recht, unter Berücksichtigung des französischen Staatshaftungsrechts, Dissertation Frankfurt 1955.

Larenz, Karl, Methodenlehre der Rechtswissenschaft, 1960.

— Lehrbuch des Schuldrechts, Besonderer Teil, 6. Aufl., 1964.

Lassar, Gerhard, Der Erstattungsanspruch im Verwaltungs- und Finanzrecht, 1921.

Layer, Max, Principien des Enteignungsrechts, 1902.

Leisner, Walter, Gefährdungshaftung im öffentlichen Recht?, VVDStRL 20 (1961), 185.

Lerche, Peter, Ordentlicher Rechtsweg und Verwaltungsrechtsweg, 1953.

— Amtshaftung und enteignungsgleicher Eingriff, Referat, JUS 61, 237.

Loening, Edgar, Die Haftung des Staates aus rechtswidrigen Handlungen seiner Beamten nach deutschem Privat- und Staatsrecht, Festschrift für Bluntschli, 1879.

— Lehrbuch des deutschen Verwaltungsrechts, 1884.

Lücke, Gerhard, Die Abgrenzung der Klagebefugnis im Verwaltungsprozeß, AöR 84 (1959), 185.

Lührs, Hans J., Die Entschädigungspflicht des Staates bei rechtswidrigen Verwaltungsakten, Dissertation Hamburg 1955.

Mangoldt, Hermann von, Das Bonner Grundgesetz, 1. Aufl., 1953; 2. Aufl., hrsg. von Friedrich Klein, Band I, 1957; Band II, 1964.

Maunz, Theodor, Deutsches Staatsrecht, 13. Aufl., 1964.

— und *Dürig*, Günther, Grundgesetz, Kommentar, 1959 ff.

Mayer, F. F., Grundsätze des Verwaltungs-Rechts, 1862.

Mayer, Otto, Theorie des Französischen Verwaltungsrechts, 1886.

— Deutsches Verwaltungsrecht, Band I, 1. Aufl., 1895, 2. Aufl., 1914, 3. Aufl., 1924; Band II, 1. Aufl., 1896, 2. Aufl., 1917; 3. Aufl., 1924.

— Die Entschädigungspflicht nach Billigkeitsrecht, 1904.

— Entschädigungspflicht des Staates, in: Stengel-Fleischmann, Wörterbuch des Deutschen Staats- und Verwaltungsrechts, Band I, 2. Aufl., 1911, S. 731.

— Die Haftung des Staates für rechtswidrige Amtshandlungen, Sächsisches Archiv für Rechtspflege, 8. Jahrgang, 1913, S. 1.

Meiss, Wilhelm, Die gesetzliche Abgrenzung der Kompetenz der Zivil- und Verwaltungsgerichtsbarkeit, 1953.

Meisterlin, F., Die Verhältnisse der Staatsdiener nach rechtlichen Grundsätzen entwickelt, 1838.

Menger, Christian-Friedrich, Der Begriff des sozialen Rechtsstaats im Bonner Grundgesetz, Recht und Staat, Heft 173, 1953.

— System des verwaltungsgerichtlichen Rechtsschutzes, 1954.

— Rechtssatz, Verwaltung und Verwaltungsgerichtsbarkeit, DÖV 55, 587.

— Über die Identität des Rechtsgrundes der Staatshaftungsklagen und einiger Verwaltungsstreitsachen, in: Forschungen und Berichte aus dem öffentlichen Recht, Gedächtnisschrift für Walter Jellinek, 1955, Neudruck 1962, S. 347.

— Der Schutz der Grundrechte in der Verwaltungsgerichtsbarkeit, in: Die Grundrechte, hrsg. von Bettermann-Nipperdey-Scheuner, Band III, 2. Halbband, 1959, S. 717.

Mestmäcker, Ernst-Joachim, Eingriffserwerb und Rechtsverletzung in der ungerechtfertigten Bereicherung, JZ 58, 521.

Meyer, Georg, Das Recht der Expropriation, 1868.

— Lehrbuch des deutschen Staatsrechts, 5. Aufl., 1899; 7. Aufl., hrsg. von Gerhard Anschütz, 1919.

Mittermaier, C. J. A., Beiträge zur Lehre von den Gegenständen des bürgerlichen Processes, AcP 4 (1829), 305.

Mohl, Robert von, System der Präventiv-Justiz oder Rechts-Polizei, 1834.

Molitor, Über die Haftung des Staates bei Verletzung von Privatrechten, AöR 20 (1906), 265.

Motive zu dem Entwurf eines Bürgerlichen Gesetzbuchs für das Deutsche Reich, Band I, II, 1888.

Mugdan, B., Die gesammten Materialien zum Bürgerlichen Gesetzbuch für das Deutsche Reich, Band II, 1899.

Naumann, Richard, Vom vorbeugenden Rechtsschutz im Verwaltungsprozeß, in: Forschungen und Berichte aus dem öffentlichen Recht, Gedächtnisschrift für Walter Jellinek, 1955, Neudruck 1962, S. 391.

— Die gesetzliche Abgrenzung der Kompetenz der Zivil- und Verwaltungsgerichtsbarkeit, 1953.

Neue Sammlung bemerkenswerther Entscheidungen des Ober-Appellations-Gerichts zu Cassel. Herausgegeben unter Aufsicht des Kurf. Justiz-Ministeriums, von F. G. L. Strippelmann, IV. Theil, 1. Abth., 1846.

Niese, Werner, Über den Streitgegenstand der Anfechtungs- und Vornahmeklage im Verwaltungsprozeß, JZ 52, 353.

Obermayer, Klaus, Zur Rechtsstellung des Nachbarn im Baurecht und zum Folgenbeseitigungsanspruch, JUS 63, 110.

Orth, Franz Karl, Entschädigungsansprüche im Polizeirecht, Dissertation Mainz 1961.

Pagendarm, Kurt, Verhältnis von öffentlichrechtlichen Entschädigungsansprüchen zu Amtshaftungsansprüchen im Hinblick auf § 839 Abs. 1 Satz 2 BGB, DÖV 55, 520.

Pagenkopf, Hans, Freiheit und Bindung des Eigentums, zugleich eine Stellungnahme zur Entscheidung des Großen Zivilsenats des BGH vom 9./10. 6. 1952, NJW 52, 1193.

Perlmann, Walter, Über Entschädigung für Einwirkungen der öffentlichen Gewalt in die Privatrechtssphäre, Grünhuts Zeitschrift 34 (1907), 57.

Perthes, Clemens Theodor, Der Staatsdienst in Preußen, ein Beitrag zum Deutschen Staatsrecht, 1838.

Peters, Hans, Lehrbuch der Verwaltung, 1949.

Pfeiffer, Burkhard Wilhelm, Practische Ausführungen aus allen Theilen der Rechtswissenschaft. Mit Erkenntnissen des Oberappellationsgerichts zu Cassel, Band II, 1828, XII: Von den nothwendigen Einschränkungen der Verantwortlichkeit des Staates für widerrechtliche Handlungen der Staatsbehörden, S. 361 ff.; Band III, 1831, X § 13: Verantwortlichkeit der Staatsdiener und deren Vertretung von Seiten des Staates, S. 371 ff.; Band VIII, 1846, XII: Über die rechtlichen Voraussetzungen der gegen den Richter, beziehungsweise gegen den Staat, wegen Versehen bei Verwaltung der freiwilligen Gerichtsbarkeit begründeten Entschädigungsklage, S. 521.

Piloty, Robert, Die Haftung des Staates für rechtswidrige Handlungen und Unterlassungen der Beamten bei Ausübung staatlicher Hoheitsrechte, Hirths Annalen 1888, 245.

Poetzsch-Heffter, Fritz, Handkommentar der Reichsverfassung vom 11. August 1919, 3. Aufl., 1928.

Prinkmer, Referat auf dem neunten deutschen Juristentag, Verhandlungen des neunten deutschen Juristentages, Band III, 1871, S. 26.

Protokolle der Kommission für die zweite Lesung des Entwurfs des Bürgerlichen Gesetzbuchs, Band I, 1897; Band II, 1898.

Rechtslexikon für Juristen aller teutschen Staaten enthaltend die gesammte Rechtswissenschaft, redigirt von Julius Weiske, Band I, A-Bergrecht, 1839.

Redeker, Konrad — *Oertzen*, Hans-Joachim von, Verwaltungsgerichtsordnung, 1960.

Rehm, Hermann, Die rechtliche Natur des Staatsdienstes nach deutschem Staatsrecht historisch-dogmatisch dargestellt, Hirths Annalen 1884, 565 und 1885, 65.

— Artikel: „Fiskus", in: Wörterbuch des Deutschen Verwaltungsrechts, hrsg. von Karl von Stengel, Dritter Ergänzungsband, 1897, S. 96.

Reinhardt, Rudolf, Gutachten über die Frage: „Empfiehlt es sich, die verschiedenen Pflichten des Staates zur Entschädigungsleistung aus der Wahrnehmung von Hoheitsrechten nach Grund, Inhalt und Geltendmachung gesetzl. neu zu regeln?" Verhandlungen des 41. deutschen Juristentages, Band I, 1. Halbbd., 1955, S. 233.

— Einige Grundgedanken über § 839 BGB und die Staatshaftung, DÖV 55, 542.

Reiß, § 75 EinlALR und Art. 153 der Reichsverfassung, JurRdsch 31, 218.

Ringe, Karl, Zur Unterlassungs- und Beseitigungsklage bei Verwaltungsakten und einfachen Verwaltungshandlungen, DVBl 58, 378.

— Besprechung einer Entscheidung des OVG Hamburg, DVBl 58, 834.

Rönne, Ludwig von, Das Staatsrecht der preußischen Monarchie, Band II, 1. Abtheilung, 3. Aufl., 1871; Band I, 5. Aufl., 1899, neubearbeitet von Philipp Zorn.

— Das Staatsrecht des Deutschen Reiches, Band I, 2. Aufl., 1876.

Roesler, Hermann, Lehrbuch des Deutschen Verwaltungsrechts, Band I, Das Sociale Verwaltungsrecht, 1872.

Roth, Paul, Bayrisches Civilrecht, 1. Theil, 1871.

Rupp, Hans Heinrich, Die Beseitigungs- und Unterlassungsklage gegen Träger hoheitlicher Gewalt, DVBl 58, 113.

— Zur Neuen Verwaltungsgerichtsordnung: Gelöste und ungelöste Probleme, AöR 85 (1960), 149, 301.

— Widerruf amtlicher ehrenkränkender Behauptungen, NJW 61, 811.

— Kommentare zur Verwaltungsgerichtsordnung, Besprechung, AöR 88 (1963), 479.

Sarwey, O. von, Das öffentliche Recht und die Verwaltungsrechtspflege, 1880.

Schack, Friedrich, Die Anwendung des § 75 Einl.z.Pr.ALR auf schuldlos rechtswidrige Eingriffe der öffentlichen Gewalt in der Rechtsprechung des Reichsgerichts, VA 40 (1935), 426.

— Reichsgericht und öffentlichrechtliche Entschädigung im neuen Staat, VA 44 (1939), 97.

— Entschädigung bei „legislativem Unrecht"?, MDR 53, 514.

Schack, Friedrich, Gutachten über die Frage: „Empfiehlt es sich, die verschiedenen Pflichten des Staates zur Entschädigungsleistung aus der Wahrnehmung von Hoheitsrechten nach Grund, Inhalt und Geltendmachung gesetzlich neu zu regeln?“, Verhandlungen des 41. deutschen Juristentages, Band I, 1. Halbbd., 1955, S. 1.
— Der für den Aufopferungsanspruch neben der Enteignungsentschädigung verbleibende Raum, JZ 56, 425.
— Der Aufopferungsanspruch, BB 56, 409.
— Der „enteignungsgleiche Eingriff“, JZ 60, 625.
— Gefährdungshaftung auf dem Gebiete des deutschen öffentlichen Rechts, DÖV 61, 728.

Schelcher, Walter, Die Rechtswirkungen der Enteignung, 1893.
— Die Haftung des Staates für Eingriffe in Privatrechte, FischersZ 52 (1921), 1.
— Eigentum und Enteignung nach der Reichsverfassung, FischersZ 60 (1927), 137.
— Art. 153. Die Rechte und Pflichten aus dem Eigentum, in: Nipperdey, Grundrechte und Grundpflichten der Reichsverfassung, Band III, 1930, S. 196.

Schelhorn, Johann Rudolf von, Die Amtspflicht gegenüber Dritten nach deutschem und bayrischem bürgerlichen Rechte, Hirths Annalen 1906, 439, 525, 606, 662.

Scheuner, Ulrich, Die Abgrenzung der Enteignung, DÖV 54, 587.
— Grundlagen und Art der Enteignungsentschädigung, in: Reinhardt-Scheuner, Verfassungsschutz des Eigentums, 1954, S. 63.
— Probleme der staatlichen Schadenshaftung nach deutschem Recht, DÖV 55, 545.
— Grundfragen der Staatshaftung für schädigende Eingriffe, in: Forschungen und Berichte aus dem öffentlichen Recht, Gedächtnisschrift für Walter Jellinek, 1955, Neudruck 1962, S. 331.
— Die neuere Entwicklung des Rechtsstaats in Deutschland, in: Hundert Jahre deutsches Rechtsleben, Festschrift zum hundertjährigen Bestehen des Deutschen Juristentages, Band II, 1960, S. 229.
— Amtshaftung und enteignungsgleicher Eingriff, Korreferat, JUS 61, 243.

Schmitt, Carl, Die Auflösung des Enteignungsbegriffs, JW 1929, 495.
— Verfassungslehre, 1928, Neudruck 1957.

Schmitthenner, Friedrich, Grundlinien des allgemeinen oder idealen Staatsrechtes, 1845.

Schneider, Egon, Enteignung und Aufopferung, Eine fallrechtliche Darstellung der Entschädigungsansprüche, 1964.

Schröer, Leopold, Amtshaftung und Enteignungsentschädigung, JZ 55, 308.

Schrödter, Hans, Besprechung einer Entscheidung des OLG Celle, DVBl 58, 551.

Schunck, Egon — *De Clerck*, H., Verwaltungsgerichtsordnung, 1961.

Seuffert, Johann Adam, Practisches Pandectenrecht, Band II, 4. Aufl., 1867.

Seydel, Max von, Bayrisches Staatsrecht, Band II, 2. Aufl., 1887.

Siehof, Heinz, Zur Lehre vom Folgenbeseitigungsanspruch im Verwaltungsrecht, Dissertation Würzburg 1958.

Simon, Heinrich, Das preußische Staatsrecht, 1. Theil, 1844.

Soergel, Hs. Th., Bürgerliches Gesetzbuch mit Einführungsgesetzen und Nebengesetzen, Band II, 9. Aufl., neu herausgegeben von W. Siebert, 1962.

Stein, Lorenz von, Die Verwaltungslehre, Erster Theil, 1. Abth., Die vollziehende Gewalt, 2. Aufl., 1869.

Stengel, Karl von, Die Haftung des Staates für den durch seine Organe und Beamten Dritten zugefügten Schaden, Hirths Annalen 1901, 481, 561.

Stobbe, Otto, Handbuch des deutschen Privatrechts, Band III, 1. Aufl., 1878; 3. Aufl., hrsg. von H. O. Lehmann, 1898.

Stödter, Rolf, Öffentlichrechtliche Entschädigung, 1933.

— Zur Frage der öffentlichrechtlichen Entschädigung, RPrVerwBl 55 (1934), 518.

— Über den Enteignungsbegriff, DÖV 53, 97, 136.

Stößner, von, Referat auf dem sechsten deutschen Juristentag, Verhandlungen des sechsten deutschen Juristentages, Band III, 1868, S. 55.

Strippelmann, F. G. L., Herausgeber, Neue Sammlung bemerkenswerther Entscheidungen des Ober-Appellations-Gerichts zu Cassel, IV. Theil, 1. Abtheilung, 1846.

Sundheim, Carl, Über Schadensstiftung durch Staatsbeamte und Haftverbindlichkeit des Staats dafür, 1827.

Theune, Werner, Der Folgenbeseitigungsanspruch, BayVBl 63, 103.

Thoma, Richard, Das System der subjektiven öffentlichen Rechte und Pflichten, HdDStR II, § 102, S. 607.

— Der Vorbehalt der Legislative und das Prinzip der Gesetzmäßigkeit von Verwaltung und Rechtsprechung, HdDStR II, § 76, S. 221.

Tietgen, Walter, Die Amtshaftung im System der Ersatzleistungen und des Rechtsschutzes, DVBl 55, 549.

Tschaksch, Ernst, Die öffentlichrechtliche Entschädigung bei schuldlos rechtswidrigen Verwaltungsakten, Dissertation Marburg 1931.

Turegg, Kurt Egon von, Lehrbuch des Verwaltungsrechts, 4. Aufl., neu herausgegeben von Erwin Kraus, 1962.

Ule, Carl Hermann, Verwaltungsgerichtsbarkeit, 2. Aufl., 1962, in: M. von Brauchitsch, Verwaltungsgesetze des Bundes und der Länder, neu herausgegeben von C. H. Ule, Band I, Zweiter Halbband.

— Verwaltungsprozeßrecht, 3. Aufl., 1963.

— Zum Verhältnis von Zivilprozeß und Verwaltungsprozeß, DVBl 54, 137.

Ullmann, Emanuel, Soll im Falle der Freisprechung für die Untersuchungshaft eine Entschädigung gewährt werden?, Der Gerichtssaal 27 (1875), 81.

Wagner, Heinz, Der Haftungsrahmen in der Lehre vom Sonderopfer, Festschrift für Jahrreiss, 1964, S. 441.

Weber, Werner, Eigentum und Enteignung, in: Die Grundrechte, hrsg. von Neumann-Nipperdey-Scheuner, Band II, 1954, S. 331.

Weimar, Robert, „Zufalls"-Schädigungen durch die öffentliche Hand, DÖV 63, 607.

Weiske, Julius, siehe: Rechtslexikon.

Weitnauer, Die Haftung aus Amtspflichtverletzungen, 1956.

Wilburg, Walter, Die Lehre von der ungerechtfertigten Bereicherung nach österreichischem und deutschem Recht, 1934.

Wilke, Günther, Die Haftung des Staates für rechtswidriges, aber schuldloses Verhalten eines Amtsträgers in Wahrnehmung von Hoheitsrechten, 1960.

Windscheid, Bernhard, Lehrbuch des Pandectenrechts, 3. Aufl., 1873; 7. Aufl., 1891; 9. Aufl., 1906.

Wohlfahrt, Das Herrschaftsgebiet des § 75 Einleitung zum Allgemeinen Landrecht, JurRdsch 35, 73.

Wolff, Hans J., Der Abwendungsanspruch aus öffentlichrechtlichen Reflexrechten insbesondere im Fürsorgerecht, Festschrift der westfälischen Verwaltungsakademie, 1950, S. 119 ff.

— Verwaltungsrecht I, Ein Studienbuch, 5. Aufl., 1963.

Wolff, Martin, Reichsverfassung und Eigentum, Festgabe für Kahl, 1923.

Womelsdorf, Hermann, Untersuchungen zur Stellung des § 839 BGB im Rechtssystem und zur Abgrenzung des Kreises der Anspruchsberechtigten, Dissertation Göttingen 1959.

Zachariä, Heinrich Albert, Über die Haftungsverbindlichkeit des Staats aus rechtswidrigen Handlungen und Unterlassungen seiner Beamten, ZgesStW 19 (1863), 582.

— Deutsches Staats- und Bundesrecht, Theil II, 3. Aufl., 1867.

Zachariä, Karl Salomo, Vierzig Bücher vom Staate, Erster Theil, Umarbeitung, 1839.

Zoepfl, Heinrich, Grundsätze des allgemeinen und des constitutionell-monarchischen Staatsrechts, 3. Aufl., 1846; 2. Theil, 5. Aufl., 1863.

FSC
www.fsc.org
MIX
Papier | Fördert gute Waldnutzung
FSC® C083411

Kolibri 360 GmbH
Ferdinand-Jühlke-Straße 7
99095 Erfurt, Deutschland
produktsicherheit@kolibri360.de

Druck:
CPI Druckdienstleistungen GmbH
im Auftrag der
Kolibri 360 GmbH
Ferdinand-Jühlke-Str. 7
99095 Erfurt